**IFA** 天津市互联网金融协会
TIANJIN INTERNET FINANCE ASSOCIATION

# 天津市金融科技
# 创新发展报告

天津市互联网金融协会 ◎ 编著

**TIANJIN FinTech**

Innovation
Development Report

中国金融出版社

责任编辑：亓　霞
责任校对：李俊英
责任印制：张也男

**图书在版编目（CIP）数据**

天津市金融科技创新发展报告/天津市互联网金融协会编著. —北京：
中国金融出版社，2019.12

ISBN 978-7-5220-0397-9

Ⅰ. ①天…　Ⅱ. ①天…　Ⅲ. ①金融—科技发展—研究—报告—天津
Ⅳ. ①F832.721

中国版本图书馆CIP数据核字（2019）第277310号

天津市金融科技创新发展报告

Tianjin Shi Jinrong Keji Chuangxin Fazhan Baogao

出版
发行　　中国金融出版社

社址　　北京市丰台区益泽路2号
市场开发部　　（010）63266347，63805472，63439533（传真）
网 上 书 店　http://www.chinafph.com
　　　　　　　（010）63286832，63365686（传真）
读者服务部　　（010）66070833，62568380
邮编　　100071
经销　　新华书店
印刷　　北京侨友印刷有限公司
尺寸　　169毫米×239毫米
印张　　16.25
字数　　198千
版次　　2019年12月第1版
印次　　2019年12月第1次印刷
定价　　60.00元
ISBN 978-7-5220-0397-9
如出现印装错误本社负责调换　联系电话（010）63263947

# 本书编委会

**主 任 委 员:** 李文茂

**副主任委员**(以姓氏笔画为序):
 王永勤  李书海  赵武霞

**委　　　员**(以姓氏笔画为序):
 王 佳  王 兰  冯 欣  肖琳璐
 贾 淯  崔英剑  焦 鸿

**统　　　稿:** 崔英剑  肖琳璐

# 序 言

　　金融科技是技术驱动的创新型金融业态，旨在运用互联网、云计算、大数据、区块链、人工智能、量子通信等现代科技成果改造或创新金融产品、经营模式、业务流程等，推动金融发展提质增效。随着金融科技应用的日渐普及，其在助推金融业转型升级、增强金融服务实体经济能力、促进普惠金融发展、防范和化解金融风险方面发挥着越来越重要的作用。

　　天津是国家中心城市，是我国北方首个自由贸易试验区、京津冀协同发展金融创新运营示范区，也是全国为数不多的金融全牌照城市之一，金融科技创新具有得天独厚的优势。特别是近年来，天津市新兴科技产业规模快速扩大，综合科技创新能力不断提升，为金融科技创新发展提供了强大动能。在此背景下，天津市金融科技创新也进入了快车道，参与创新的机构数量迅速增多，创新投资金额、创新项目数量呈现爆发式增长态势；创新领域也是遍地开花，基本涵盖了从内部管理到业务开展的各个环节。从实际成效来看，各机构的金融科技创新工作在优化内部管理、完善风控机制、拓展市场规模、降低交易成本、提升利润空间等方面取得了实实在在的成果！

　　2019年，天津市互联网金融协会在中国人民银行天津分行的指导和支持下，与人民银行天津分行科技处共同组建了《天津市金融科技创新发展报告》编委会，着手启动《天津市金融科技创新发展报告》的编制工作。该报告以天津市43家具有代表性的金融机构为样本，系统、全面地分析了近年来天津市金融科技创新发展情况及趋势，并整理汇编了金融机构在金融科技方面的典型创新案例，具有较强的代表性和专业性，可为政府部门、监管部门、从业机构、专业人士了解和研究天津市金融科技创新情况提供有价值的参考信息。

　　本报告的编制离不开各金融监管部门、金融机构及各界专家、学者的大力支持！在此，我谨代表《天津市金融科技创新发展报告》编委会向对本报告给予关心和帮助的各位领导，向为本报告提供素材和宝贵意见的各家机构、各界专家表示衷心的感谢！

　　此外，由于编者水平有限，编撰中难免会有疏漏和错误，望广大读者给予批评指正。

天津市互联网金融协会会长

2019年10月

# | 目　录 |

# 第一部分
# 金融科技发展概况

# 金融科技的概念界定

目前，关于金融科技（FinTech）尚无权威统一的定义，不同机构给出过不同的解释。

金融稳定理事会（FSB）："金融科技是由大数据、区块链、云计算、人工智能等新兴前沿技术带动，对金融市场及金融服务业务供给产生重大影响的新兴业务模式、新技术应用、新产品服务等。"该定义在当前业界认可度较高。

中国人民银行：中国人民银行在《金融科技（FinTech）发展规划（2019—2021年）》中提出，金融稳定理事会（FSB）给出的定义已成为全球共识，并指出"金融科技是技术驱动的金融创新，旨在运用现代科技成果改造或创新金融产品、经营模式、业务流程等，推动金融发展提质增效"。

美国国家经济委员会（NEC）："金融科技是涵盖不同种类的技术创新，这些技术创新影响各种各样的金融活动，包括支付、投资管理、资本筹集、存款和贷款、保险、监管合规以及金融服务领域里的其他金融活动。"

英国金融行为监管局（FCA）："金融科技主要是指创新公司利用新技术对现有金融服务公司进行去中介化。"

新加坡金融管理局（MAS）："金融科技是通过使用科技来设计新的金融服务和产品。"

国际证监会组织（IOSCO）："金融科技是指有潜力改变金融服务行业的各种创新的商业模式和新兴技术。"

综合上述定义，金融科技的本质是金融与科技的结合，是服务于金融行业发展的科技手段的统称。从广义上讲，金融科技所涉及的科技领域包括了一切科学技术，包括计算机技术、信息技术、光学技术等；从狭义上讲，金融科技则主要聚焦互联网、大数据、区块链、云计算、人工智能等信息技术对金融行业的影响。相比之下，狭义维度的金融科技在当前受到了更广泛认可和关注，本报告也将采用狭义维度的定义对金融科技进行分析讨论。

# 金融科技的发展历程

从金融与科技的融合深度来看，我国金融科技的发展主要经历了以下三个阶段。

## 一、金融电子化阶段

该阶段的主要特征是实现了信息技术在金融机构后台的应用。在此阶段，金融机构利用信息化软硬件实现业务管理和运营的电子化，提升业务处理效率，降低人为造成的操作风险。代表性应用包括核心交易系统、贷款审批系统、账务系统等。

## 二、互联网金融阶段

该阶段的主要特征是实现了金融机构前台服务渠道的互联网化。在此阶段，传统金融机构将线下业务转移到线上交易，实现了交易渠道的变革，但产品形式和内容未产生较大的变化，代表性应用包括网上银行、网上支付、互联网证券、互联网保险、互联网基金销售等。同时，互联网技术的应用还催生了一些新的类金融机构，如P2P网贷机构、众筹机构等。这些互联网金融从业机构现已成为金融体系的重要组成部分。

## 三、金融科技阶段

该阶段的主要特征是实现了金融机构公司治理和业务运营全流程的科技应用变革。在此阶段，金融机构或科技公司运用云计算、大数据、人工智能和区块链等前沿技术进行业务革新，通过自动化、精细化和智能化的管理和运营，改变传统金融获客、客服、风控、营销、支付和清算等金融前、中、后台业务的各个方面和金融服务全部环节，达到提供更加精准高效的金融服务、有效降低交易成本、提升运营效率、改善服务体验、防控金融风险的目的。代表性应用包括大数据征信、智能投顾、风险定价、量化投资等。狭义的金融科技一般专指这一阶段。

专栏

# 互联网金融

在2015年中国人民银行等十部委联合印发的《关于促进互联网金融健康发展的指导意见》（银发〔2015〕221号）（以下简称《指导意见》）中，互联网金融的概念首次被明确：互联网金融是传统金融机构与互联网企业利用互联网技术和信息通信技术实现资金融通、支付、投资和信息中介服务的新型金融业务模式。

按照《指导意见》的表述，互联网金融主要包括互联网支付、网络借贷、互联网基金销售、股权众筹融资、互联网保险、互联网信托和互联网消费金融等业态。

1.互联网支付。银行及持有支付业务许可证的非银行支付机构提供的通过计算机、手机等设备，依托互联网发起支付指令、转移货币资金的服务。互联网支付业务由人民银行负责监管。

2.网络借贷。网络借贷包括个体网络借贷（P2P网络借贷）和网络小额贷款。个体网络借贷是指个体和个体之间通过互联网平台实现的直接借贷，平台主要为借贷双方的直接借贷提供信息服务，不代替客户承诺保本保息，不发放贷款。网络小额贷款是指互联网企业通过其控制的小额贷款公司，利用互联网向客户提供的小额贷款。网络借贷业务由银保监会负责监管。

3.互联网基金销售。互联网基金销售是指持有基金销售业务资格证书的基金销售机构与其他机构通过互联网合作销售基金等理财产品。互联网基金销售业务由证监会负责监管。

4.股权众筹融资。股权众筹融资主要是指通过互联网形式进行公开小额股权融资的活动，具体而言，是指创新创业者或小微企业通过股权众筹融资中介机构互联网平台公开募集股本的活动。未经国务院证券监督管理机构批准，任何单位和个人不得开展股权众筹融资活动。目前，股权融资试点尚未启动。一些市场机构开展的冠以"股权众筹"名义的活动，是通过互联网形式进行的非公开股权融资或私募股权投资基金募集行为，不属于本定义中的股权众筹融资范围。股权众筹融资业务由证监会负责监管。

5.互联网保险。互联网保险是指经保险监督管理机构批准设立，并依法登记注册的保险公司和保险专业中介机构依托互联网和移动通信技术，通过自营网络平台、第三方网络平台等订立保险合同、提供保险服务的业务。互联网保险业务由银保监会负责监管。

6.互联网信托。互联网信托是指持有金融许可证的信托公司通过互联网平台开展的信用委托业务。互联网信托业务由银保监会负责监管。

7.互联网消费金融。互联网消费金融是指商业银行、持有金融许可证的消费金融公司等机构以互联网技术为手段，向各阶层消费者提供的消费金融服务。互联网消费金融业务由银保监会负责监管。

8.其他互联网金融业态。其他利用互联网和信息通信技术提供金融服务的业务模式，如电子货币等。

金融科技的概念常常与互联网金融的概念相混淆。从概念上来看，金融科技与互联网金融既有关联，也有一定区别。

从关联来看：金融科技与互联网金融都是一种新兴的金融业态，都是现代金融业发展的主流，都是通过运用技术手段实现金融创新，以达到提升金融效率、降低金融交易成本、优化金融服务体验为根本目的。

从区别来看：首先是侧重不同，金融科技侧重于实现金融创新的底层技术，而互联网金融侧重于金融产品端的应用；其次是涵盖的技术手段不同，金融科技所涵盖的技术手段要比互联网金融更加广泛；最后是实现产品的深度不同，金融科技实现的产品涵盖了金融机构公司治理和业务运营的各个环节，互联网金融则更多应用于金融交易环节。

# 金融科技的参与主体

金融科技的参与主体主要包括金融科技监管机构、金融机构、类金融机构、金融科技企业、行业自律组织及其他相关机构等。

1.监管机构：除中国人民银行、中国银保监会、中国证监会、地方金融监督管理部门等金融监管机构以外，还包括具备网络监管职能的工信部、网信办等部门。监管机构一直是金融科技创新的主要推动者、参与者和应用者，其针对金融科技发展制定相关制度措施，运用技术手段加强市场监测、数据分析和风险监控，组织实施合规性监管，维护行业发展秩序。

2.金融机构：参与金融科技创新的金融机构按照其背景可以分为传统金融机构和新型金融机构。其中，传统金融机构主要指商业银行、证券公司、保险公司、信托公司、金融租赁公司等提供传统金融服务的金融机构，其利用新兴科技革新原有的金融服务模式，推动自身转型发展，提升科技竞争力。新型金融机构是指传统金融机构以外的新型持牌金融机构，如互联网银行、互联网保险公司、消费金融公司、支付公司、基金公司及相关金融控股机构等。新型金融机构多由大型互联网企业、科技企业和商业企业为拓展金融业务发起设立，如腾讯设立的微众银行、京东设立的京东金融、阿里巴巴设立的网商银行和蚂蚁金服、国美设立的国美金融等，这类机构依托其母公司的技术、场景、渠道、客户、人才优势，以金融科技领域的技术和商业模式创新作为核心竞争力，对传统金融机构形成了不小的冲击。

3.类金融机构：类金融机构主要是未正式取得国家金融许可证且从事类金融业务的相关机构，如融资租赁公司、商业保理公司、股权投资机构、小额贷款公司、融资担保公司、典当行及P2P等互联网金融从业机构等。这类机构大多规模不大，作为正规金融机构的有益补充，应市场需要产生，近年来发展尤其迅猛。类金融机构大量运用互联网等金融科技手段拓展市场业务并优化服务场景，也是金融科技的主要参与者和应用者之一。

4.金融科技企业：主要是指为金融市场主体提供技术输出的相关科技企业。从广义上说，市场中的金融科技输出方主要有两类：一类是金融市场的参与主体，如相关金融机构和类金融机构，其大多具有强大的科技实力，除满足自身的科技服务需要外，也对外提供数据技术服务；另一类是纯粹的科技公司，其自身不经营金融业务，只通过服务外包形式为金融科技的参与者和应用者提供技术服务。

5.行业自律组织：主要指金融科技领域的相关行业协会等自律组织，如中国银行业协会、中国证券业协会、中国支付清算协会、中国互联网协会、中国互联网金融协会等。其主要职能是制定实施金融科技领域的相关行业标准，开展行业研究，推动行业交流及实施行业自律。

6.其他相关机构：包括金融科技的相关研究机构、教育机构等。该类机构主要开展金融科技领域的研究、交流、教学等工作。

# 金融科技的技术基础

金融科技的关键技术包括互联网、大数据、区块链、云计算、人工智能等（见图1-1-1）。

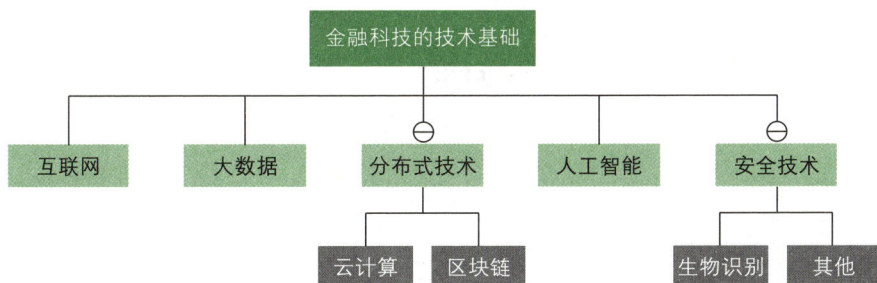

资料来源：作者根据相关资料整理。本书其他图表如不加额外说明，均同。

**图1-1-1 金融科技的技术基础**

## 一、互联网技术

互联网技术（Internet Technology）是指在计算机技术的基础上开发建立的一种信息传送技术。互联网技术是金融科技的底层技术，是其他信息技术的基础。

互联网技术的应用使金融业务从线下走到线上，实现了金融交易的数字化和网络化，为其他金融科技的发展和应用创造了条件。

## 二、大数据

大数据（Big Data）是对数量巨大、来源分散、格式多样的数据进行采集、存储和关联分析，从中发现新知识、创造新价值、提升新能力的新一代信息技术和服务业态。大数据分析具有海量的数据规模、快速的数据流转、多样的数据类型和价值密度低四大特征。

大数据技术在金融领域的应用开辟了金融服务新范式，在客户认证、精准营销、融资授信决策、风险防范、辅助量化交易等领域发挥重要的作用。

### 三、人工智能

人工智能（Artificial Intelligence）是指让计算机系统模拟出感知、推理、学习、决策等人类行为。人工智能在大数据的基础上诞生，其依据机器学习、深度学习等算法，通过强大的运算能力对数据进行分析，从而实现语音图像识别、情感分析、决策等功能。

人工智能的应用可提高金融机构决策效率，提升金融机构风控及业务处理能力，并在一定程度上降低人力成本。人工智能技术在金融领域的各个环节都可发挥其应有的价值和作用。目前，人工智能技术在金融领域应用的范围主要集中在智能客服、智能投顾、智能风控、智能投研、智能营销等方面。

### 四、云计算

云计算（Cloud Computing）是指一种信息技术资源的交付和使用模式，是指通过互联网以按需、易扩展的方式提供硬件、平台、软件及动态易扩展的虚拟化服务等资源，它意味着计算能力也可作为一种商品通过互联网进行流通。云计算依赖于大数据基础，并由人工智能提供算法支持。

云计算的应用有利于分享信息知识和创新资源，极大地降低了金融业创新和进入门槛。云计算在金融领域的典型应用场景包括银行信息技术运营管理、银行金融服务生态圈构建、证券客户端行情查询、证券交易量峰值分配、保险个性化定价、保险产品上线销售、网贷平台网络安全管理及支付清算等。

## 五、区块链

区块链（Blockchain）本质上是一种分布式的公共账本，由参与者共同负责核查、记录和维护，其通过数据加密、共识机制、时间戳、智能合约等技术手段，在分布式系统中实现点对点交易、协调和协作。

区块链具有分布式、难以篡改、可追溯、开放性、算法式信任等特点，有助于降低交易和信任风险，减少金融机构的运作成本。区块链技术已在数字货币、跨境支付、供应链融资、证券清算、资产证券化等领域得到应用，并可能构建一种全新的金融基础设施，改变现有金融生态。

# 金融科技的发展现状

## 一、全球金融科技投资快速增长

金融科技正在引发新一轮金融变革。从全球来看，各国对金融科技均给予了高度重视，多是采取鼓励创新和加强监管并重的态度，如包括英国、美国、新加坡、澳大利亚等国在内的发达国家采取监管沙盒方式引导金融科技规范化发展。2018年，世界银行—国际货币基金组织年度会议审议并通过了"巴厘金融科技议程"（Bali Fintech Agenda，BFA），为全球各国政府应对金融科技高级别问题、制定相关监管政策提供了一份框架文件。在政府引导和市场需求的强力推动下，全球金融科技投资实现了快速增长。

### （一）金融科技投资笔数及金额[①]均逐年递增

2010—2018年，全球金融科技投资交易笔数及投资额均呈现逐年快速递增趋势（见图1-1-2）。特别是2015年以来，金融科技投资交易笔数明显增多，市场活跃度提高，投资金额也稳步增长。2018年，全球在金融科技领域的投资笔数较上年增长了18.5%，达到3 251笔；投资金额比2017年增长了107%，达到553.34亿美元（见图1-1-3）。

---

① 此处的金融科技投资是指风险投资者、私募投资公司、传统银行和保险公司等对于全球范围内支付、银行和财富管理等金融科技领域的最新技术进行的投资。

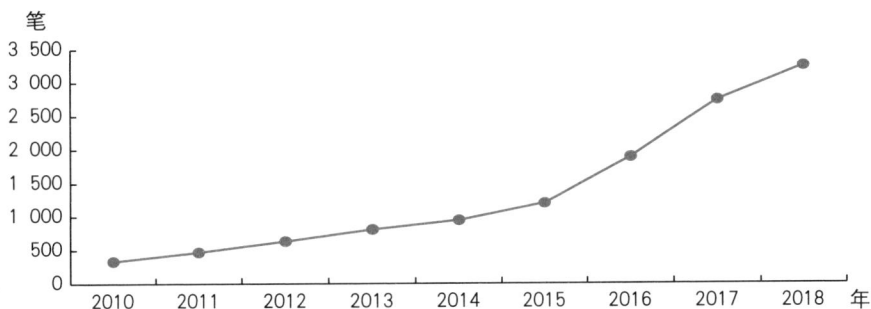

数据来源：CB Insights。

**图1-1-2　全球金融科技投资交易笔数趋势图**

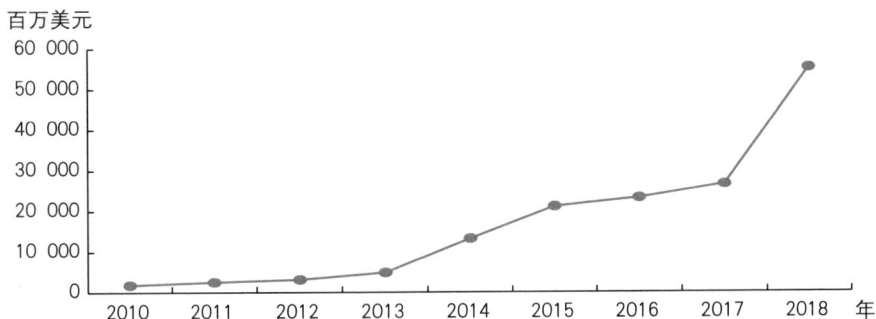

数据来源：CB Insights。

**图1-1-3　全球金融科技投资额变化趋势图**

（二）金融科技投资区域主要集中于北美、欧洲及亚太地区，亚太地区增长最为迅猛

通过金融科技投资额的分布情况来看，全球金融科技发展主要集中在北美、欧洲及亚太地区（见图1-1-4）。2018年，上述三个地区的金融科技投资额占到全球总投资额的99.9%。

从增长趋势来看，三个地区金融科技投资额均呈现震荡上涨趋势。2018年，欧洲地区投资额与2017年基本持平，北美地区投资额较2017年出现小幅增长，而亚太地区投资额较2017年增长了近200%

（见图1-1-5）。

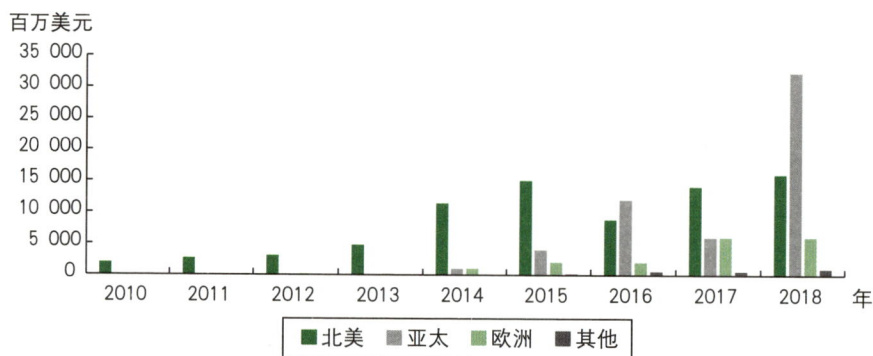

数据来源：CB Insights。

**图1-1-4　全球金融科技分地区投资额**

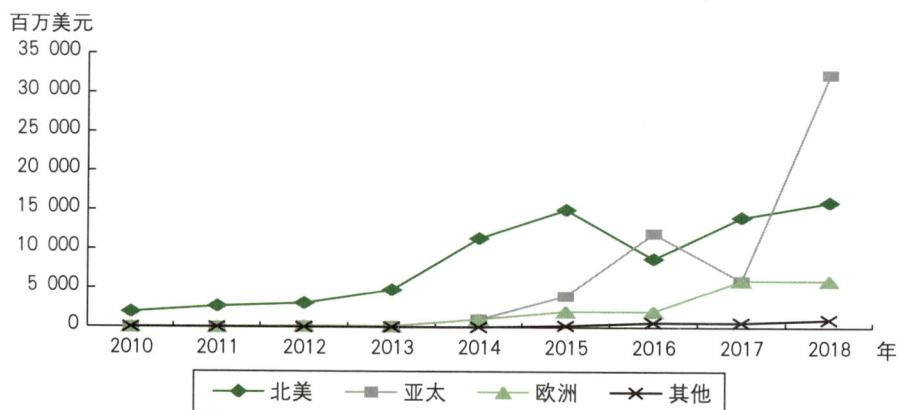

数据来源：CB Insights。

**图1-1-5　全球分地区金融科技投资额趋势图**

（三）金融科技投资主要集中于借贷、财富、资产管理、支付、结算账户及保险五大领域

从全球投资额的领域分布情况来看，金融科技投资主要集中在借贷、财富及资产管理、支付、结算账户及保险领域。从投资额

增长趋势来看，除2016年借贷领域、2017年财富及资产管理领域、2015年支付领域、2016年保险领域的投资额有所下降外，其余情况均呈现上涨趋势。2018年，上述5个领域的投资额均大幅增加，其中财富及资产管理领域的增长最为迅猛（见图1-1-6、图1-1-7）。

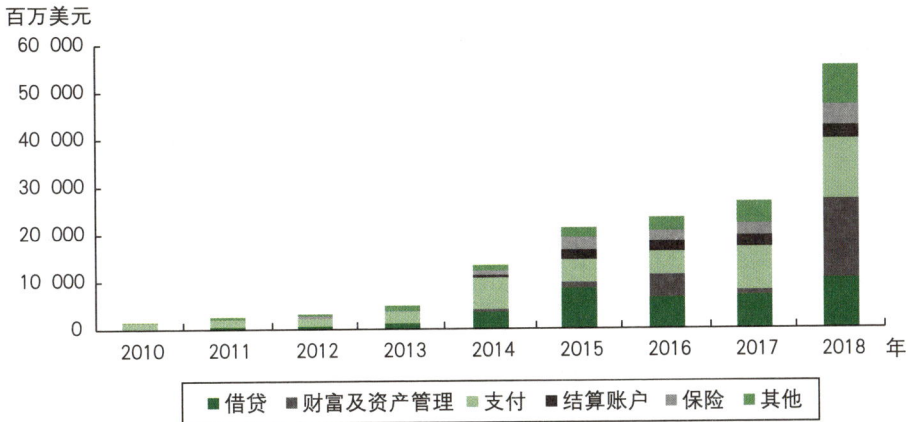

数据来源：CB Insights。

**图1-1-6 全球金融科技分领域投资额柱状图**

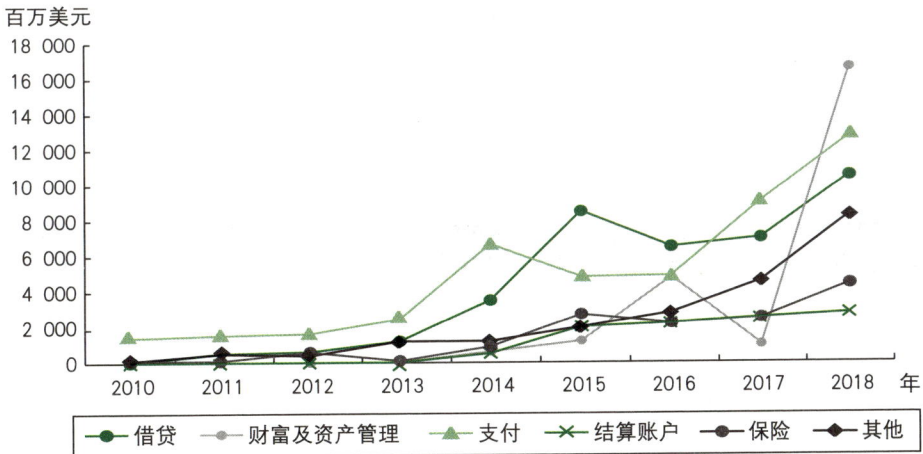

数据来源：CB Insights。

**图1-1-7 全球金融科技分领域投资额趋势图**

## 二、我国金融科技发展逐步走向规范

### （一）我国金融科技起步较晚，但发展迅猛

一般的观点认为，我国的金融科技起步于20世纪70年代，以银行业务的计算机处理代替手工操作为标志，主要是利用计算机软硬件实现金融业务管理和运营的自动化，以提升业务处理效率，降低人为造成的操作风险。由于我国早期计算机和互联网技术发展较慢，金融业的发展程度也落后于发达国家，金融科技起步晚于发达国家，发展速度也比较缓慢。

随着计算机技术的飞速发展和互联网的快速普及，我国金融科技发展速度也逐步加快。到21世纪初期，真正的金融科技业态开始萌芽，网上银行、网上支付、手机银行等新型金融业务逐步进入公众视野，第三方支付、P2P、网络小贷等互联网金融业态开始出现。到2010年前后，金融科技开始迅猛发展，传统金融机构大力推进金融科技创新，实施数字化转型；新型的互联网金融从业机构数量、业务总量、客户规模呈现爆发式增长。以P2P网贷为例，截至2018年末累计机构数量接近7 000家，累计参与人数超过5 000万人，累计成交额超过8万亿元人民币。

中外金融科技企业成立时间对比如表1-1-1所示。

表1-1-1　　　　中外金融科技企业成立时间对比表

| 领域 | 中国 | 国外 |
| --- | --- | --- |
| 互联网支付 | 支付宝（2004年）<br>微信支付（2014年） | PayPal（美国，1998年） |
| 网络借贷 | 拍拍贷（2007年） | Zopa（英国，2005年）<br>Lending Club（美国，2005年） |
| 消费金融 | 捷信消费金融（2010年）<br>北银消费金融（2010年） | 桑坦德消费金融有限公司（西班牙，1963年） |
| 股权众筹 | 天使汇（2011年） | Angellist（美国，2010年） |
| 互联网保险 | 众安保险（2013年） | Directline（英国，1985年） |

　　资本市场上，2018年，中国市场的金融科技投资总额较2017年增长了8倍，达到255亿美元，超过全球金融科技投资总额的四成（占46%），接近于2017年全球金融科技投资总额（267亿美元）。[①]目前，我国已经成为全球最大的金融科技投资市场。

　　从具体金融科技公司发展情况来看，目前我国部分金融科技公司已经处于世界领先水平。根据金融科技投资公司 H2 Ventures与毕马威金融科技联合发布的《2018 FinTech100》披露的全球金融科技公司"50强"中，蚂蚁金服位列第一，京东金融位列第二，百度金融位列第四。CB Insights最近提供了一份获得风险资本支持的、价值超过10亿美元的金融科技"独角兽"公司的名单，名单包括26家公司，其中美国16家，中国4家，英国2家，其余国家共4家。从公司数量角度，中国排名第二，从入榜企业规模来看，中国的陆金所排名第一。

　　中国金融科技发展大事记如表1-1-2所示。

表1-1-2　　　　　　　　中国金融科技发展大事记

| 时间 | 事件 |
| --- | --- |
| 1997年 | 招商银行率先推出网上银行 |
| 2004年 | 全球最大的第三方支付平台支付宝成立 |
| 2007年 | 中国第一家P2P网贷平台上线运营 |
| 2010年 | 浙江阿里巴巴小额贷款有限公司成立，网络小贷的形式开始出现 |
| 2011年 | 股权众筹模式进入中国 |
| | 首批第三方支付牌照发放 |
| 2012年 | 首批独立基金销售机构获得第三方基金销售牌照 |
| 2013年 | 北京银行首推直销银行 |
| | 国内正式诞生第一例股权众筹案例 |
| | 全国首家互联网保险公司获批筹建 |
| 2015年 | 首批8家个人征信试点机构获准筹备运营 |
| | 人民银行等十部委联合发布《关于促进互联网金融健康发展的指导意见》 |

---

① 数据来源：CB Insights。

续表

| 时间 | 事件 |
|---|---|
| 2016年 | 国务院发布的《互联网金融风险专项整治工作实施方案》，互联网风险专项整治工作正式启动 |
| 2017年 | 中国人民银行成立金融科技委员会，并牵头编制《中国金融业信息技术"十三五"发展规划》 |
| 2018年 | 中国人民银行会同发改委等部门，在北京、上海、广东等10个省市启动了金融科技应用试点 |
| 2019年 | 2019年8月，中国人民银行印发《金融科技（FinTech）发展规划（2019—2021年）》 |

（二）移动支付①、P2P网络借贷和互联网理财②三类业态发展速度最快

1.移动支付：近年来，我国移动支付持续保持快速增长态势，交易规模由2013年的9.64万亿元增长至2018年的277.4万亿元，增长将近28倍。目前，我国移动支付技术已经位居世界前列，整体交易规模位居全球首位。

我国移动支付市场寡头特征明显，根据2018年中国第三方移动支付交易市场份额报告来看，支付宝、财付通（微信）两家公司的市场份额超过了90%，几乎垄断了我国第三方移动支付市场。

2.P2P网络借贷：2011年至2017年，我国P2P网贷年度交易规模由96.7亿元增长至28 048.48亿元，增长了近290倍。截至2018年末，P2P网贷累计机构数量接近7 000家，累计参与人数超过5 000万人，累计成交额超过8万亿元人民币。经国家互联网金融风险专项整治后，P2P网贷市场逐渐规范，规模逐步缩减。截至2018年末，继续开展出借业务的运营机构数量约为1 000家。2018年全年成交额大幅缩

---

① 移动支付指用户使用其移动终端（通常是手机）对所消费的商品或服务进行账务支付的一种支付方式。

② 互联网理财指通过互联网获取理财产品与服务的行为。

减，降为17 948.01亿元。①

3.互联网理财：互联网理财也是金融科技领域发展最为迅猛的业态之一，互联网理财规模由2013年的2 152.97亿元增长到2017年的3.15万亿元，增长近15倍。中国互联网理财指数②由2013年的100点增长到2017年的695点，四年时间内增长了近6倍。互联网理财的用户规模由2014年首次纳入统计的6 383万户增长至2017年的1.29亿户，增长超过1倍。历经国家互联网金融风险专项整治后，理财市场乱象得以有效遏制，2018年互联网理财指数首次出现下滑，下滑至563点，降幅达24.35%，而我国购买互联网理财产品的用户规模维持上涨趋势，用户数量高达1.51亿户，同比增长17.5%。

（三）金融科技进入全面规范发展阶段

金融科技的快速发展对于提高金融服务效率、降低交易成本、满足多元化投融资需求、提升金融服务普惠性具有重大的现实意义。但金融科技的野蛮生长也造成相关领域的金融风险不断积聚，特别是"中晋系""e租宝""泛亚"等互联网金融大案要案频繁爆发，严重扰乱了金融市场秩序，引起了社会各界的高度关注。

2015年7月，人民银行等十部委联合下发《指导意见》，明确了互联网金融监管的总体要求、原则和职责分工，引导互联网金融规范发展。2016年4月，国务院办公厅《关于印发互联网金融风险专项整治工作实施方案的通知》（国办发〔2016〕21号）发布，旨在规范各类互联网金融业态，扭转互联网金融某些业态偏离正确创新方向的局面，遏制互联网金融风险案件高发频发势头，建立和完善适应互联网金融发展特点的监管长效机制，促进互联网金融健康可持续发展。

此后，国家在全国范围内全面深入开展了互联网金融风险专项

---

① 数据来源：根据第三方统计机构发布数据整理。
② 用来衡量互联网理财在居民金融资产中所占的比重。

整治工作，互联网金融领域的各类违法违规行为得到有效打击，互联网金融市场秩序明显好转。截至目前，各地互联网金融风险专项整治工作仍在持续推进中。

在推进互联网金融风险专项整治的同时，国家陆续出台了数十项规范互联网金融发展的意见、措施和管理办法，金融科技领域的行业标准、发展规范也在不断完善，金融科技正在逐步迈入全面规范发展阶段。

近年推进金融科技规范发展的部分重点措施如下：

2016年12月，国务院《关于印发"十三五"国家信息化规划的通知》（国发〔2016〕73号），提出规范有序开展互联网金融创新试点，促进金融信息服务业健康发展。

2017年4月，中国银监会发布《关于提升银行业服务实体经济质效的指导意见》（银监发〔2017〕4号），鼓励银行业金融机构积极运用互联网、大数据、云计算等信息科技手段，缓解银企信息不对称，提高风险识别和定价能力，丰富产品和服务渠道，优化内部流程，提高管理效率。

2017年5月，中国人民银行成立金融科技委员会，旨在加强金融科技工作的研究规划和统筹协调。

2017年6月，中国人民银行牵头编制《中国金融业信息技术"十三五"发展规划》，提出要加强金融科技和监管科技研究与应用。

2017年12月，中国人民银行办公厅发布《条码支付安全技术规范（试行）》和《条码支付受理终端技术规范（试行）》，旨在加强条码支付安全管理。

2018年10月，中国人民银行、中国银保监会、中国证监会联合印发《互联网金融从业机构反洗钱和反恐怖融资管理办法（试行）》，规定了互联网金融从业机构的相关义务。

2018年10月，中国银保监会下发《关于对〈互联网保险业务监管办法（草稿）〉征求意见的函》，支持保险公司、保险中介机构在风险可控、安全隔离的前提下探索互联网保险的业务创新、机构创新、服务创新等，提高保险经营效率，改善保险消费者服务体验。

2018年底，中国人民银行会同国家发展改革委等部门，在北京、上海、广东等10个省市启动了金融科技应用试点，为金融科技健康发展提供经验。

2019年1月，国家互联网信息办公室发布《区块链信息服务管理规定》，旨在规范区块链信息服务活动。

2019年1月，中国人民银行、中国银保监会、中国证监会联合发布《关于金融行业贯彻〈推进互联网协议第六版（IPv6）规模部署行动计划〉的实施意见》（银发〔2018〕343号）要求。

2019年8月，中国人民银行《关于印发〈金融科技（FinTech）发展规划（2019—2021年）〉的通知》（银发〔2019〕209号），明确提出了未来三年金融科技工作的指导思想、基本原则、发展目标、重点任务和保障措施。

# 第二部分

# 天津市金融科技
# 创新发展情况

# 第一章
# 天津市金融科技创新发展总体情况

- 天津市金融科技创新的基础和条件
- 天津市金融科技创新发展状况
- 天津市金融科技创新发展趋势

## 第一节 天津市金融科技创新的基础和条件

### 一、经济金融高质量发展为天津市金融科技创新带来新机遇

2018年，天津市完成生产总值18 809.64亿元，在全国338个主要城市中排名第6位，生产总值同比增长3.6%，低于全国增长率平均水平。2019年上半年，天津市经济逐步回暖，全市实现生产总值10 371.16亿元，同比增长4.6%，增速比第一季度加快0.1个百分点，比2018年全年加快1.0个百分点（见图2-1-1）。

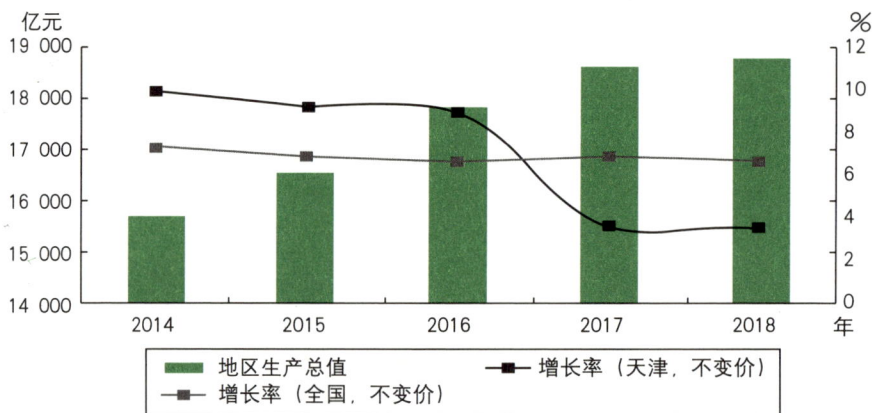

数据来源：《天津市互联网金融发展报告2019》。

**图2-1-1　2014—2018年天津市经济增长情况**

截至2018年底，全市共有金融及金融服务机构超过4 000家，其中法人金融机构达到85家；各项存款余额3.1万亿元，同比增长0.1%，各项贷款余额3.41万亿元，同比增长7.85 %；实现金融业增加值1 967亿元，同比增长7.2%，高于全市GDP增速3.6个百分点，占全市GDP的比重为10.5%（见图2-1-2）。

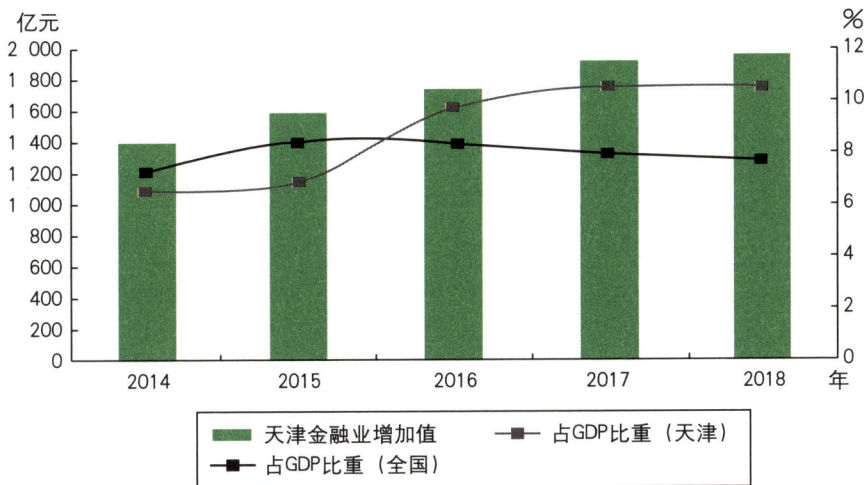

数据来源：《天津市互联网金融发展报告2019》。

**图2-1-2　2014—2018年天津市金融业增长情况**

## 二、自由贸易试验区、金融创新运营示范区的加快推进为金融科技创新提供了良好环境

天津是我国的自由贸易试验区、京津冀协同发展金融创新运营示范区，在金融创新方面具有先行先试的优势和条件，这为金融科技创新提供了有利环境。

2015年4月，国务院《关于印发中国（天津）自由贸易试验区总体方案的通知》（国发〔2015〕19号）对天津自贸区的战略定位：成为京津冀协同发展高水平对外开放平台、全国改革开放先行区和制度创新试验田、面向世界的高水平自由贸易园区。方案还提出，天津市要深化金融领域开放创新，深化金融体制改革，实施业务模式创新，培育新型金融市场，加强风险控制，推进投融资便利化、利率市场化和人民币跨境使用，做大做强融资租赁业，服务实体经济发展。

2015年4月，中共中央政治局通过的《京津冀协同发展规划纲

要》明确了京津冀一体化的区域整体定位，并本着功能互补、错位发展、相辅相成的原则确定了三省市不同的功能定位，天津市被定位为"一基地三区"，其中之一就是"金融创新运营示范区"。围绕推进金融创新运营示范区的相关要求，2017年2月，天津出台了《关于进一步加快建设金融创新运营示范区的实施意见》，明确了金融创新运营示范区建设的时间表和路线图：2017年底形成初步框架，2020年底基本建成，2030年底示范引领作用更加突出。

为加快金融创新运营示范区建设，推进中国（天津）自由贸易试验区（以下简称自贸试验区）金融改革创新，全面提升金融改革开放水平和金融业发展质量、规模、效益，天津市制定了《天津市金融改革创新三年行动计划（2016—2018年）》。按照计划，天津将大力推进金融体制机制创新，在发展商业性金融、开发性金融、政策性金融和普惠金融的基础上，积极发展新型金融，创新发展传统金融，规范发展要素市场，持续扩大社会融资规模，更好发挥金融对区域发展的辐射功能，显著提升金融对实体经济的服务水平。

此后，天津在引领金融业创新发展方面出台了一系列的重要举措，如2018年12月，天津市政府出台《关于支持金融机构和金融人才在津发展政策措施的通知》（津政办发〔2018〕66号），提出对新设立和迁入的金融机构给予补助，对金融服务实体经济创新案例团队给予研发补贴等；制定实施《关于扩大金融开放提高金融国际化水平的实施方案》，推动FT账户政策落地实施，宣传推广离岸租赁对外债权登记、人民币跨境使用等创新政策，引导实施自贸试验区金融改革创新。

### 三、新兴科技产业的壮大和科技研发能力提升为金融科技创新提供了新动能

近年来，天津市人工智能等新兴产业进一步壮大，腾讯、华

为大数据中心等项目相继落地。集成电路原片、服务机器人等产量实现倍增，人工智能形成了以"天河一号"超算、曙光计算机等为代表的自主安全可控全产业链，滨海高新区、中新天津生态城获批国家新型工业化产业示范基地。2018年，全年新增市级科技型企业7 000家、规模超亿元科技型企业200家，科技领军企业达到55家，国家高新技术企业超过5 000家，万人发明专利拥有量20.2件，全市综合科技创新水平居全国前列。

2018年，规模以上工业中，高技术产业（制造业）增加值增长4.4%，快于全市工业2.0个百分点，拉动全市规模以上工业增加值增长0.6个百分点。战略性新兴产业增加值增长3.1%，比上年加快1.0个百分点，快于全市工业0.7个百分点。规模以上服务业中，战略性新兴服务业、高技术服务业、科技服务业营业收入分别增长9.2%、11.9%和12.2%，利润率分别达到8.5%、7.3%和7.5%。新能源汽车产量增长4.1倍，服务机器人和工业机器人分别增长94.3%和20.0%，集成电路圆片、锂离子电池、电子元件和电子计算机整机分别增长44.1%、23.7%、22.8%和12.4%。融资租赁资产总额占到全国1/4，飞机、国际航运船舶、海工平台等跨境租赁业务总量在全国占比均达到80%以上。

## 第二节　天津市金融科技创新发展状况

随着金融科技的日渐普及和市场竞争压力的不断增大，天津市各金融机构对金融科技创新工作的重视程度不断提高，积极采取措施推进金融科技创新并不断加大项目开发投资力度。近年来，全市金融科技创新项目实施数量出现大幅度增长，创新成果在拉动金融机构利润增长方面的成效十分显著，金融效率明显提升，服务质量有效改善，金融交易成本也呈现走低态势。

## 一、调查样本选取情况

为全面深入调查了解天津市金融科技创新发展情况，并力求相关数据的真实性、客观性和完整性，本报告采取了全面调查和抽样调查相结合的方式对相关情况进行研究分析。本报告根据调查情况，选取了43个有效调查样本作为研究对象。其中，中资银行业机构覆盖率为79.59%；法人证券机构覆盖率为100%；法人支付机构覆盖率为75%。本报告以下内容均以该43家有效调查样本机构（以下简称样本机构）提供的数据为素材进行研究分析（见图2-1-3）。

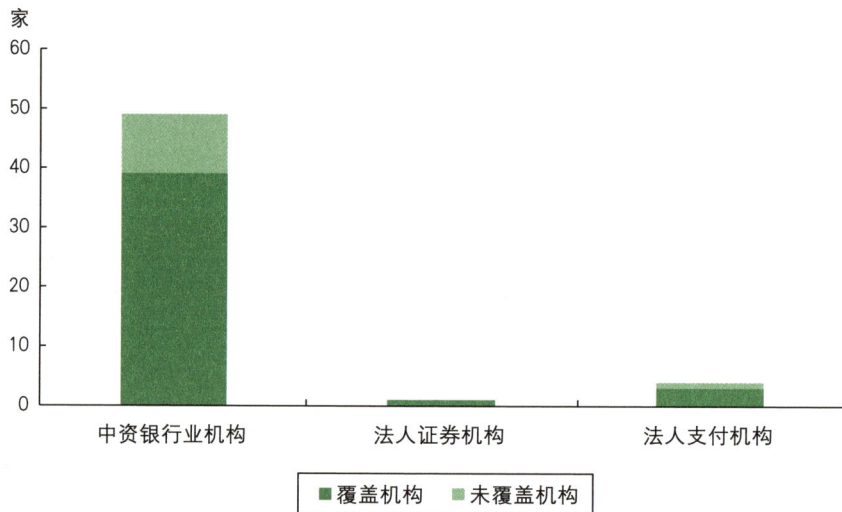

图2-1-3　各类金融机构样本覆盖情况

43家有效样本中，按照机构总部注册地划分，本地法人机构19家（村镇银行9家、其他机构10家[①]），域外金融机构在津分支机构（以下简称分支机构）24家，分别占样本总数的44.19%和55.81%

---

[①] 包括商业银行6家（渤海银行、天津银行、天津农商银行、天津滨海农商银行、天津金城银行、中德银行）、证券公司1家（渤海证券）、支付机构3家（易生支付、中汇支付、融宝支付）。

（见图2-1-4）；按照所属行业划分，银行业机构39家、非银金融机构4家，分别占有效样本总数的90.70%、9.30%。占据样本机构主体的39家银行业机构中，国有大型银行（6家）、全国性股份制银行（10家）、城商银行和农商银行（12家）、民营银行等小型银行（金城银行、中德住房储蓄银行）（2家）、村镇银行（9家），占比情况分别为15.38%、25.64%、30.77%、5.13%和23.08%（见图2-1-5）。

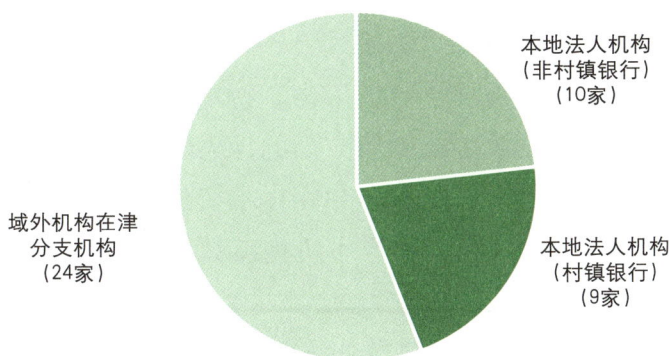

图2-1-4　样本机构总部注册地

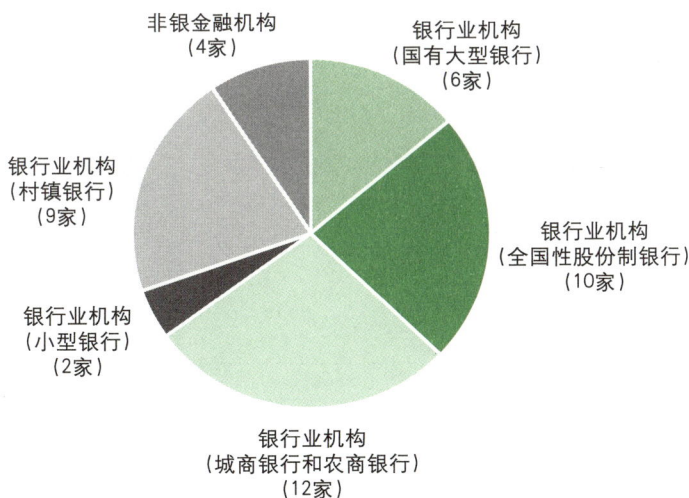

图2-1-5　样本机构所属行业

此外，由于村镇银行的特殊性，本报告部分内容将村镇银行进行了单独分析，下文提到的"天津本地法人机构"均指除村镇银行以外的其他天津本地法人金融机构。

## 二、调查的基本情况

### （一）超七成样本机构组织开展了金融科技创新

2018年以来，天津各金融机构均在推进金融科技创新方面进一步加强了工作部署，围绕"防控风险、有序推进、注重实效"的总体原则广泛开展了金融科技创新工作。特别是一些地方性、中小型机构也积极开展了金融科技创新方面的探索和实践，部分机构实现了从无到有的突破。调查显示，43家样本机构中，有37家机构围绕创新工作出台了具体措施，占样本机构总数的86.05%，数量较上年增加了15家，增幅为68.18%（见图2-1-6）；具体实施上，有31家机构实际开展了金融科技创新工作，占样本总数的72.09%，数量较上年增加了11家，增幅为55%（见图2-1-7）。

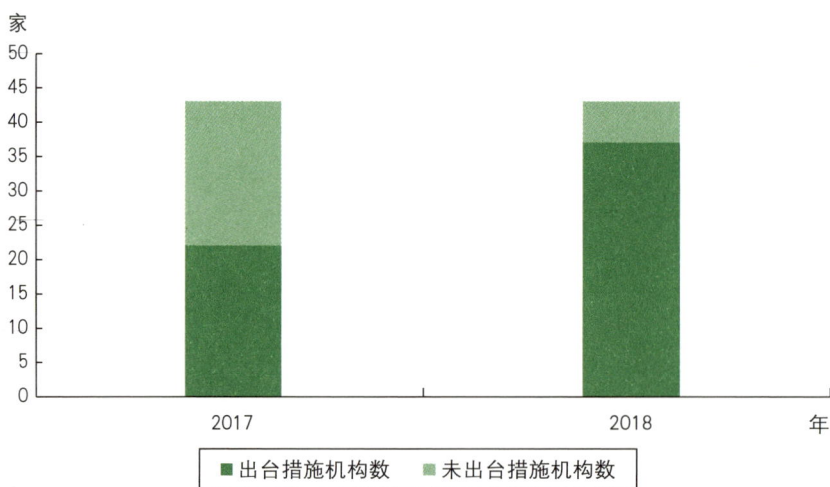

图2-1-6 样本机构出台创新工作措施情况

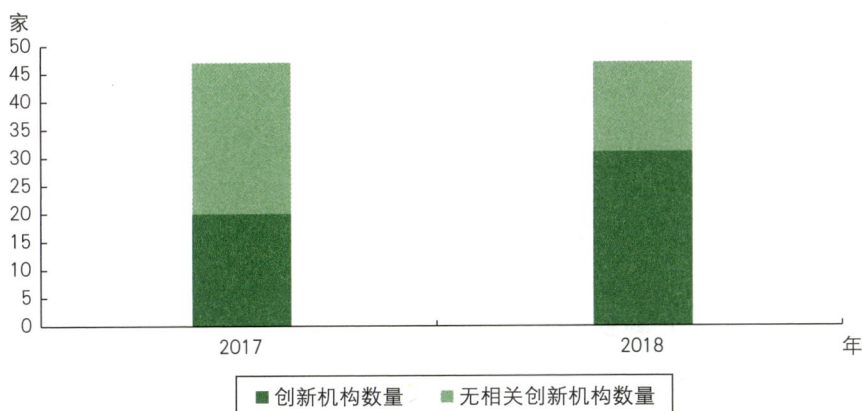

图2-1-7 样本机构开展创新机构数量

按照机构总部注册地分析：在31家已经实施了创新的样本机构中，天津本地法人机构10家，占同类样本总数的100%，数量较上年增加了3家，增幅为42.86%；分支机构17家，占同类样本总数的70.83%，数量较上年增加了5家，增幅为41.67%；村镇银行4家，占同类样本总数的44.44%，数量较上年增加了3家，增幅为300%（见图2-1-8）。

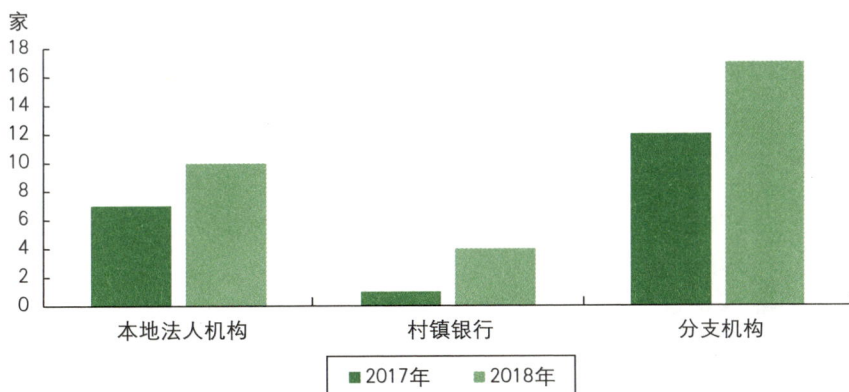

图2-1-8 2018年样本机构开展创新机构数量（按注册地划分）

按照行业类别分析：在31家已经实施了创新的样本机构中，银行业机构27家、非银金融机构4家，分别占同类样本总数的69.23%、

100%；数量分别较上年增加了10家、1家，增幅分别为58.82%、33.33%（见图2-1-9）。

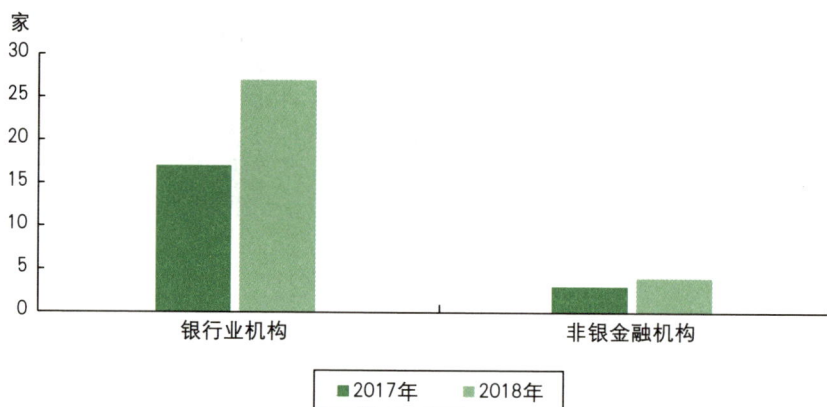

图2-1-9　2018年样本机构开展创新机构数量（按所属行业划分）

对占据样本主体的银行业机构分析：在27家已经实施了金融科技创新的银行样本中，国有大型银行、股份制银行、城商银行和农商银行、民营银行等小型银行、村镇银行数量分别为6家、8家、7家、2家、4家，分别占各类别样本数量的100%、80%、58.33%、100%、44.44%；各类别数量与上年相比分别增加了1家、3家、3家、0家、3家，增幅分别为20%、60%、75%、0、300%（见图2-1-10）。

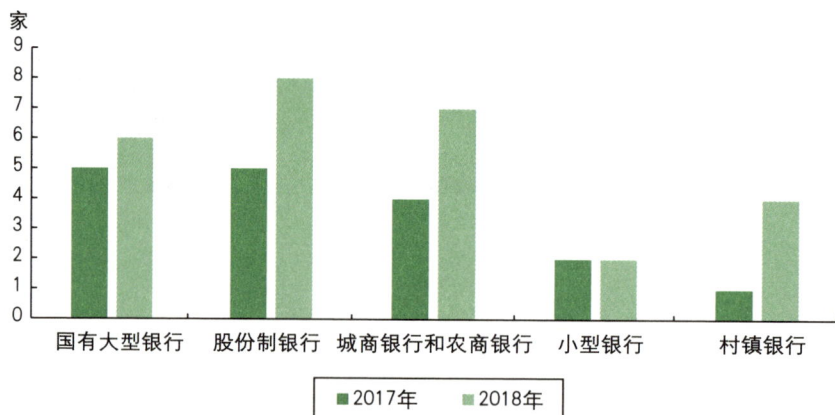

图2-1-10　银行业样本机构开展创新机构数量

通过以上分析得出：2018年以来，国有商业银行天津分支机构、天津本地法人机构开展创新的比例均达到了100%，远高于全市平均水平，显示出两类机构在金融科技创新方面意识较强、重视程度较高。村镇银行由于资金实力较小和业务领域较窄，创新能力和创新主动性均处在较低水平，但近年来也开始关注金融科技的创新应用，开展创新的机构数量大幅增加（村镇银行的金融科技创新主要依赖于从其发起行引进创新成果，应用于其自身业务）。金城银行、中德住房储蓄银行等小型银行在与大型银行机构的竞争中处于劣势，在金融科技创新方面布局较早、积极性更高；证券、支付等非银金融机构业务开展一直对金融科技依赖程度较高，该类机构对金融科技创新工作也更加关注。

（二）各机构金融科技创新项目数量大幅增加

2018年，31家已经实施金融科技创新的样本机构共开发创新项目236个，平均每家机构7.61个[1]；创新项目总数较上年增加了129个，增幅为120.56%。金融科技创新项目中，在建项目43个，占比为18.22%，较上年增加了27个，增幅为168.75%；已上线项目193个，占比为81.78%，较上年同期增加了102个，增幅为112.09%（见图2-1-11）。

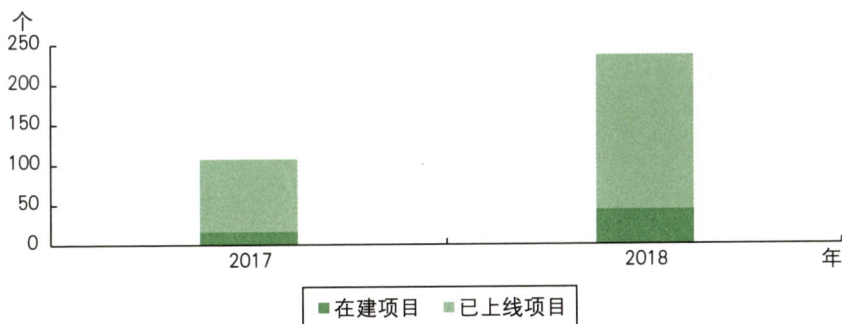

图2-1-11　金融科技创新项目数量

---

[1] 平均每家机构创新项目数=创新项目总数/开展创新的机构数量，下同。

　　按照机构总部注册地分析：在2018年各机构实施的236个创新项目中，天津本地法人机构82个，平均每家8.2个；项目数量较上年增加44个，增幅为115.79%。分支机构150个，平均每家8.82个；项目数量较上年增加82个，增幅为120.59%。本地村镇银行4个，平均每家机构1个；项目数量较上年增加3个，增幅为300%（见图2-1-12、图2-1-13）。

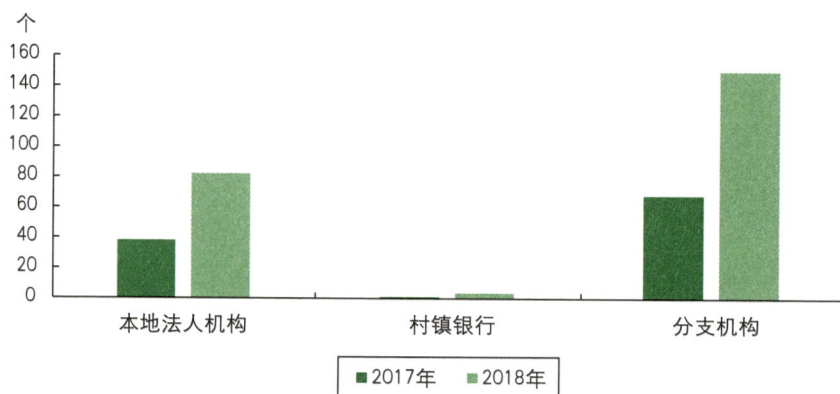

图2-1-12　金融科技创新项目总数（按注册地划分）

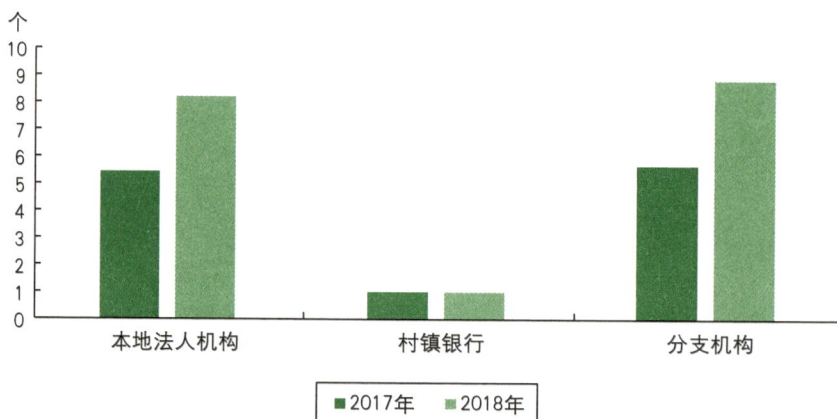

图2-1-13　金融科技创新项目平均数（按注册地划分）

　　按照行业类别分析：在2018年各机构实施的236个创新项目中，

银行业机构实施的创新项目224个，平均每家机构8.30个；项目数量较上年增加122个，增幅为119.61%。非银金融机构实施创新项目12个，平均每家3个；项目数量较上年增加7个，增幅为140%（见图2-1-14、图2-1-15）。

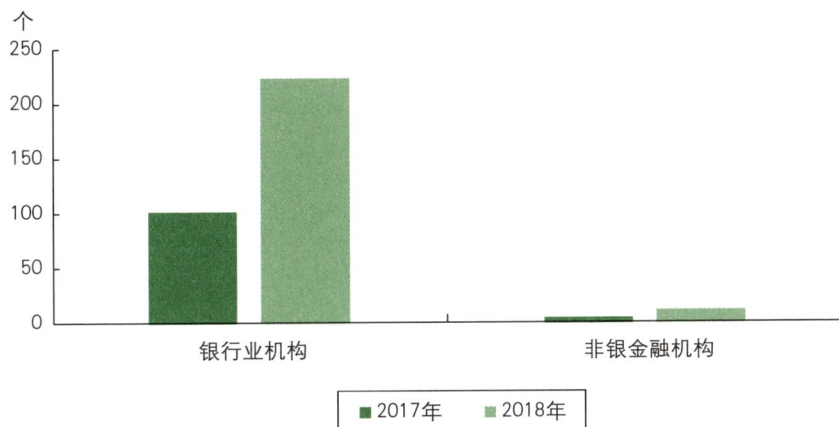

个

图2-1-14　金融科技创新项目总数（按所属行业划分）

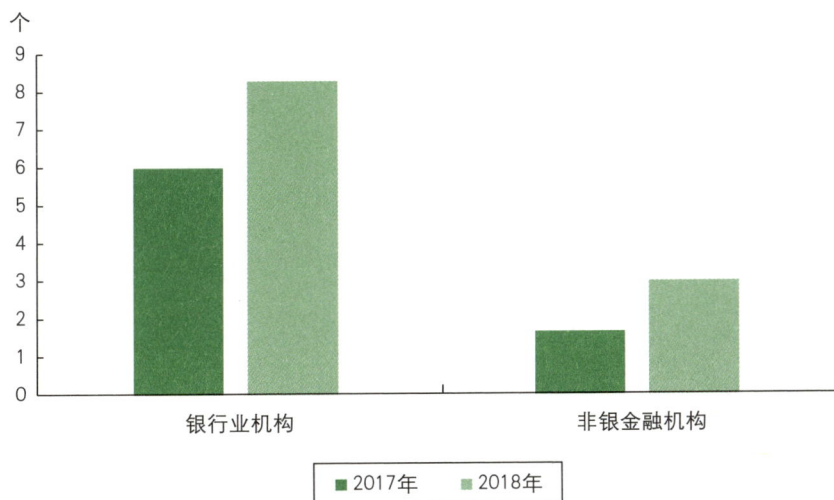

个

图2-1-15　金融科技创新项目平均数（按所属行业划分）

对占据样本主体的银行业机构进行分析：在银行业机构实施的

224个创新项目中，国有大型银行、股份制银行、城商银行和农商银行、民营银行等小型银行、村镇银行项目个数分别为107个、48个、56个、9个、4个，平均每家机构分别为17.83个、6个、8个、4.5个、1个；项目数量分别较上年增加了53个、24个、39个、3个、3个，增幅分别为98.15%、100%、229.41%、50%、300%（见图2-1-16、图2-1-17）。

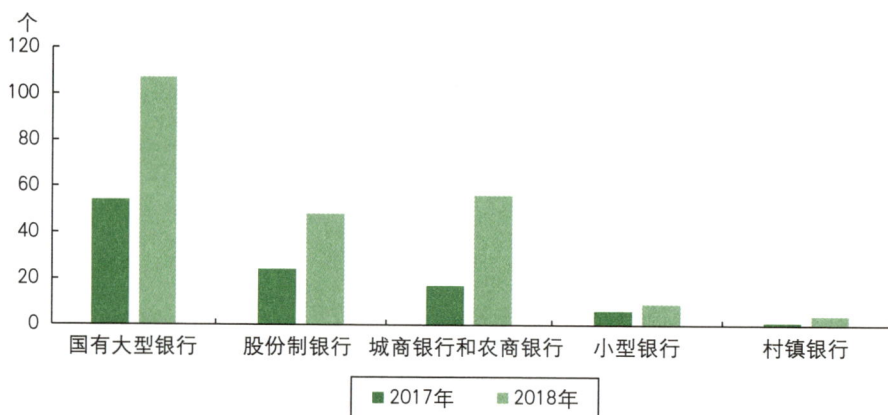

图2-1-16　银行业样本机构创新项目总数

图2-1-17　银行业样本机构创新项目平均数

从以上分析可以看出，大型国有商业银行在资金、技术、人员、渠道等方面优势明显，在创新项目数量方面占有绝对优势。地方性小型金融机构特别是非银金融机构、村镇银行创新项目数量较少，但增速较快。

样本机构金融科技创新项目研发周期（从正式立项到上线运行）一般在3~18个月[①]。2018年上线的金融科技创新项目中，超过90%的项目为2018年正式立项项目，其余项目为2014年至2017年立项项目。

### （三）各机构金融科技创新投资额[②]大幅增加

2018年，样本机构金融科技创新领域的投资力度大幅增加，全年总投资额达到20 680.3万元，较上年增加11 739.3万元，增幅为131.30%；单个项目投资额87.63万元，较上年增加4.07万元，增幅为4.87%。

按照机构总部注册地分析：2018年，天津本地法人机构金融科技创新投资总额15 373.26万元，较上年增加11 002.41万元，增幅为251.72%；分支机构金融科技创新投资总额5 244.04万元，较上年增加714.89万元，增幅为15.78%；本地村镇银行金融科技创新投资总额63万元，较上年增加22万元，增幅为53.66%（见图2-1-18）。从单个项目投资额看，2018年，天津本地法人机构单个项目投资额187.48万元，较上年增加72.46万元，增幅为62.99%；分支机构单个项目投资额34.96万元，较上年减少31.64万元；村镇银行单个项目投资额15.75万元，较上年减少25.25万元（见图2-1-19）。

---

[①] 由于各创新项目的类型、领域、开发难度等存在较大差别，项目研发周期仅作为研究参考。

[②] 仅包含样本机构为开发金融科技创新项目所进行的针对性投资，不包含未进行针对性投资，但由于项目开发而产生的各类费用（存在部分创新项目无对应的针对性投资，相关资金投入包含在人员工资等支出中）。

万元

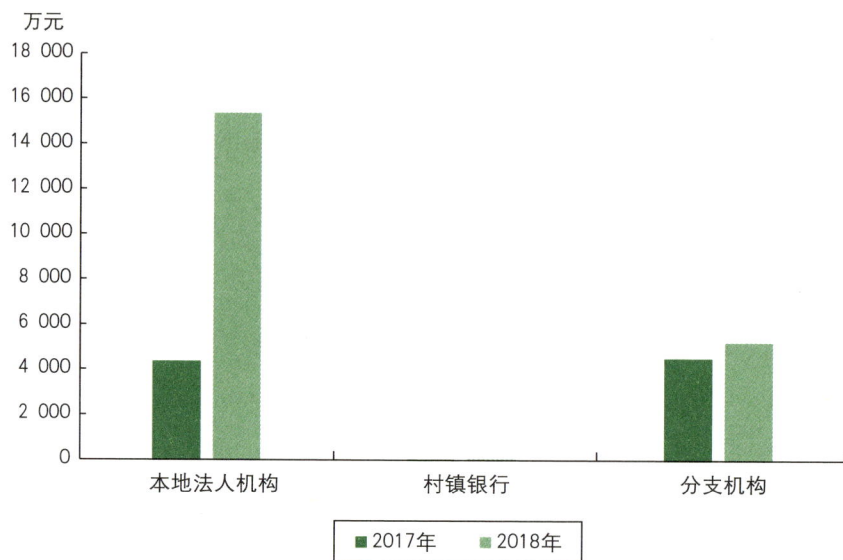

图2-1-18　样本机构金融科技创新投资总额（按注册地划分）

万元

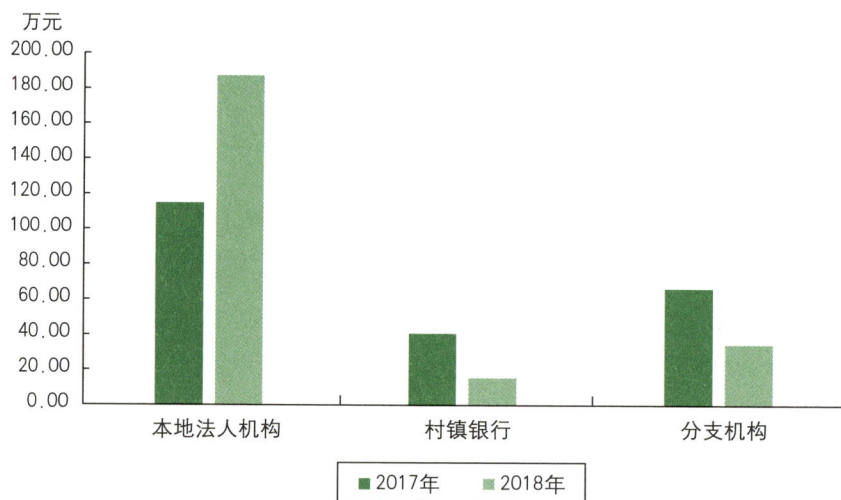

图2-1-19　样本机构单个创新项目投资额（按注册地划分）

按照行业类别分析：2018年，银行业机构金融科技创新投资总额17 360.3万元，较上年增加9 269.3万元，增幅为114.56%；非银行业机构金融科技创新投资总额3 320万元，较上年增加2 470万元，增幅为290.59%（见图2-1-20）。从单个项目投资额看，2018年，银行业机构单个项目投资额77.50万元，较上年减少1.82万元；非银金融机构单个项目投资额276.67万元，较上年增加106.67万元，增幅为62.75%（见图2-1-21）。

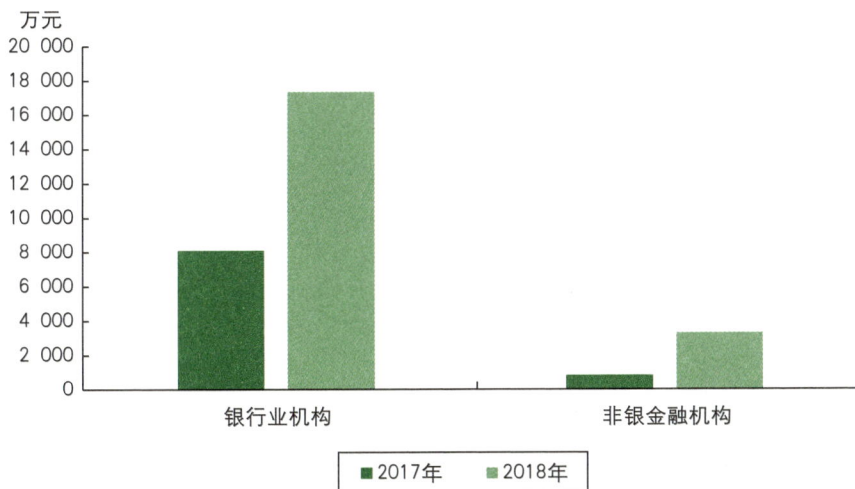

图2-1-20　样本机构金融科技创新投资总额（按所属行业划分）

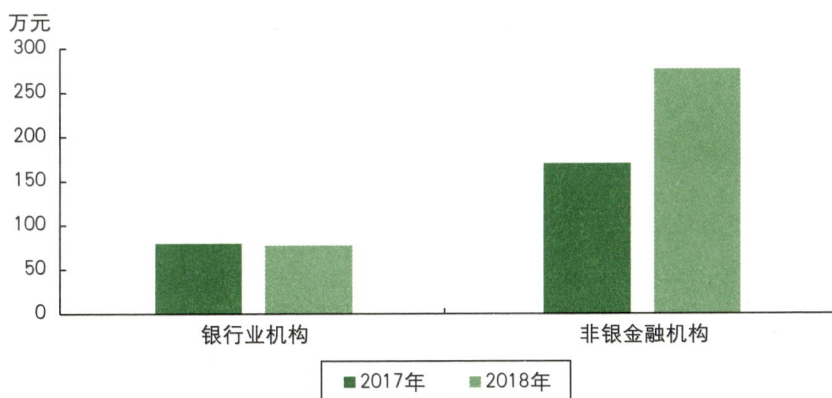

图2-1-21　样本机构单个创新项目投资额（按所属行业划分）

对占据样本主体的银行业机构进行分析：2018年，国有大型银行、股份制银行、城商银行和农商银行、民营银行等小型银行、村镇银行的金融科技创新投资额分别为4 719.54万元、507.96万元、10 265.30万元、1 804.50万元、63万元，较上年变动情况分别为436.89万元、-163.39万元、7 365.30万元、1 608.50万元、22万元（见图2-1-22）。从单个项目投资额看，2018年以上各类银行业机构单个项目投资额分别为44.11万元、10.58万元、183.31万元、200.50万元、15.75万元，较上年变动情况分别为-35.20万元、-17.39万元、12.72万元、167.83万元、-25.25万元（见图2-1-23）。

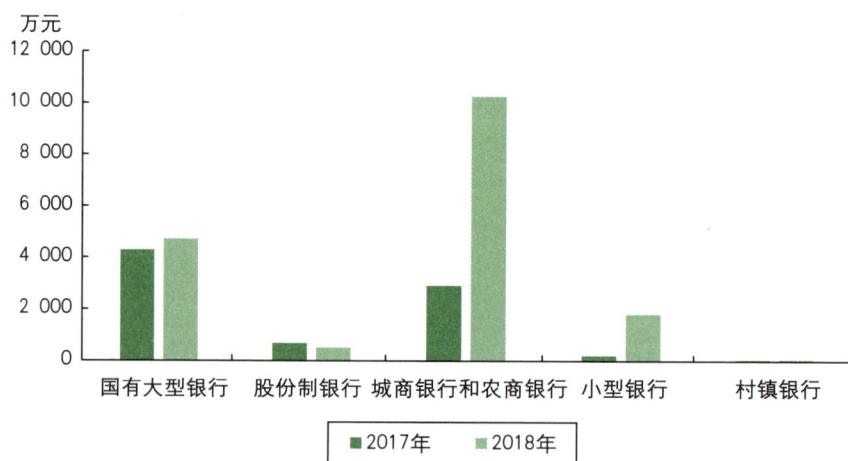

图2-1-22　银行业样本机构创新投资总额

图2-1-23　银行业样本机构单个创新项目投资额

从以上分析可以看出，2018年金融机构在金融科技创新方面的投资出现大幅增加，特别是天津本地法人机构类金融机构在数字化转型的驱动下投资出现爆发式增长，投资额较上年增长近2.5倍，单个项目投资额也普遍较大，平均达到了200万元/项目以上；分支机构投资总额虽然仍保持增长，但单体项目投资额出现下降。非银行金融机构在市场竞争压力下投资额增长更快，2018年投资额增速超过2.5倍，单个项目投资额达到250万元/项目以上。调查样本中，天津银行、建设银行天津分行、渤海证券、中德住房储蓄银行、易生支付当年投入均在1 000万元以上，天津银行投入资金达到6 380万元。

（四）各机构开展金融科技创新以独立研发为主

2018年，样本机构开发的236个创新项目中，有137个项目为机构独立开发项目，占比58.05%，较上年减少1.76个百分点；有81个项目为机构与其他机构合作开发项目，占比为34.32%，较上年减少3.06个百分点，合作机构绝大部分为提供解决方案与技术服务的科技公司，少部分为政府部门及其他金融机构；有18个项目为机构域外引进项目（从总行引进或发起行引进），占比7.63%，较上年增加4.82个百分点（见图2-1-24）。

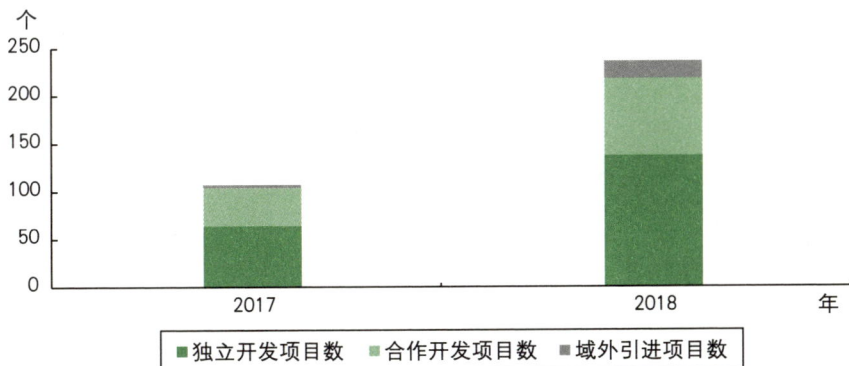

图2-1-24　样本机构创新项目开发方式

按照机构总部注册地分析：2018年，天津本地法人机构开发的

82个项目中，有42个项目为机构独立开发项目，占比为51.22%，较上年增加6.48个百分点；分支机构开发的150个项目中，有95个项目为机构独立开发项目，占比为63.33%，较上年减少5.78个百分点；本地村镇银行的金融科技创新项目均为域外引进项目（从发起行引进）（见图2-1-25）。

图2-1-25　样本机构创新项目开发方式（按注册地划分）

按照行业类别分析：2018年，银行业机构开发的224个项目中，独立开发项目130个，占比为58.04%，较上年同期增加0.19个百分点；非银金融机构开发的7个项目中，独立开发项目占比为58.33%，较上年同期减少41.67个百分点（见图2-1-26）。

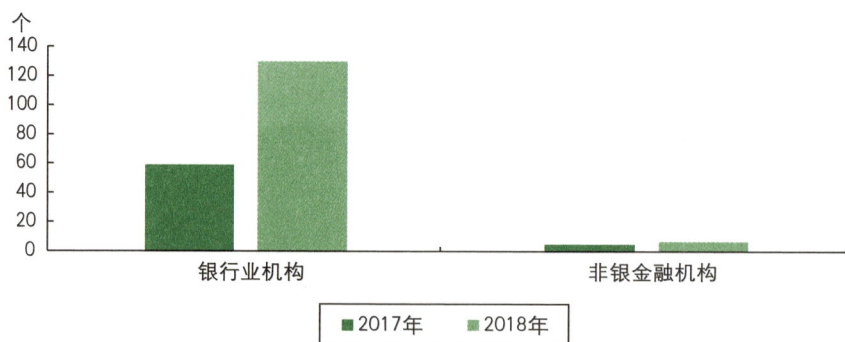

图2-1-26　样本机构创新项目开发方式（按所属行业划分）

对占据样本主体的银行业机构进行分析：2018年，国有商业银行天津分行开发的107个项目中，独立开发项目75个，占比为70.09%，较上年增加3.43个百分点；股份制银行天津分行开发的48个项目中，独立开发项目37个，占比为77.08%，较上年增加2.08个百分点；城商银行和农商银行开发的56个项目中，独立开发项目14个，占比25%，较上年增加19.12个百分点；民营银行等小型银行开发的9个项目中，独立开发项目4个，占比为44.44%，较上年减少22.22个百分点；村镇银行均为域外引进项目（见图2-1-27）。

图2-1-27　银行业样本机构创新项目开发方式

创新产品的研发方式主要取决于金融机构自身的科技力量，如国有商业银行天津分行、股份制银行天津分行、天津本地规模较大的法人金融机构多采取独立开发方式开展金融科技创新，且自主研发比例有上升趋势。小规模金融机构如城商银行、农商银行、村镇银行等独立开发比例维持较低水平。

### （五）超四成机构组建了金融科技创新服务组织

各金融机构金融科技创新服务组织以独立或非独立组织机构形式设立，与本单位科技部门合署办公或者独立运营，主要负责本单位金融科技创新工作的组织、推动、开发、测试和运营。截至2018年末，有19家样本机构组建了专业化的金融科技创新服务组织，占样本机构总数的44.19%；数量较上年增加了8家，增幅为72.73%（见图2-1-28）。在当年已经实施了金融科技创新的31家样本机构中，有16家机构成立了金融科技创新服务组织，占51.61%，较上年同期增加了7家，增幅为77.78%（见图2-1-29）。

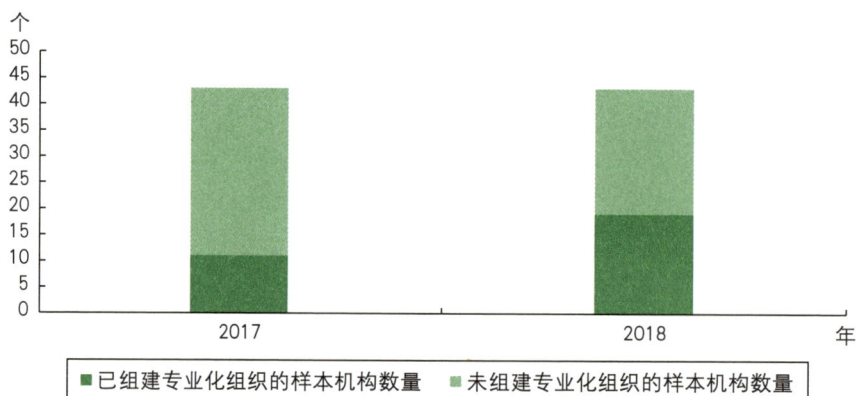

图2-1-28　样本机构组建专业化金融科技创新服务组织情况

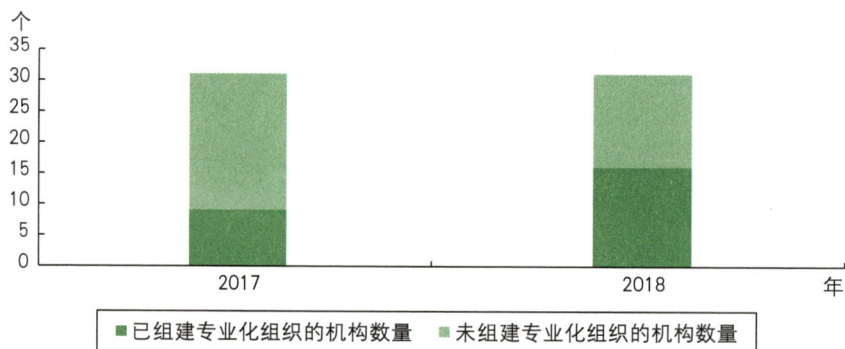

图2-1-29　已实施创新机构组建专业化金融科技创新服务组织情况

按照机构总部注册地分析：在19家组建金融科技创新服务组织的样本机构中，天津本地法人机构5家，占同类样本总数的50%，数量较上年增加了2家，增幅为66.67%；分支机构14家，占同类样本总数的58.33%，数量较上年增加了6家，增幅为75%（见图2-1-30）。

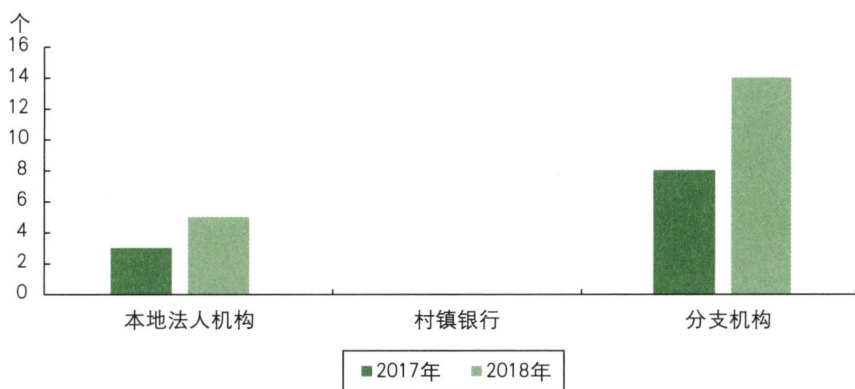

图2-1-30　样本机构组建专业化金融科技创新服务组织情况（按注册地划分）

按照行业类别分析：在19家组建金融科技创新服务组织的样本机构中，银行业机构17家、非银金融机构2家，分别占同类样本总数的43.59%、50%；数量分别较上年增加了7家、1家，增幅分别为70%、100%（见图2-1-31）。

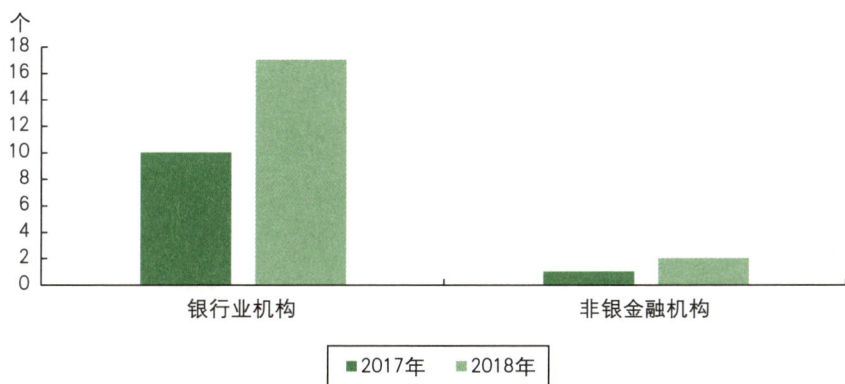

图2-1-31　样本机构组建专业化金融科技创新服务组织情况（按所属行业划分）

对占据样本主体的银行业机构进行分析：在17家组建金融科技创新服务组织的银行样本中，国有大型银行、股份制银行、城商银行和农商银行数量分别为4家、6家、7家，分别占各类别样本数量的66.67%、60%、58.33%；各类别数量与上年相比分别增加1家、3家、3家，增幅分别为33.33%、100%、75%。民营银行等小型银行及村镇银行近两年均未组建金融科技创新服务组织（见图2-1-32）。

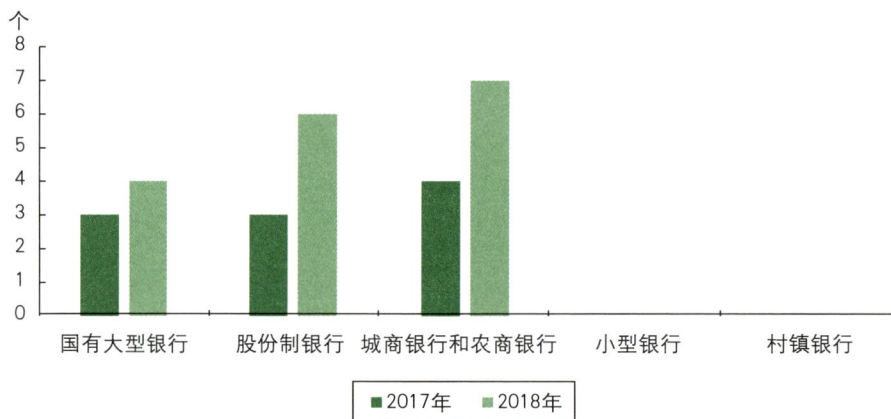

图2-1-32　2018年银行业样本机构组建专业化金融科技创新服务组织情况

专业化创新服务组织的不断增加显示各机构在推进金融科技创新方面正逐步加强领导和推动，随着金融科技应用的进一步普及，各机构在金融科技创新方面投入的力量将进一步增强。金融机构组建专业化金融科技创新服务组织，除因推进金融科技创新工作需要外，主要取决于其业务规模、资金实力及专业化人员数量。例如，国有商业银行分支机构、股份制银行在津较大规模的分支机构及天津本地规模较大的法人机构组建专业化创新服务组织的比率较高；而民营银行、村镇银行等小型银行业机构由于业务规模小、资金实力不足、专业人员少，均未组建专业化的金融科技服务机构。

截至2018年末，上述19家已经组建金融科技服务组织的金融机构共成立了相关组织27个，较上年增加11个，增幅为68.8%。多家金融机构成立了两个以上的金融科技创新服务组织，如渤海银行成立了专业化金融科技创新服务组织5个、滨海农商银行成立了金融科技创新服务组织2个等。

### （六）超六成机构成立了金融科技创新团队

各金融机构的金融科技创新团队多为临时性组织，一般由科技和业务运营人员组成，负责金融科技创新工作的需求提出、论证及创新研究、交流、测试等相关工作。截至2018年末，有26家样本机构组建了专业化的金融科技创新团队，占样本机构总数的60.47%；较上年同期增加了11家，增幅为73.33%（见图2-1-33）。当年在已经实施了金融科技创新的31家样本机构中，有22家机构组建了专业化的金融科技创新团队，占70.97%，较上年同期增加了9家，增幅为69.23%（图2-1-34）。

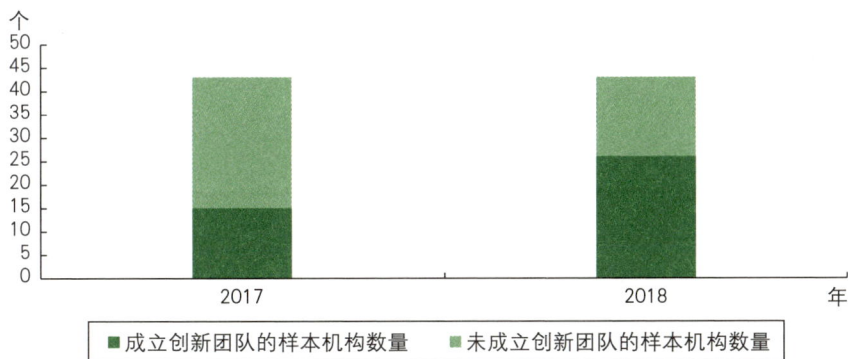

图2-1-33 样本机构成立金融科技创新团队情况

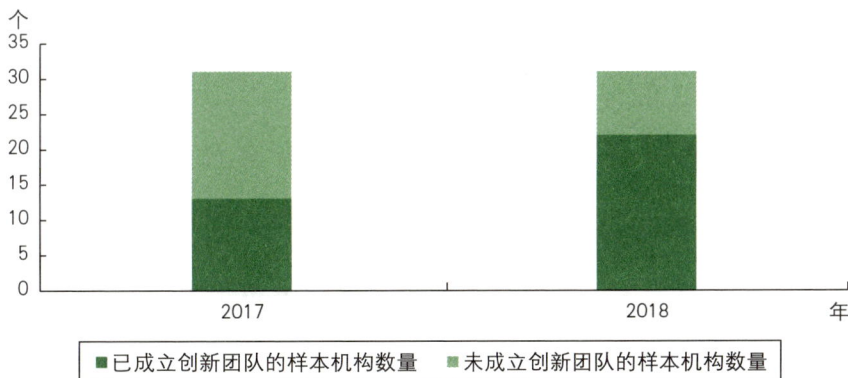

图2-1-34 已实施创新机构成立金融科技创新团队情况

按照机构总部注册地分析：在26家组建金融科技创新团队的样本机构中，天津本地法人机构8家，占同类样本总数的80%，数量较上年增加了2家，增幅为33.33%；分支机构18家，占同类样本总数的75%，数量较上年增加了9家，增幅为100%；村镇银行均未成立创新团队（图2-1-35）。

**图2-1-35 样本机构成立金融科技创新团队情况（按注册地划分）**

按照行业类别分析：在26家组建金融科技创新团队的样本机构中，银行业机构24家、非银金融机构2家，分别占同类型样本总数的61.54%、50%；数量分别较上年增加了11家、0家，增幅分别为84.62%、0（见图2-1-36）。

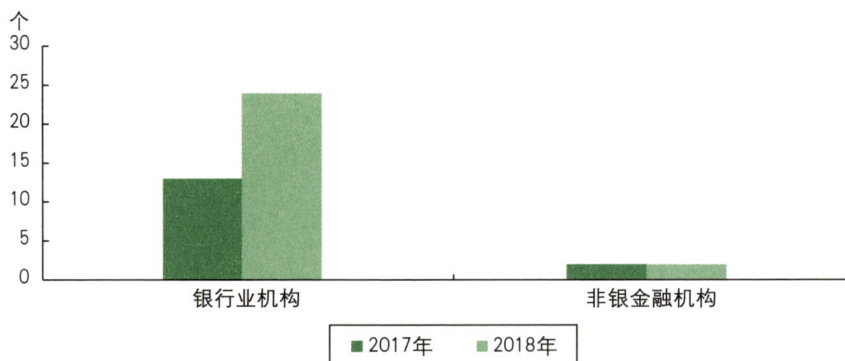

**图2-1-36 样本机构成立金融科技创新团队情况（按所属行业划分）**

对占据样本主体的银行业机构进行分析：在24家组建金融科技创新服务组织的银行样本中，国有大型银行、股份制银行、城商银行和农商银行、民营银行等小型银行、村镇银行数量分别为5家、8家、9家、1家、1家，分别占各类别样本数量的83.33%、80%、75%、50%、11.11%；各类别数量与上年相比分别增加1家、4家、4家、1家、1家（见图2-1-37）。

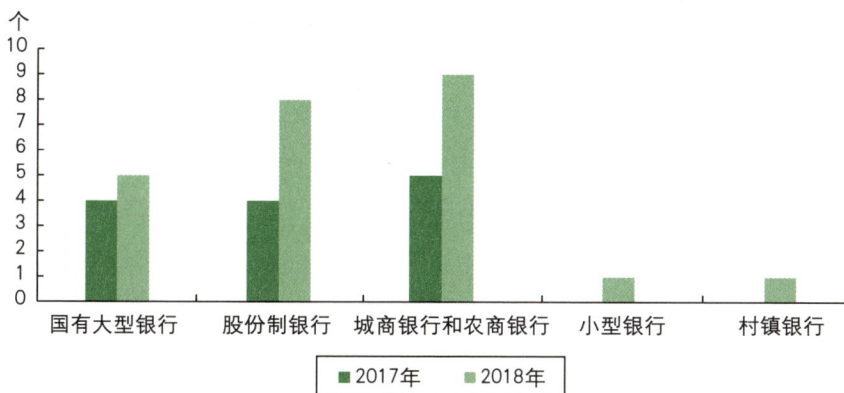

图2-1-37　2018年银行业样本机构成立金融科技创新团队情况

金融科技创新团队是推进创新工作的有力抓手，随着各金融机构对金融科技创新工作重视程度的不断提高，创新团队建设速度明显加快，但受自身人员力量限制，民营银行、村镇银行等小型银行在创新团队建设方面速度较慢。

截至2018年末，已经组建金融科技创新团队的26家样本机构创新团队共有成员463人，较上年增加174人，增幅60.21%。其中，渤海银行、邮储银行天津分行、滨海农村商业银行、建设银行天津分行在创新团队人数方面居前，均在20人以上，且均较上年有不同程度增长。

（七）金融科技创新主要集中在六个领域

2018年，样本机构开展的金融科技创新主要集中在产品研发、平台开发、风险管理、智能服务、营销推广和管理增效六个领域。

总体来看，国有大型商业银行在金融科技创新方面涉及的领域更全面、发展更均衡，虽然在产品研发和营销推广方面有所侧重，但后台管理和风险控制方面实施力度也在快速增加；小型金融机构如规模较小的城商银行、村镇银行等，则把主要精力放在产品研发、平台开发等方面。

从创新实施机构分析：样本机构中开展产品研发领域金融科技创新的机构最多，共计22个，同比增长100%，占样本机构总数的51.16%；开展平台开发领域创新的机构为19家，同比增长137.50%，占比为44.19%；开展管理增效领域创新的机构为14家，同比增长180%，占比为32.56%；开展营销推广领域创新的机构为13家，同比增长116.67%，占比为30.23%；开展风险防控领域创新的机构为15家，同比增长87.50%，占比为34.88%；开展智能服务领域创新的机构为15家，同比增长114.29%，占比为34.88%（见图2-1-38）。

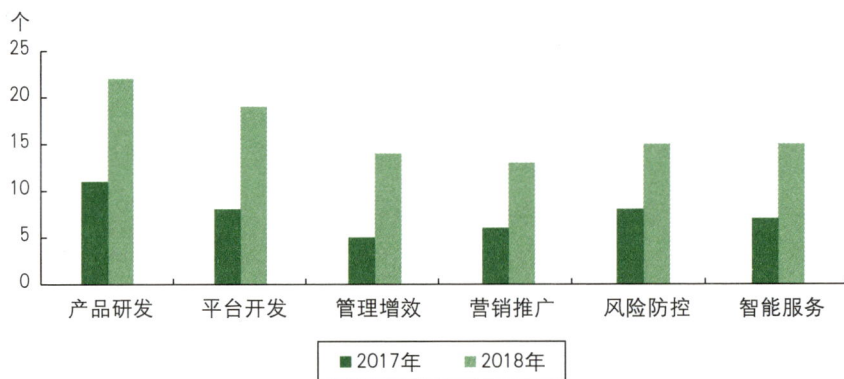

图2-1-38　开展各领域创新的机构数

从样本机构实施创新领域分析：2018年，同时开展6个领域创新的样本机构共2家，同比增长100%，占样本机构总数的4.65%；同时开展5个领域创新的机构共6家，同比增长200%，占比为13.95%；同时开展4个领域创新的机构共5家，同比增长150%，占比为11.64%；同时开展3个领域创新的机构共6家，同比增长500%，占比为

13.95%；同时开展2个领域创新的机构共6家，同比增长50%，占比为13.95%；同时开展1个领域创新的机构共6家，同比减少40%，占比为13.95%（见图2-1-39）。

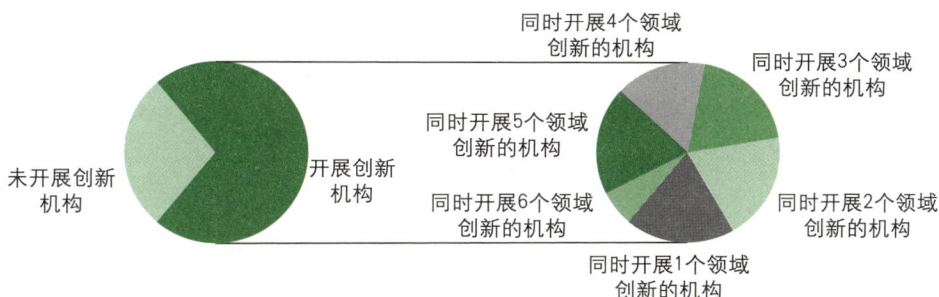

图2-1-39　2018年样本机构开展创新领域数量分布

从创新项目数量分析：2018年，样本机构产品研发领域金融科技创新项目最多，共计86个，同比增长138.89%，占金融科技创新项目总数的36.44%；平台开发领域项目数为43个，同比增长258.33%，占比为18.22%；管理增效领域项目数为25个，同比增长47.06%，占比为10.59%；营销推广领域项目数为18个，同比增长100%，占比为7.63%；风险防控领域项目数为26个，同比增长85.71%，占比为11.02%；智能服务领域项目数为38个，同比增长100%，占比为16.10%（见图2-1-40）。

图2-1-40　各领域金融科技创新项目数

从创新项目开发方式分析：2018年，样本机构产品研发、平台开发、管理增效、风险防控领域金融科技创新项目的开发方式以独立开发为主，独立开发项目占相应领域创新项目的比重分别为75.58%、60.47%、68.00%和57.69%；营销推广领域、智能服务领域创新项目的开发方式以合作开发居多，合作开发项目占比分别为44.44%和73.68%（见图2-1-41）。

个

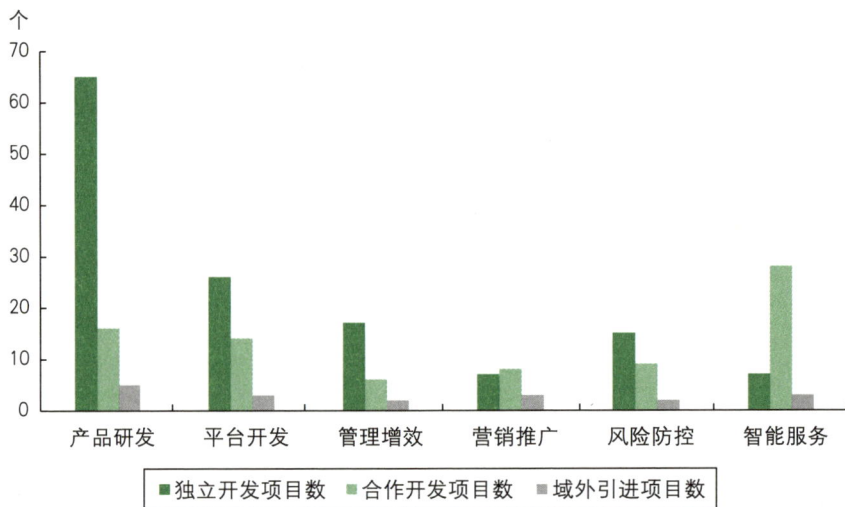

图2-1-41  2018年各金融科技创新领域项目开发方式

从投资总额分析：2018年，样本机构产品研发领域金融科技创新投资额为3 951.35万元，同比增长43.85%，占各领域投资总额的19.11%；平台开发领域投资额为8 738.78万元，同比增长956.94%，占比为42.26%，是投资额度最高的领域；管理增效领域投资额为961.06万元，比上年增长1 944.81%，占比为4.65%，是投资额增速最快的领域；营销推广领域投资额为424.62万元，同比增长4.62%，占比为2.05%；风险防控领域投资额为1 053.76万元，同比增长39.66%，占比为5.10%；智能服务领域投资额5 550.73万元，同比增长33.43%，占比为26.83%（见图2-1-42）。

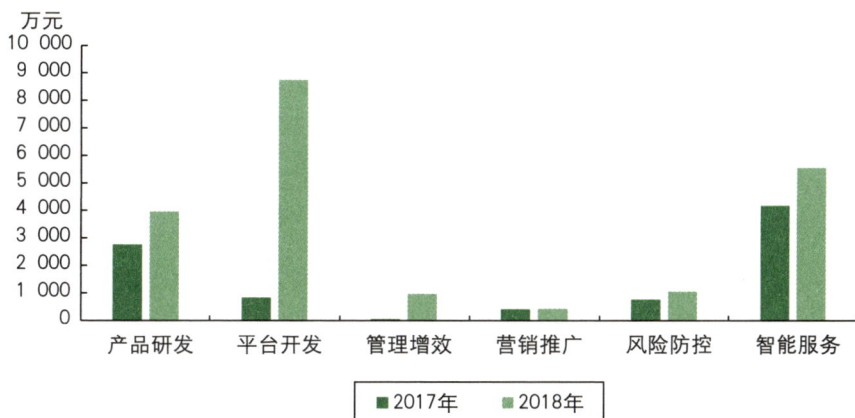

图2-1-42　各金融科技创新领域投资规模

从单个项目投资额度分析：2018年，样本机构产品研发领域金融科技创新单个项目投资额为45.95万元，同比下降39.79%；平台开发领域单个项目投资额为203.23万元，同比增长194.96%，是单个项目投资额度最高的领域；管理增效领域单个项目投资额为38.44万元，比上年增长1 290.47%，是单个项目投资额增长最快的领域；营销推广领域单个项目投资额为23.59万元，同比下降47.69%；风险防控领域单个项目投资额为40.53万元，同比下降24.80%；智能服务领域单个项目投资额为146.07万元，同比下降33.28%（见图2-1-43）。

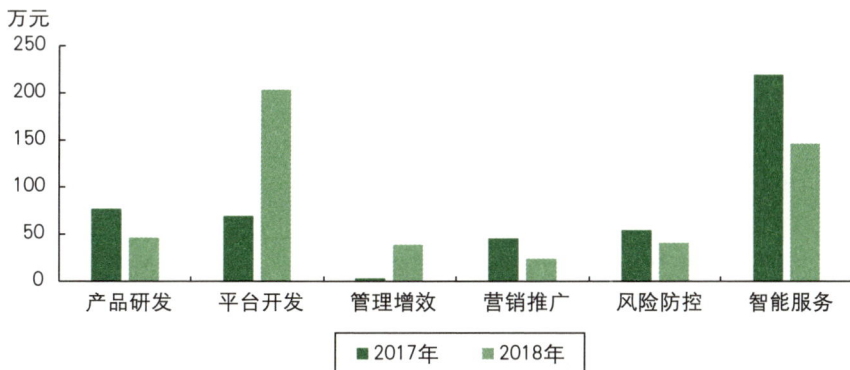

图2-1-43　各金融科技创新领域单个项目投资规模

## 三、金融科技创新取得显著成效

金融科技创新为金融机构实现"数字化""智能化""平台化""生态化"转型创造了条件。从开展了金融科技创新的样本机构看，金融科技创新在拓展机构业务规模、提升服务质效、改善管理水平、降低交易成本等方面均取得了实实在在的效果。

### （一）拓展业务规模

样本机构通过网络获客、智能推介、精准营销等创新方式，有效拓宽了金融机构的获客渠道，为深度开发高净值客户和市场长尾人群提供了可能。客户规模扩大带来了交易额的迅速扩张和经营利润的增加。2018年，样本机构实施的金融科技创新项目共为金融机构新增获客83.5万户，创新产品累计实现交易额5 473亿元，带来利润76 834万元。以天津滨海农村商业银行为例，该行在2018年共为其互联网金融业务平台"滨海·微银行"开发建设了5个新渠道（包括微信、支付宝、微博等），新设渠道当年实现客户增量6.65万户，带来新增交易额272.70亿元，新增利润291万元。

### （二）提升服务质效

各机构通过开发应用智能投顾、线上平台、聚合服务等创新产品，有效简化了操作流程，缓解了线下服务压力，提升了客户服务的针对性，改善了客户服务体验，提高了客户的满意度。例如，渤海证券开发的智能化APP可利用大数据技术收集与分析客户的特定行为数据，并根据客户的风险承受能力、偏好特征、行为习惯向客户推送与其匹配的各类金融产品与服务；天津银行研发的"银税e贷"贷款产品可实现从小微企业客户申请贷款到银行发放贷款的全流程线上化，实现了7×24小时自助申请、实时审批、快速放款，满足小微企业"用款急、借款频"的融资需求。

### （三）降低交易成本

随着金融机构大量创新性在线服务功能和网络交易产品的上线，平台化、智能化、场景化线上服务成为主流，智能客服、智能柜员机、智能风控、智能授信等创新工具得到广泛应用，人工、实体网点部分功能得到有效替代，与之相应的人工成本、运营成本、获客成本、风控成本显著下降。以天津农商银行开发的"综合客服系统"为例，该系统可替代人工客服，识别客户提出的语音要求，为客户办理7种查询类业务及72种咨询类业务，已成功实现对20%人工话务量的替代，人工成本实现大幅度下降。

### （四）提高风控水平

各样本机构运用大数据、云计算、人工智能、生物识别等技术，在精准授信、反欺诈以及维护账户和系统安全方面开展了大量创新工作，重点领域的风险监测、预警风控、应急处置水平得到有效提升。例如，天津金城银行研发的"金税贷"贷款产品，借助现代化风险评估模型，基于客户征信记录、纳税行为、资产情况、财务情况等数据，进行快速、精准信用评估，大幅提升了信用风险控制水平。再如渤海银行开发的"电子银行反欺诈系统"，可实现对各电子银行渠道的交易数据进行全面的管控，具备事前、事中和事后的欺诈风险侦测、识别、处理能力，可及时有效处置欺诈风险。

### （五）优化内部管理

内部管理方面的创新主要依据现代公司管理体制的相关要求，对企业管理架构、业务流程和内部控制体系进行全面梳理和科学安排，实现工作任务、工作内容、办公资源的合理分配，并对员工行为和工作成果进行科学评价，达到优化机构内部管理、激发员工工作活力的目的。以大连银行天津分行开发的"全员绩效考核系统"为例，该系统具备考核任务参数设定、录入数据处理、考核结果核算、考核等级分配等功能，可实现对各经营单位、各部室及员工个人的综合评价。

## 第三节　天津市金融科技创新发展趋势

从金融信息化到信息化金融，从传统互联网金融到移动金融、智能金融，短短几十年，金融科技为我国金融行业的发展带来了翻天覆地的变化。未来，金融与科技的融合将会为经济社会发展带来更多全新体验，并引领新一轮金融产业变革。

### 一、金融科技创新将驱动监管变革

金融科技创新的飞速发展会使监管制度和行业标准的滞后性越来越突出，传统金融监管标准很难覆盖全部金融科技创新领域。这也使金融科技领域的风险日益凸显，尤其是在P2P网贷、数字货币等领域的违规风险不断积累，引发了一系列金融风险事件。近年来，国家不断强化对金融科技的清理整治，并努力转变监管理念，大力推进监管变革，逐步完善监管手段，金融科技正在成为金融监管的重要组成部分。2012年，中国银监会立项开发了检查分析系统（EAST），该系统具备标准化数据提取、现场检查项目管理、数据模型生成、数据模型发布与管理等功能，为中国银监会提供了银行业金融机构的海量业务数据（由银行业金融机构报送），可提高其对银行业金融机构的监管质效。2017年5月，中国人民银行成立了金融科技委员会，旨在积极利用大数据、人工智能、云计算等技术丰富的金融监管手段，提升跨行业、跨市场交叉性金融风险的甄别、防范和化解能力，强化监管科技应用实践。2018年8月，《中国证监会监管科技总体建设方案》印发，明确了监管科技建设工作需求和工作内容，要求在加强电子化、网络化监管的基础上，通过大数据、人工智能、云计算等科技手段，实现业务流程的互联互通和数据的全面共享，强化资本市场风险的监测和异常交易行为的识别能力，提高监管智能化水平。

从天津市来看，用科技手段提升金融监管效能已经成为各监管机构强化金融监管的重要抓手。如2018年，天津市地方金融监督管理局与国家互联网应急中心建立全面战略合作关系，持续深化金融监管科技领域合作，运用大数据、云计算等信息化手段加强非法金融活动的动态监测预警，防范地方金融风险，守护区域金融安全，取得了积极成效。

### 二、金融科技将引领金融服务智能化转变

金融科技为传统金融向智能金融转变提供了有效途径，大数据、人工智能、生物识别等技术的深度运用，将进一步提高金融市场价值的发现效率、促进金融风险的合理定价，使金融业务流程、业务拓展和客户服务得到全面优化与提升，进而实现金融产品、风控、获客、服务的智慧化、自动化和人性化。例如，智慧银行、智能投顾、智能终端等科技创新为客户提供了全新的服务体验，更为传统金融服务拓宽了领域、拓展了深度。未来，人工智能、生物识别、物联网等技术的普及将持续推动金融服务流程的优化和价值链的延伸，大幅提升金融服务的效率与质量。

从天津市来看，以科技创新推进智能化服务已成为金融行业优化服务体验的主流趋势。今后一段时期，各金融机构会更多地将大数据、人工智能技术运用到金融业务实践当中，通过研发、推广更多智能型金融产品和服务，深入推进传统金融服务转型升级。

### 三、金融科技为普惠金融发展提供更多机遇

科技创新让传统金融服务变得更加便捷、高效，最大限度地

促进了信息共享，有效降低了交易成本和金融服务门槛，扩大了金融服务的范围和覆盖面，是实现普惠金融的重要途径。近年来，天津市在引导金融机构创新推进普惠金融发展方面出台了多项措施，如《天津市金融改革创新三年行动计划（2016—2018年）》指出，要大力拓展普惠金融服务的广度与深度，进一步提高金融服务的覆盖率和满意度，加强对特定客户群体、"三农"和偏远地区的金融服务。

围绕国家和地方政府推动普惠金融发展的工作要求，天津市各金融机构积极开展了创新实践，在助农、扶小、惠民生等方面推出了一系列创新性产品和服务，有效缓解了当前普惠金融发展面临的成本较高、收益不足、效率和安全难以兼顾等问题，成效十分显著。部分机构通过线上线下相结合的创新模式，将金融服务和产品更好地融入民生应用场景，打通金融服务"最后一公里"，真正做到了让金融服务惠及社会大众。今后，普惠金融将在金融科技的推动下迈上一个全新的台阶。

## 四、金融科技发展将更加注重风险防范

金融科技并不能改变金融风险的原有属性，反而由于网络的开放性特征，让金融科技创新背景下的金融风险变得更加复杂和难以掌控，进而增加区域性、系统性金融风险的可能性，因此保证安全是金融科技创新的永恒主题。注重创新与监管的适度平衡、在严控风险的前提下推进创新将成为金融科技发展的趋势。

当前，金融科技历经了三年多的从严监管，正在进入规范发展的全新阶段。天津市各金融机构也正在利用各种技术手段加强风控管理，如部分金融机构通过建立金融风控模型，对交易中存在的潜在或异常风险进行监测和甄别，在金融风险早识别、早预防、早处置方面取得了一定成效。随着我国各项金融监管制度的不断完善，

未来一段时期，各金融机构将会在风控方面投入更多精力，风险防控也将成为金融科技创新的重点领域之一。

### 五、行业需求将持续推动金融科技创新发展

金融科技创新在满足金融机构转型和竞争需求的同时，也在不断衍生新的应用需求，并驱动金融科技自身的持续创新。一方面，金融科技在普惠金融、智能金融等方面的广泛应用，会衍生出营销、风控、用户服务等一系列新领域的需求，拓展出更广阔的创新领域，为金融科技创新提供更多的切入点；另一方面，衍生出的新需求又将会促使金融科技进行新一轮的创新与探索，为创新带来新的推动力。随着金融与科技更加紧密的融合发展，创新与需求的相互驱动作用将更加明显。

未来一段时期，金融科技创新需求与创新实践将进入更加良性的循环互动阶段。天津市各金融机构也正在不断完善金融科技创新的顶层设计，深度挖掘金融科技创新潜力，不断提升金融科技创新的前瞻性和实效性。

# 第二章
# 天津市金融科技创新主要领域情况

- 产品研发篇
- 平台开发篇
- 管理增效篇
- 营销推广篇
- 风险防控篇
- 智能服务篇

# 第一节 产品研发篇

## 一、约七成创新机构开展了产品研发领域的创新

本报告所指的"产品研发"主要指金融交易产品的设计与开发，并侧重于面向大众的金融零售产品。由于与经济效益和市场开发直接相关，"产品研发"是金融机构最为关注也最乐于开展的金融科技创新。

2018年，在31家已经实施金融创新的样本机构中，有22家机构开展了"产品研发"领域的创新，占70.97%；较上年增加11家，增幅为100%（见图2-2-1）。

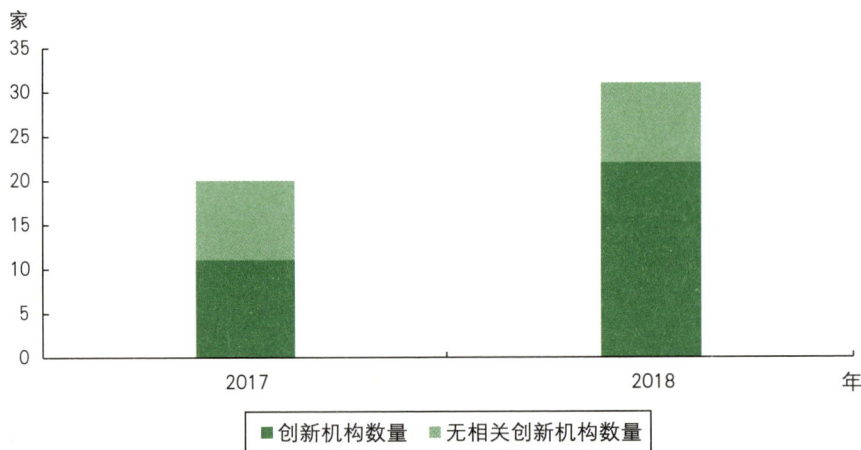

图2-2-1 开展产品研发领域创新的机构数量

按照机构总部注册地分析：在22家实施"产品研发"领域创新的样本机构中，天津本地非村镇银行法人机构7家，占实施创新机构同类样本数的70%，数量较上年增加了3家，增幅为75%；分支机构11家，占实施创新机构同类样本数的64.71%，数量较上年增加了

5家，增幅为83.33%。村镇银行4家，占实施创新机构同类样本数的100%，数量较上年增加了3家，增幅为300%（见图2-2-2）。

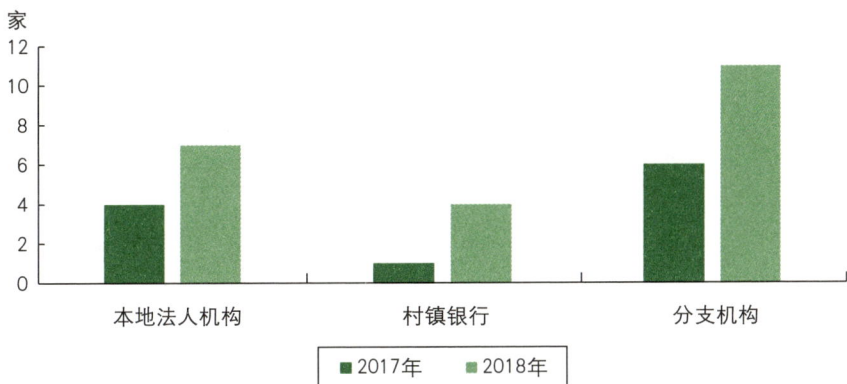

图2-2-2　开展产品研发领域创新的机构数量（按注册地划分）

按照行业类别分析：在22家实施"产品研发"领域创新的样本机构中，银行业机构20家、非银金融机构2家，分别占实施创新机构同类型样本总数的74.07%、50%；数量分别较上年增加了10家、1家，增幅均为100%（见图2-2-3）。

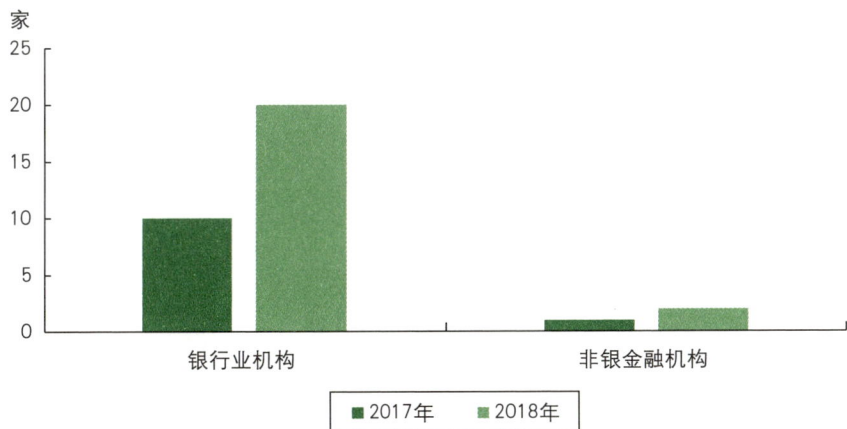

图2-2-3　开展产品研发领域创新的机构数量（按所属行业划分）

对占据样本主体的银行业机构进行分析：在20家实施"产品

研发"领域创新的银行机构，国有大型银行、股份制银行、城商银行和农商银行、民营银行等小型银行、村镇银行数量分别为6家、4家、4家、2家、4家，分别占实施创新机构同类样本数的100%、50%、57.14%、100%、100%；各类别数量与上年相比分别增加3家、1家、2家、1家、3家，增幅分别为100%、33.33%、100%、100%和300%（见图2-2-4）。

图2-2-4　银行业开展产品研发领域创新情况

　　从以上分析可以看出，各样本机构在产品研发领域投入的精力均比较大，创新机构数量也呈现较快速增长态势。特别是民营银行、村镇银行等小型金融机构由于资金实力较小、技术力量不强，多将有限的创新资源投入在产品研发领域。

## 二、创新项目数量大幅增加

　　2018年，产品研发领域的创新项目数量共计86个，占样本机构创新项目总数的36.44%，较上年增加2.80个百分点；数量较上年增加50个，增幅为138.89%。其中，在建项目13个，占比为15.12%；已上线项目73个，占比为84.88%（见图2-2-5）。

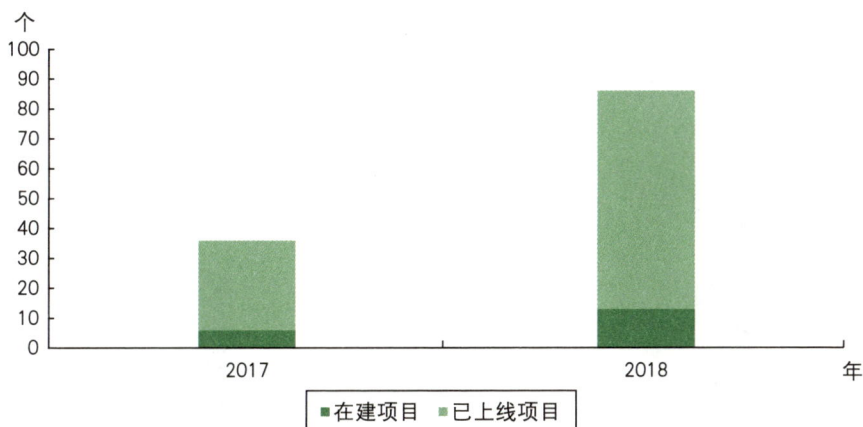

图2-2-5　产品研发领域创新项目数量

按照机构总部注册地分析：在86个"产品研发"项目中，天津本地非村镇银行法人机构实施项目共29个，已开展该领域创新的同类机构平均每家实施项目4.14个；项目总数较上年增加了14个，增幅为93.33%。分支机构实施项目共53个，已开展该领域创新的同类机构平均每家实施项目4.82个；项目总数较上年增加了33个，增幅为165%。村镇银行实施项目共4个，已开展该领域创新的同类机构平均每家实施项目1个；项目总数较上年增加了3个，增幅为300%（见图2-2-6、图2-2-7）。

图2-2-6　产品研发领域创新项目数量（按注册地划分）

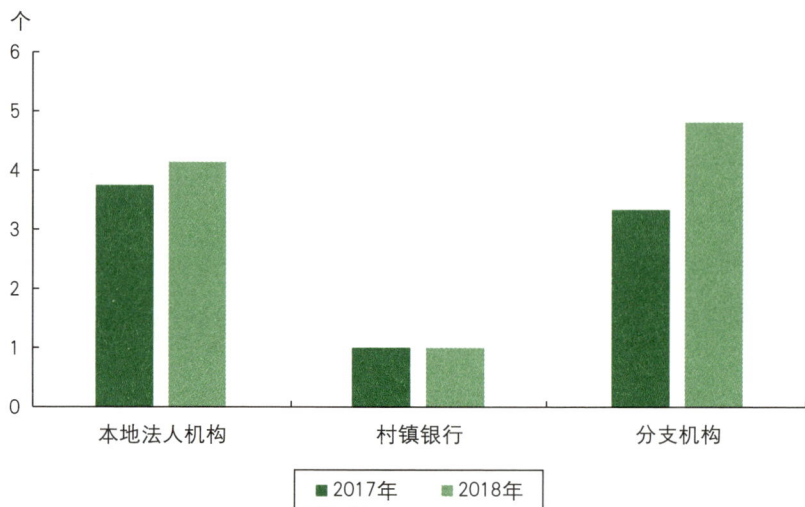

**图2-2-7 产品研发领域创新项目平均数（按注册地划分）**

　　按照行业类别分析：在86个"产品研发"项目中，银行业机构实施项目共84个，已开展该领域创新的同类机构平均每家实施项目4.2个；项目总数较上年增加了49个，增幅为140%。非银金融机构实施项目2个，已开展该领域创新的同类机构平均每家实施项目1个；项目总数较上年增加1个，增幅为100%（见图2-2-8、图2-2-9）。

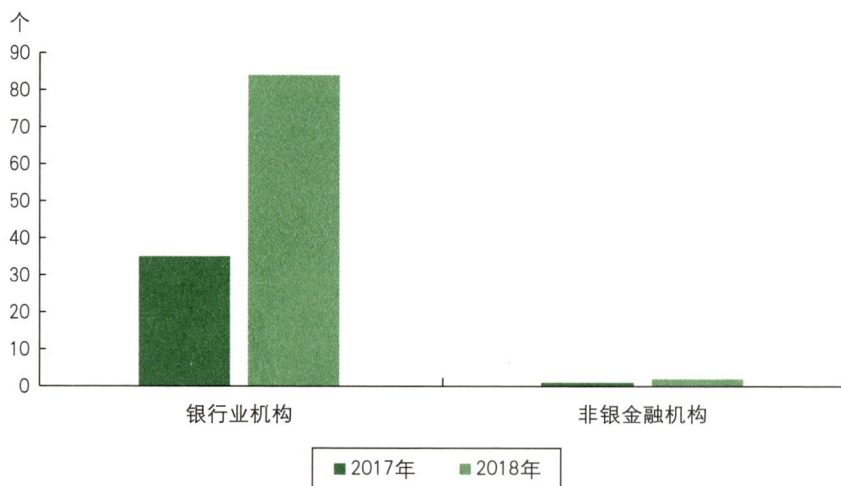

**图2-2-8 产品研发领域创新项目数量（按所属行业划分）**

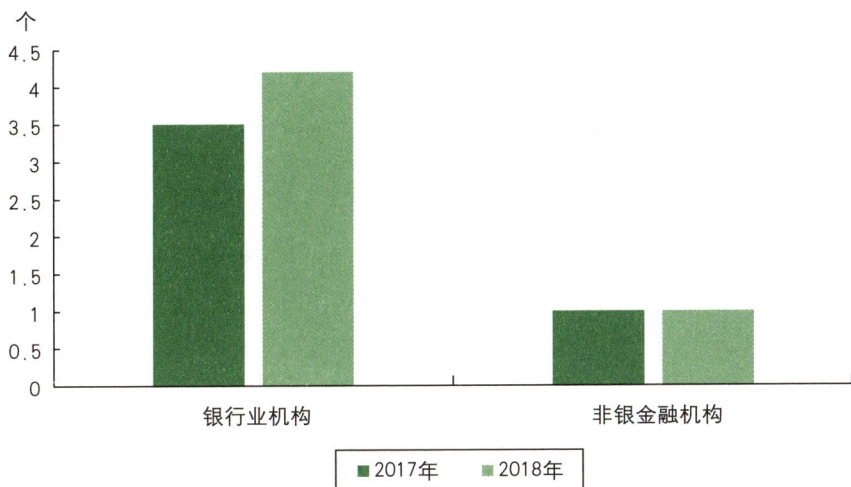

**图2-2-9 产品研发领域创新项目平均数（按所属行业划分）**

对占据样本主体的银行业机构进行分析：在银行业机构实施的84个创新项目中，国有大型银行、股份制银行、城商银行和农商银行、民营银行等小型银行、村镇银行实施项目数量分别为45个、16个、12个、7个、4个，已开展该领域创新的同类机构平均每家实施项目分别为7.5个、4个、3个、3.5个、1个；实施项目总数分别较上年增加了28个、9个、7个、2个、3个，增幅分别为164.71%、128.57%、140%、40%、300%（见图2-2-10、图2-2-11）。

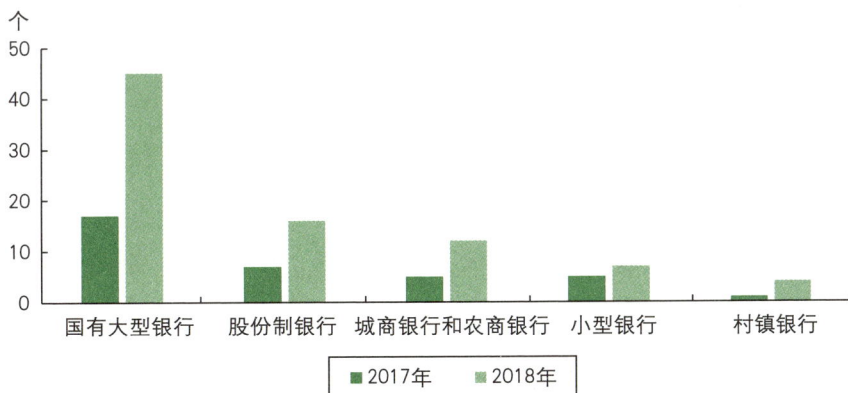

**图2-2-10 银行业样本机构产品研发领域创新项目数量**

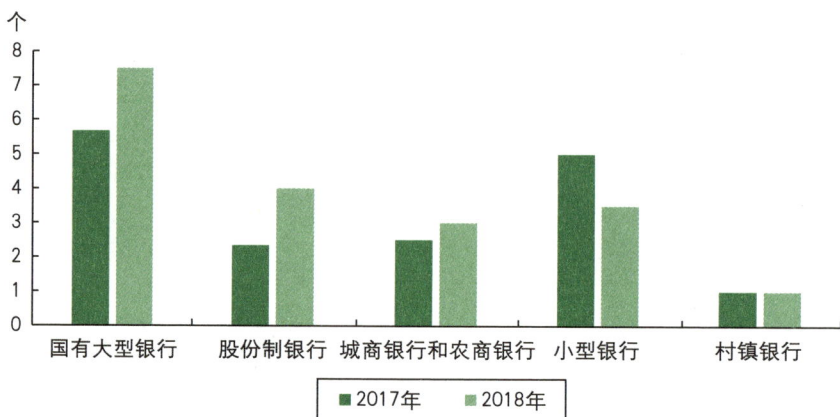

**图2-2-11 银行业样本机构产品研发领域创新项目平均数**

从以上分析可以看出，2018年各类样本机构在产品研发领域实施的创新项目数量均较多，且相比上年实现了快速增长。国有大型银行、股份制银行等大型机构由于在资金、技术方面占据优势，实施的产品研发创新项目数量较大且增速较快，均比上年增长1倍以上。

### 三、研发投资总额有所增加，单个产品投资额有所减少

2018年，样本机构产品研发领域的投资力度大幅增加，全年总投资额达到3 951.35万元，占同期样本机构金融科技创新投资总额的19.11%，较上年增加1 204.42万元，增幅为43.85%；单个项目投资额45.95万元，较上年减少30.35万元，增幅为–39.78%。

按照机构总部注册地分析：2018年，天津本地非村镇银行法人机构产品研发领域金融科技创新投资总额为2 641.50万元，较上年增加 620.93万元，增幅为30.73%；分支机构金融科技产品研发领域创新投资总额为1 246.85万元，较上年增加561.49万元，增幅为81.93%；本地村镇银行产品研发领域创新投资总额为63万元，较上年增加22万元，增幅为53.66%（见图2-2-12）。

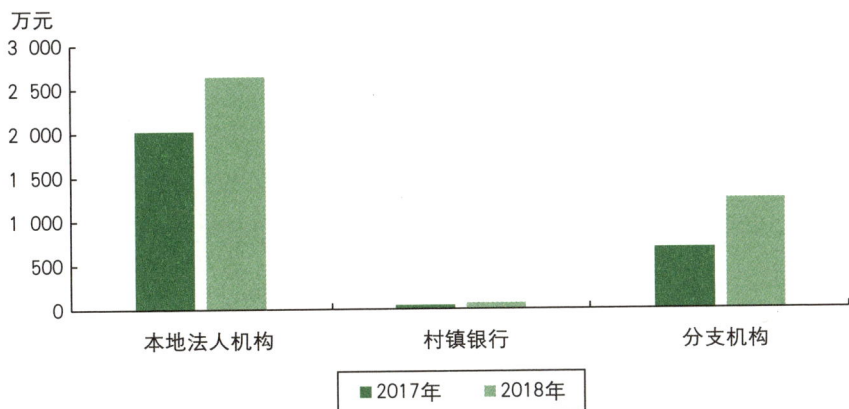

**图2-2-12　样本机构产品研发领域创新投资总额（按注册地划分）**

从单个项目投资额看，2018年，天津本地非村镇银行法人机构产品研发领域单个项目投资额为91.09万元，较上年减少43.62万元；分支机构产品研发领域单个项目投资额23.53万元，较上年减少10.74万元；村镇银行产品研发领域单个项目投资额15.75万元，较上年减少25.25万元（见图2-2-13）。

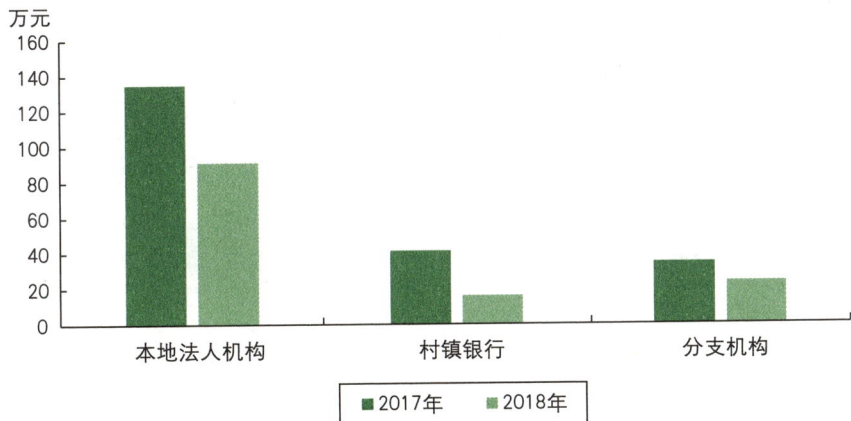

**图2-2-13　样本机构产品研发领域单个创新项目投资额（按注册地划分）**

按照行业类别分析：2018年，银行业机构产品研发领域金融科技创新投资总额2 901.35万元，较上年增加1 004.42万元，增幅为

52.95%；非银行业机构产品研发领域金融科技创新投资总额1 050万元，较上年增加200万元，增幅为23.53%（见图2-2-14）。从单个项目投资额看，2018年，银行业机构产品研发领域单个项目投资额34.54万元，较上年减少19.66万元；非银金融机构产品研发领域单个项目投资额525万元，较上年减少325万元（见图2-2-15）。

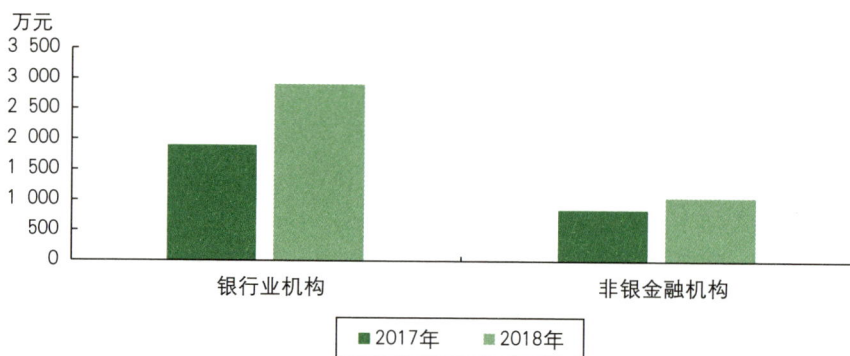

图2-2-14　样本机构产品研发领域金融科技创新投资总额（按所属行业划分）

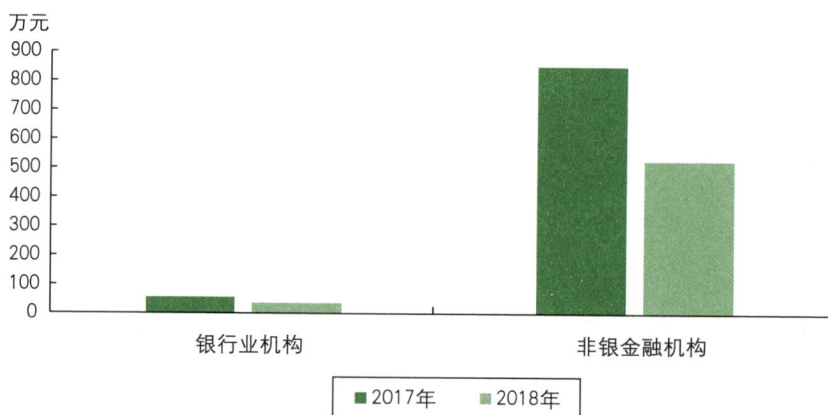

图2-2-15　样本机构产品研发领域单个创新项目投资额（按所属行业划分）

对占据样本主体的银行业机构进行分析：2018年，国有大型银行、股份制银行、城商银行和农商银行、村镇银行产品研发领域的金融科技创新投资额分别为1 176.95万元、228.40万元、1 433万元、

63万元，分别较上年同期增加了542.09万元、7.33万元、433万元、22万元，增幅分别为85.39%、3.32%、43.30%、53.66%，民营银行等小型银行在近两年均无产品研发领域的专项投资（见图2-2-16）。从单个项目投资额看，2018年国有大型银行、股份制银行、城商银行和农商银行、村镇银行产品研发领域单个项目投资额分别为26.15万元、14.28万元、119.42万元、15.75万元，与上年变动情况分别为−11.19万元、−17.31万元、−80.58万元、−25.25万元（见图2-2-17）。

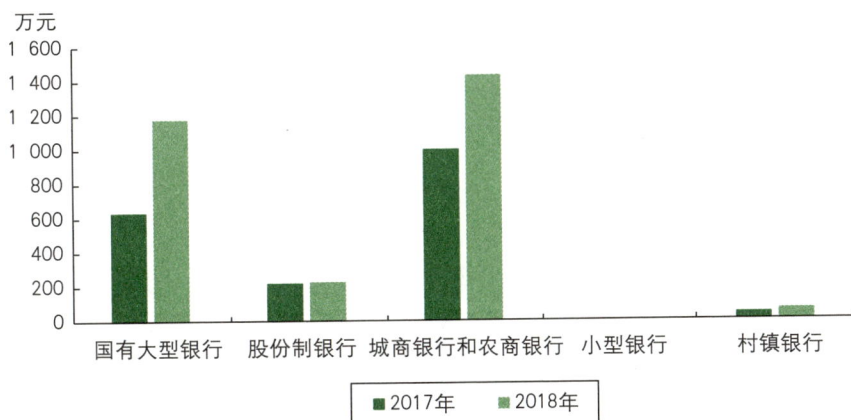

图2-2-16 银行业样本机构产品研发领域创新投资总额

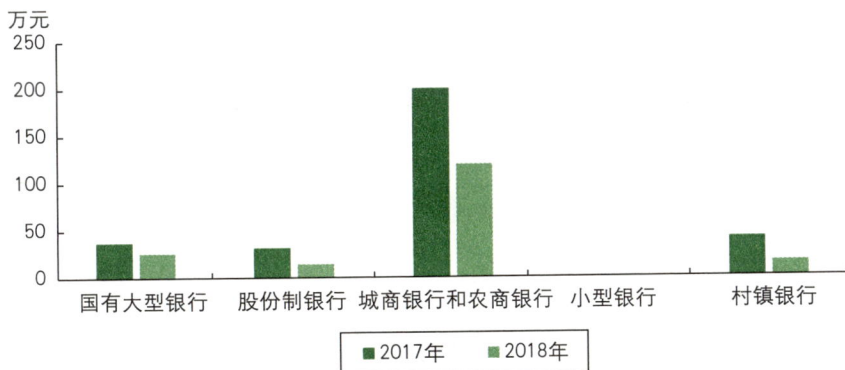

图2-2-17 银行业样本机构产品研发领域单个创新项目投资额

从以上分析可以看出，各类样本机构在产品研发领域的投资额普遍较大，特别是国有大型银行、城商银行和农商银行，其在产品研发领域的投资额均达到400万元以上，且增幅均达到40%以上。同时，各类样本机构产品研发领域单个项目投资额普遍较大，特别是城商银行和农商银行、非银行金融机构，其单个项目投资额分别达到119.42万元、525万元。由于同一样本机构利用相同或相似技术手段研发的产品数量有所增加，更多产品可共享同一投资带来的技术成果，使得产品研发领域单个项目创新投资额有所减少。

## 四、研发方式以独立研发为主

2018年，样本机构开发的86个产品研发领域创新项目中，有65个项目为机构独立开发项目，占比为75.58%，较上年增加6.14个百分点；有16个项目为机构与其他机构合作开发项目，占比为18.60%，较上年减少6.40个百分点，合作机构绝大部分为提供解决方案与技术服务的科技公司，少部分为政府部门及其他金融机构；有5个项目为机构域外引进项目（自总行引进或自发起行引进），占比为5.82%，较上年增加0.26个百分点（见图2-2-18）。

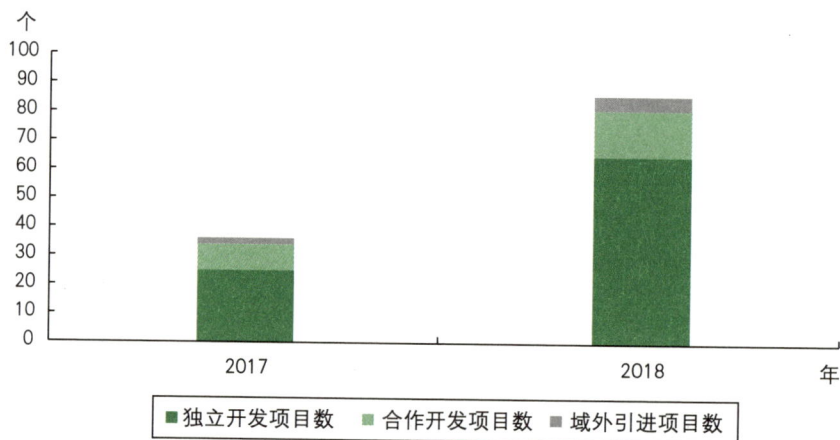

图2-2-18　样本机构产品研发领域创新项目开发方式

按照机构总部注册地分析：2018年，天津本地非村镇银行法人机构开发的29个产品研发领域项目中，有20个项目为机构独立开发项目，占比为68.97%，较上年增加8.97个百分点；分支机构开发的53个产品研发领域项目中，有45个项目为机构独立开发项目，占比为84.91%，较上年增加4.91个百分点；本地村镇银行的产品研发领域金融科技创新项目均为域外引进项目（自发起行引进）（见图2-2-19）。

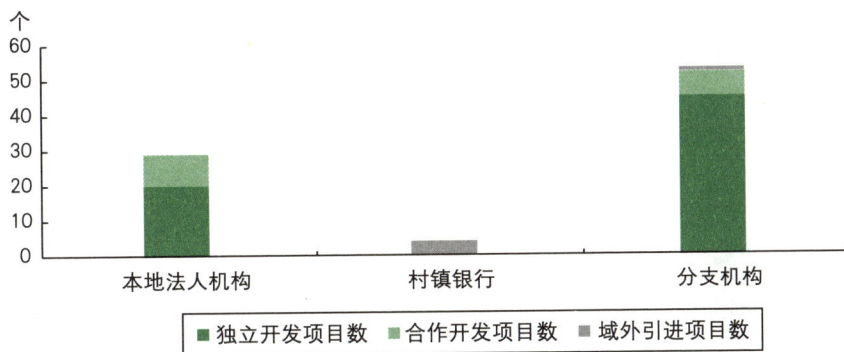

图2-2-19 2018年样本机构产品研发领域创新项目开发方式（按注册地划分）

按照行业类别分析：2018年，银行业机构开发的63个产品研发领域项目中，独立开发项目占比为75%，较上年同期增加6.43个百分点；非银金融机构开发的2个产品研发领域项目均为独立开发项目（见图2-2-20）。

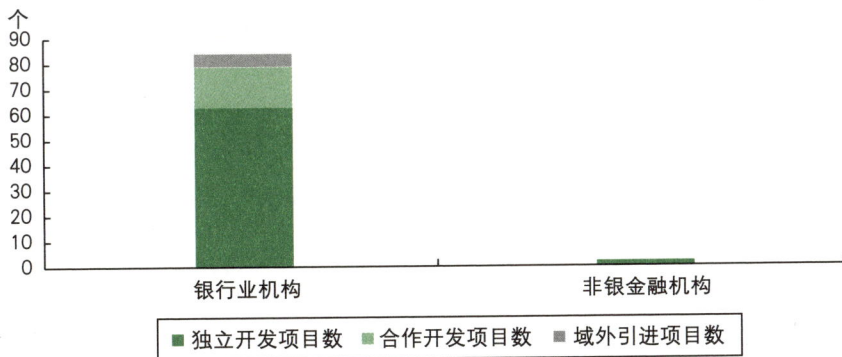

图2-2-20 2018年样本机构创新项目开发方式（按所属行业划分）

对占据样本主体的银行业机构进行分析：2018年，国有商业银行天津分行开发的45个产品研发领域项目中，独立开发项目42个，占比为93.33%，较上年增加5.10个百分点；股份制银行天津分行开发的16个产品研发领域项目中，独立开发项目12个，占比为75%，较上年增加3.57个百分点；城商银行和农商银行开发的12个产品研发领域项目中，独立开发项目5个，占比为41.67%，较上年增加21.67个百分点；民营银行等小型银行开发的7个产品研发领域项目中，独立开发项目4个，占比为57.14%，较上年减少2.86个百分点；村镇银行产品研发领域创新项目均为域外引进项目（见图2-2-21）。

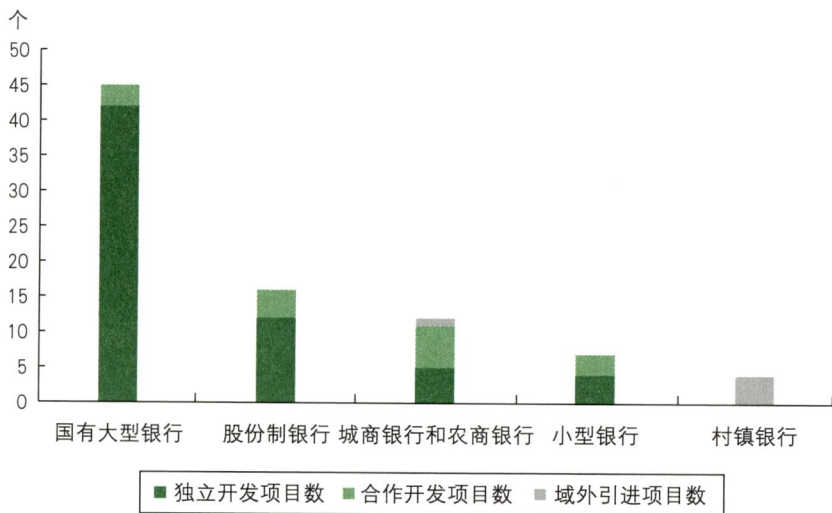

**图2-2-21 2018年银行业样本机构产品研发领域创新项目开发方式**

从以上分析可以看出：总体上看，2018年样本机构在产品研发领域的创新项目开发方式以独立开发方式为主。其中，非银金融机构独立开发项目占比达到100%，国有大型银行、股份制银行独立开发项目占比大于50%，且呈上升趋势。

## 第二节　平台开发篇

### 一、约六成创新机构开展了平台开发领域的创新

2018年，在31家已经实施金融创新的样本机构中，有19家机构开展了"平台开发"领域的创新，占61.29%；较上年增加11家，增幅为137.50%（见图2-2-22）。

图2-2-22　开展平台开发领域创新的机构数量

按照机构总部注册地分析：在19家实施"平台开发"领域创新的样本机构中，天津本地法人机构7家，占实施创新机构样本数的70%，数量较上年增加了4家，增幅为70%；分支机构12家，占实施创新机构同类样本数的70.59%，数量较上年增加了7家，增幅为140%。村镇银行未开展平台开发领域的创新（见图2-2-23）。

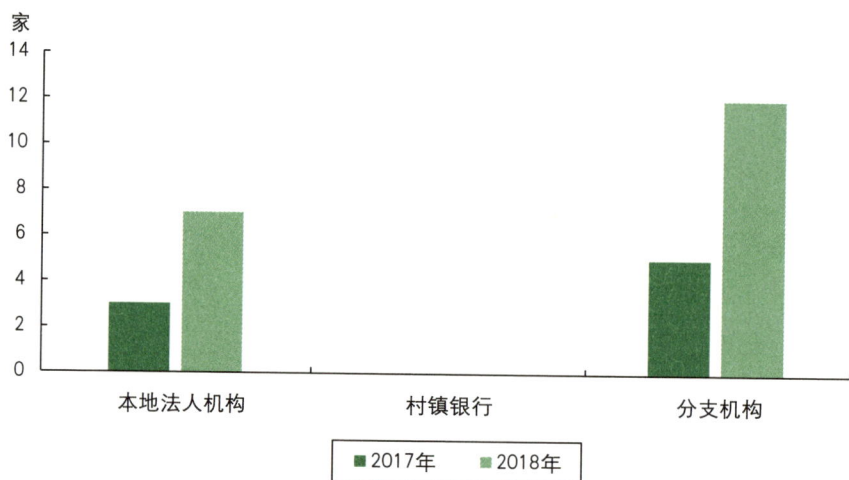

图2-2-23　开展平台开发领域创新的机构数量（按注册地划分）

按照行业类别分析：在19家实施"平台开发"领域创新的样本机构中，银行业机构17家、非银金融机构2家，分别占实施创新机构同类型样本总数的62.96%、50%；数量分别较上年增加了10家、1家，增幅分别为142.86%、100%（见图2-2-24）。

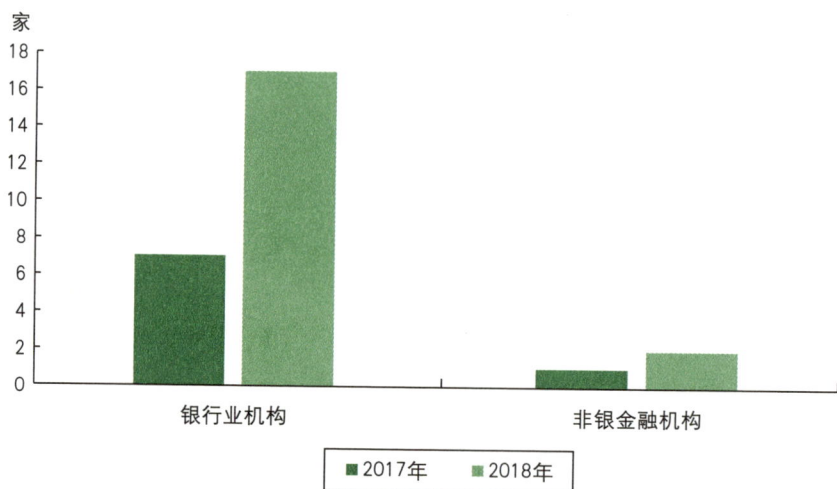

图2-2-24　开展平台开发领域创新的机构数量（按所属行业划分）

对占据样本主体的银行业机构进行分析：在17家实施"平台开

发"领域创新的银行机构中，国有大型银行、股份制银行、城商银行和农商银行、民营银行等小型银行、村镇银行数量分别为5家、6家、5家、1家、0家，分别占实施创新机构同类样本数的83.33%、75%、71.43%、50%、0；各类别数量与上年相比分别增加2家、3家、4家、1家、0家（见图2-2-25）。

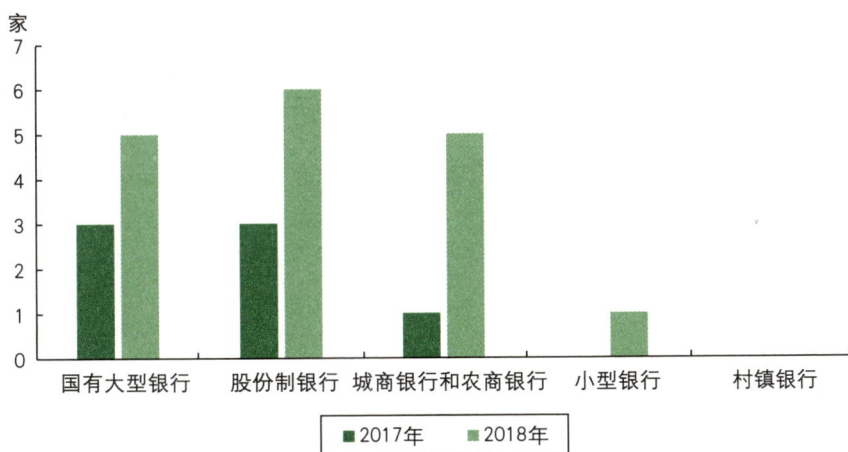

图2-2-25　银行业样本机构开展平台开发领域创新情况

从以上分析可以看出，2018年国有大型银行、股份制银行、城商银行和农商银行、民营等小型银行、非银金融机构实施平台开发领域创新的机构较多，均达到创新机构总数的50%及以上，且较上年实现了大幅增长。村镇银行由于资金实力较小、技术力量不强，未开展平台开发领域的创新。

## 二、平台开发领域创新项目数量大幅增加

2018年，平台开发领域的创新项目数量共计43个，占样本机构创新项目总数的18.22%，较上年增加7.01个百分点；数量较上年增加31个，增幅为258.33%。其中，在建项目7个，占比为16.28%；已上线项目36个，占比为83.72%（见图2-2-26）。

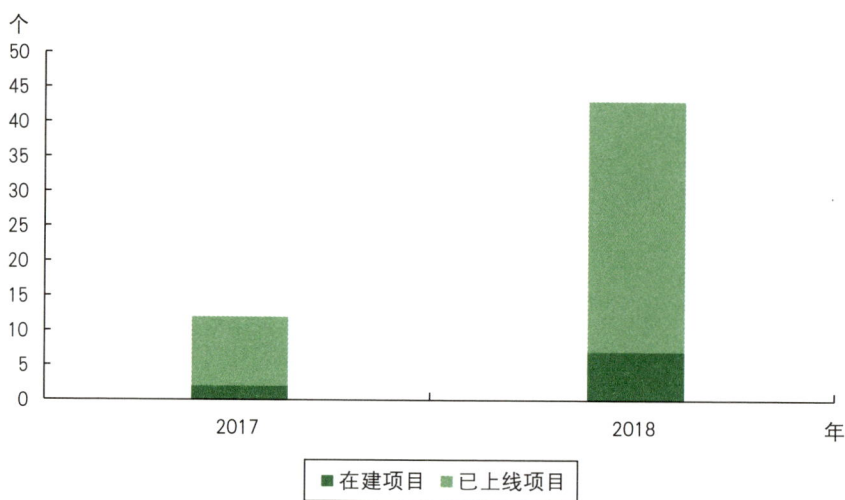

图2-2-26　平台开发领域创新项目数量

按照机构总部注册地分析：在43个"平台开发"项目中，天津本地法人机构实施项目20个，已开展该领域创新的同类机构平均每家实施项目2.96个；项目总数较上年增加了14个，增幅为233.33%。分支机构实施项目23个，已开展该领域创新的同类机构平均每家实施项目1.92个；项目总数较上年增加了17个，增幅为283.33%。村镇银行未实施相关创新（见图2-2-27、图2-2-28）。

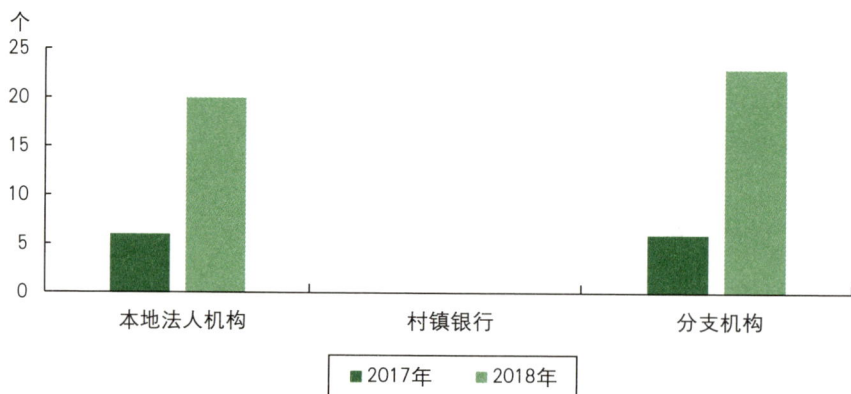

图2-2-27　平台开发领域创新项目数量（按注册地划分）

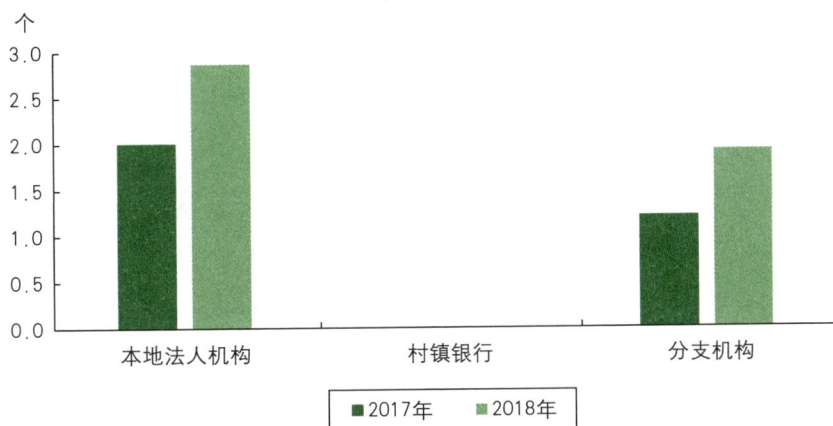

图2-2-28　平台开发领域创新项目平均数（按注册地划分）

按照行业类别分析：在43个"平台开发"项目中，银行业机构实施项目共40个，已开展该领域创新的同类机构平均每家实施项目2.35个；项目总数较上年增加了29个，增幅为263.64%。非银金融机构实施项目共3个，已开展该领域创新的同类机构平均每家实施项目1.5个；项目总数较上年增加2个，增幅为200%（见图2-2-29、图2-2-30）。

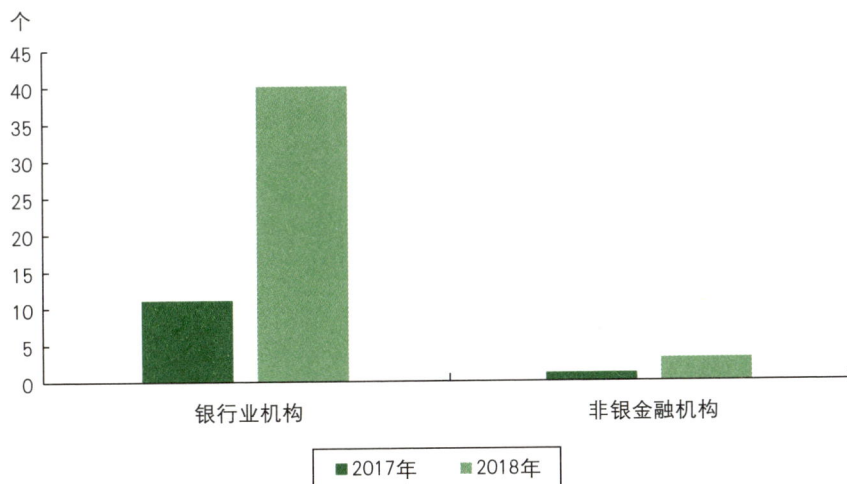

图2-2-29　平台开发领域创新项目数量（按所属行业划分）

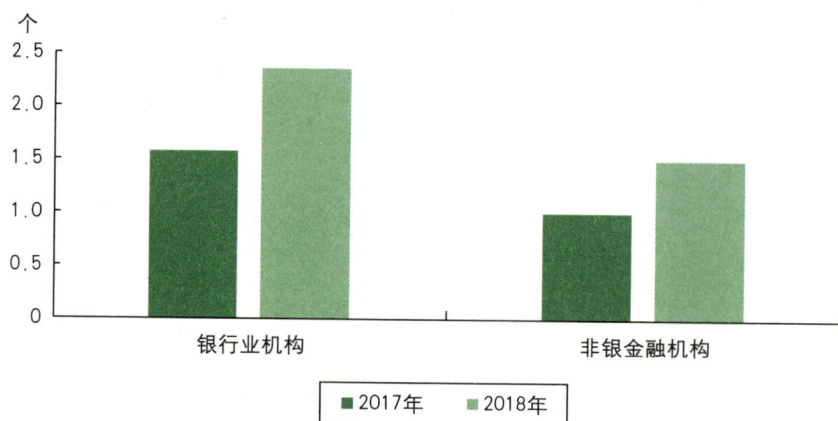

图2-2-30 平台开发领域创新项目平均数（按所属行业划分）

对占据样本主体的银行业机构进行分析：在银行业机构实施的40个创新项目中，国有大型银行、股份制银行、城商银行和农商银行、民营银行等小型银行实施创新项目个数分别为9个、16个、14个、1个，每家开展平台开发领域的银行业机构平均实施项目数分别为1.8个、2.67个、2.8个、1个；实施项目总数分别较上年增加了5个、11个、12个、1个。 村镇银行在近两年均未开展该领域的创新（见图2-2-31、图2-2-32）。

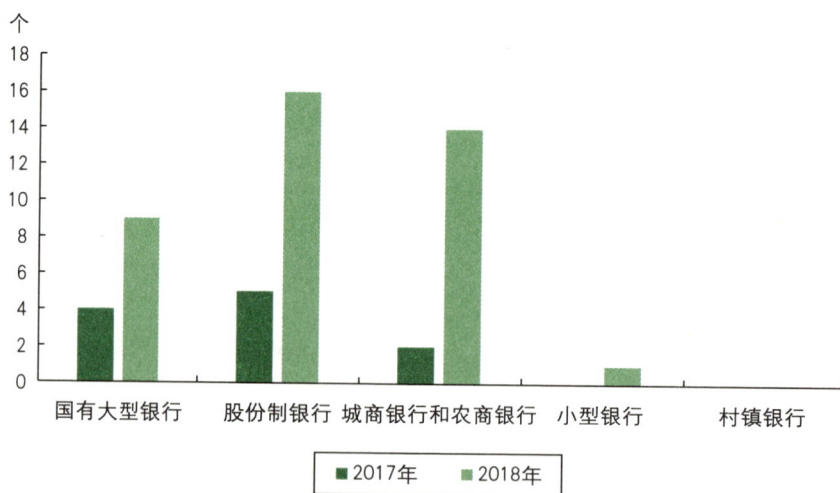

图2-2-31 银行业样本机构平台开发领域创新项目数量

个

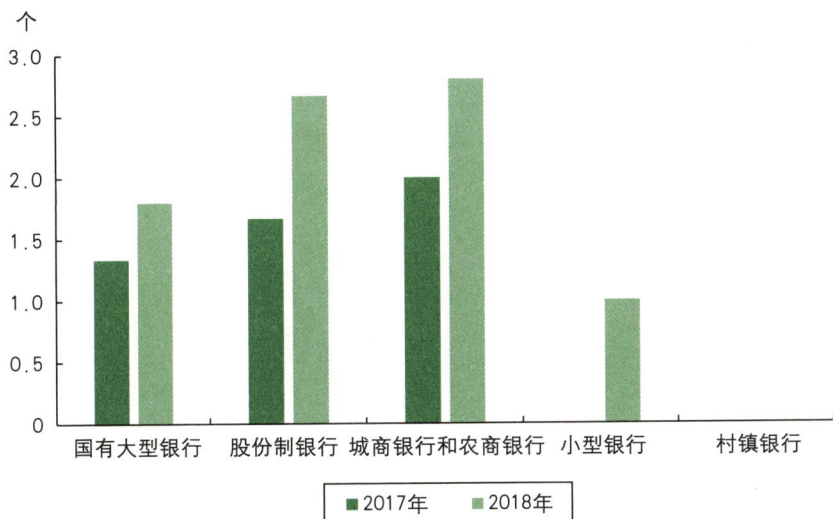

图2-2-32　银行业样本机构平台开发领域创新项目平均数

从以上分析可以看出：2018年，各类样本机构在平台开发领域实施的创新项目数量普遍较多，且实现了大幅增长。特别是股份制银行、城商银行和农商银行、非银金融机构在2018年加大了在平台开发领域的创新力度，开发项目数均较上年增长2倍或2倍以上。

### 三、金融科技创新平台开发投资规模有所增加

2018年，样本机构金融科技平台开发领域的投资力度大幅增加，全年总投资额达到8 738.78万元，占同期样本机构金融科技创新投资总额的42.26%，较上年增加7 911.98万元，增幅为956.94%；单个项目投资额203.23万元，较上年增加134.33万元，增幅为194.96%。

按照机构总部注册地分析：2018年，天津本地法人机构平台开发投资总额8 629.85万元，较上年增加7 829.85万元，增幅为978.73%；分支机构金融科技平台开发投资总额108.93万元，较上年增加82.13万元，增幅为306.46%；本地村镇银行无相关投资（见图2-2-33）。

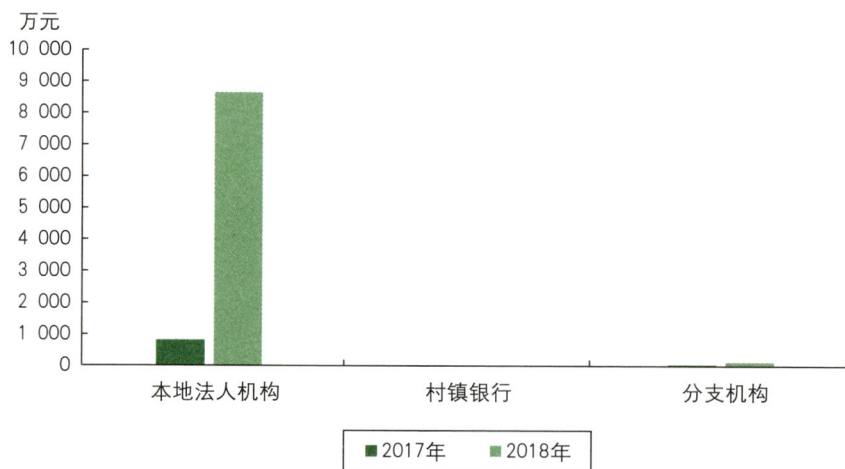

图2-2-33　样本机构平台开发领域创新投资总额（按注册地划分）

从单个项目投资额看，2018年，天津本地法人机构平台开发单个项目投资额431.49万元，较上年增加298.16万元，增幅为223.6%；分支机构平台开发单个项目投资额4.74万元，较上年增加0.27万元，增幅为6.03%（见图2-2-34）。

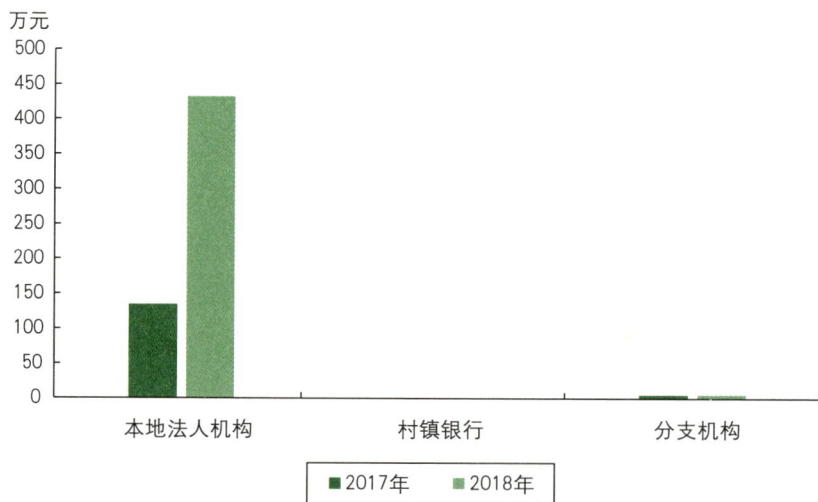

图2-2-34　样本机构平台开发领域单个创新项目投资额（按注册地划分）

按照行业类别分析：2018年，银行业机构平台开发领域金融科技创新投资总额7 538.78万元，较上年增加6711.98万元，增幅为811.80%；非银行业机构平台开发领域金融科技创新投资总额1 200万元，上年为0（见图2-2-35）。从单个项目投资额看，2018年，银行业机构平台开发领域单个项目投资额188.47万元，较上年增加113.31万元，增幅为150.75%；非银金融机构平台开发领域单个项目投资额400万元，上年为0（见图2-2-36）。

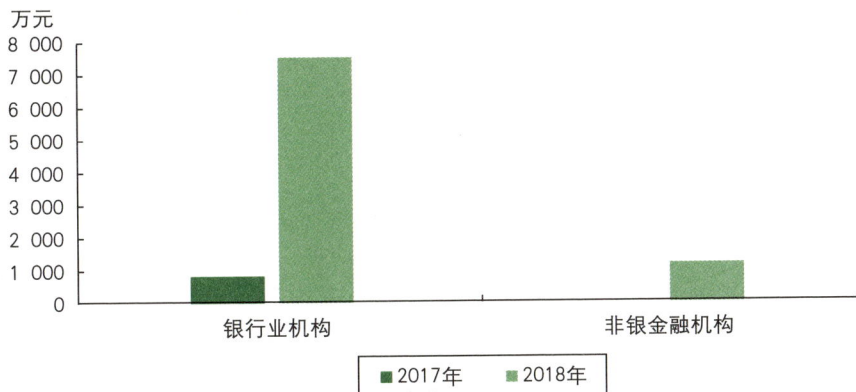

**图2-2-35　样本机构平台开发领域金融科技创新投资总额（按所属行业划分）**

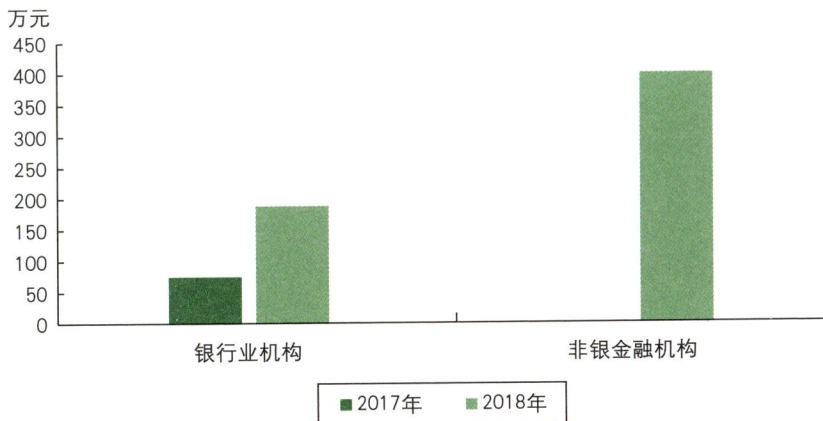

**图2-2-36　样本机构平台开发领域单个创新项目投资额（按所属行业划分）**

对占据样本主体的银行业机构进行分析：2018年，国有大型银行、股份制银行、城商银行和农商银行、民营银行等小型银行平台开发领域的金融科技创新投资额分别为38.93万元、70万元、5 635万元、1 795万元，分别较上年同期增加了12.13万元、70万元、4 834.85万元、1 795万元；村镇银行在近两年均无平台开发领域的专项投资（见图2-2-37）。从单个项目投资额看，2018年国有大型银行、股份制银行、城商银行和农商银行、民营银行等小型银行平台开发领域单个项目投资额分别为4.33万元、4.38万元、402.49万元、1 795万元，与上年变动情况分别为-2.37万元、4.38万元、2.49万元、1 795万元（见图2-2-38）。

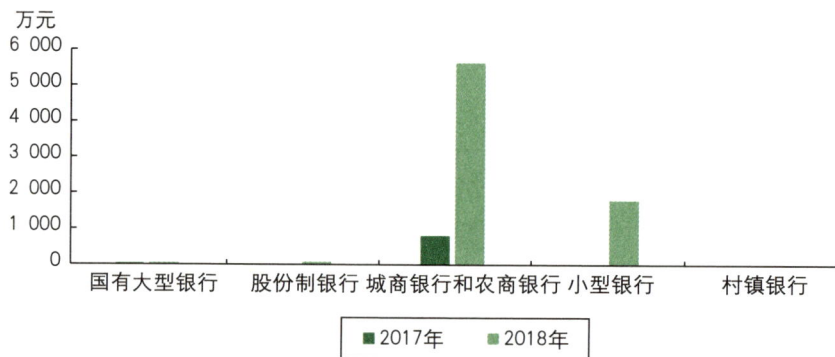

图2-2-37　银行业样本机构平台开发领域创新投资总额

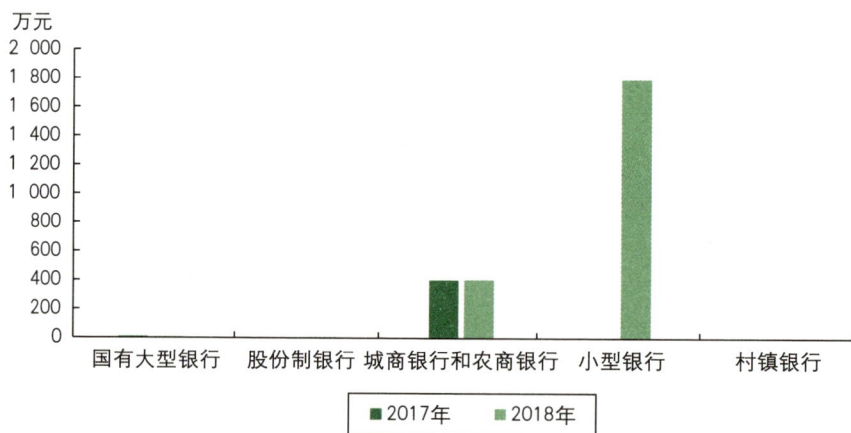

图2-2-38　银行业样本机构平台开发领域单个创新项目投资额

从以上分析可以看出，2018年各类样本机构在平台开发领域的投资规模差别较大。其中，城商银行和农商银行、民营银行等小型银行、非银金融机构在该领域的投资总额及单个项目投资额均较大，且均相比上年实现了大幅增长；国有大型银行、股份制银行的分支机构在该领域的投资规模较小，平台开发相关项目绝大多数由总行直接投资；由于未实施平台开发领域的创新，村镇银行未对该领域进行专项投资。

### 四、金融科技创新平台开发方式以独立研发为主

2018年，样本机构开发的43个平台项目中，有26个项目为独立开发项目，占比为60.46%，较上年减少14.54个百分点；有14个项目为合作开发项目，占比为32.56%，较上年增加7.56个百分点，合作机构绝大部分为提供解决方案与技术服务的科技公司，少部分为政府部门及其他金融机构；有3个项目为机构域外引进项目（自总行引进），占比为6.98%，较上年增加6.98个百分点（见图2-2-39）。

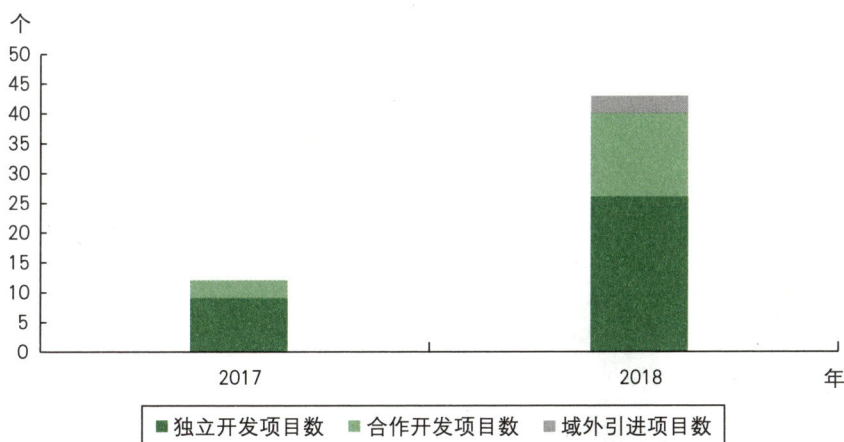

图2-2-39　样本机构平台开发领域创新项目开发方式

按照机构总部注册地分析：2018年，天津本地法人机构开发的

20个平台开发领域项目中，有13个项目为机构独立开发项目，占比65%，较上年减少1.67个百分点；分支机构开发的23个平台开发领域项目中，有13个项目为机构独立开发项目，占比为56.52%，较上年减少26.81个百分点；本地村镇银行无相关创新（见图2-2-40）。

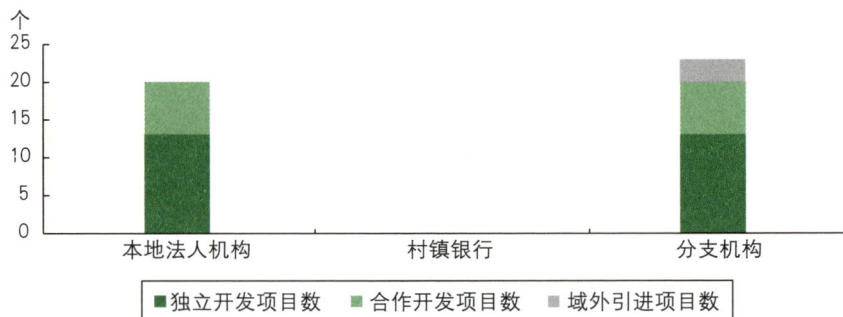

图2-2-40　2018年样本机构平台开发领域创新项目开发方式（按注册地划分）

按照行业类别分析：2018年，银行业机构开发的40个平台开发领域项目中，独立开发项目24个，占比为60%，较上年同期减少12.73个百分点；非银金融机构开发的3个项目中，独立开发项目2个，占比为66.67%，较上年同期减少33.33个百分点（见图2-2-41）。

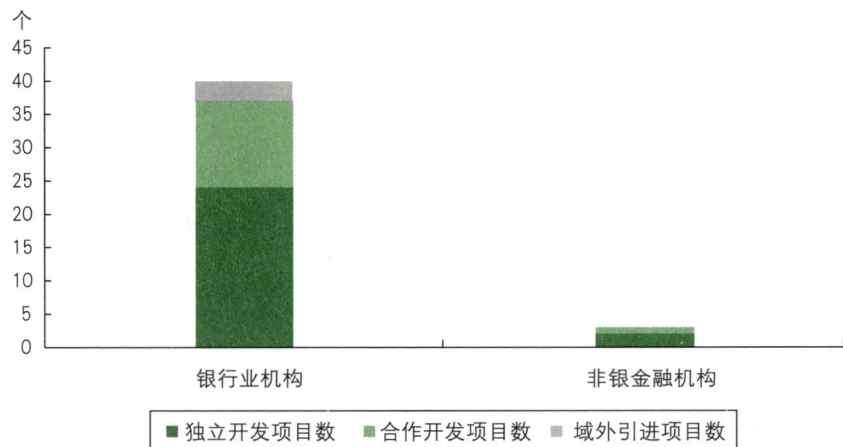

图2-2-41　2018年样本机构平台开发领域创新项目开发方式（按所属行业划分）

对占据样本主体的银行业机构进行分析：2018年，国有商业银行天津分行开发的9个平台开发领域项目中，独立开发项目6个，占比为66.67%，较上年减少8.33个百分点；股份制银行天津分行开发的16个平台开发领域项目中，独立开发项目14个，占比为87.50%，较上年减少12.50个百分点；城商银行和农商银行开发的14个平台开发领域项目中，独立开发项目4个，占比为28.57%，较上年增加28.57个百分点；民营等小型银行开发的1个平台开发领域项目为合作开发项目；村镇银行未进行该领域创新（见图2-2-42）。

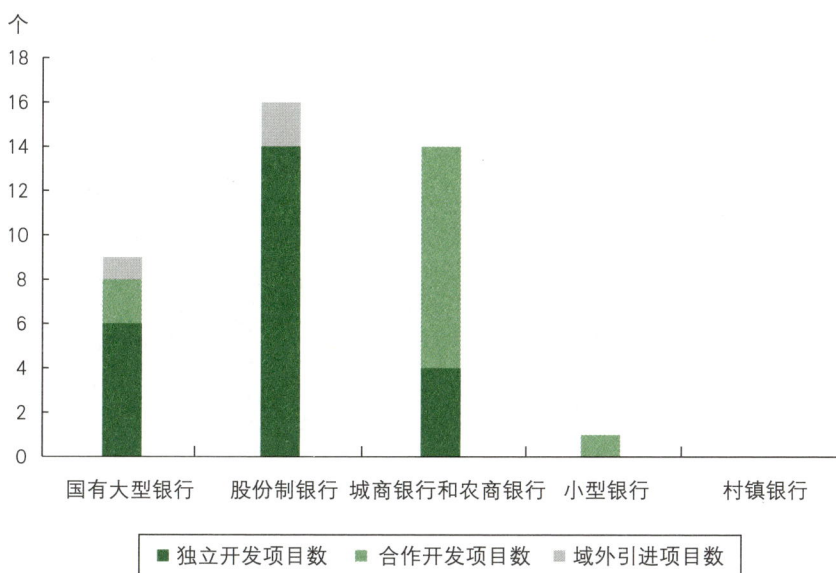

图2-2-42　2018年银行业样本机构平台开发领域创新项目开发方式

从以上分析可以看出：总体上看，2018年样本机构平台开发领域金融科技创新以独立开发为主，但独立开发项目占比均呈现一定幅度的下降态势。其中，股份制银行天津分行独立开发项目占比较大，占其平台开发项目总数的近90%；城商银行和农商银行、民营银行等小型银行合作开发项目占比较大，占其平台开发项目总数的比重分别为71.43%和100%。

# 第三节　管理增效篇

## 一、超过四成创新机构开展了管理增效领域的创新

2018年，在31家已经实施金融创新的样本机构中，有14家机构开展了"管理增效"领域的创新，占45.16%；较上年增加9家，增幅为180%（见图2-2-43）。

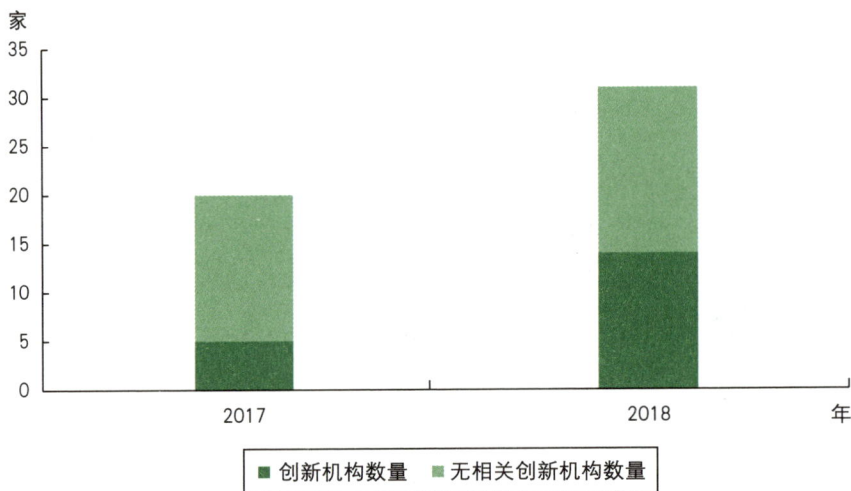

图2-2-43　开展管理增效领域创新的机构数量

按照机构总部注册地分析：在14家实施"管理增效"领域创新的样本机构中，天津本地法人机构4家，占实施创新机构样本数的40%，数量较上年增加了4家；分支机构10家，占实施创新机构同类样本数的58.82%，数量较上年增加了5家，增幅为100%，村镇银行未开展管理增效领域的创新（见图2-2-44）。

图2-2-44　开展管理增效领域创新的机构数量（按注册地划分）

按照行业类别分析：在14家实施"管理增效"领域创新的样本机构中，银行业机构13家、非银金融机构1家，分别占实施创新机构同类型样本总数的48.15%、25%；数量分别较上年增加了8家、1家（见图2-2-45）。

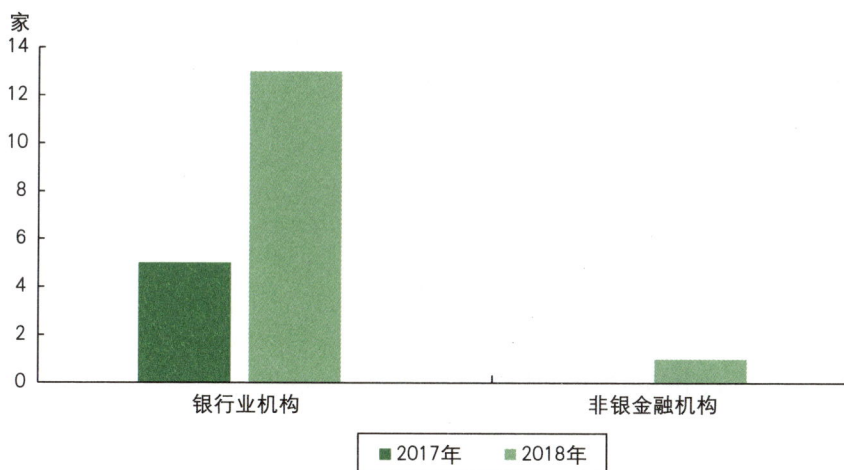

图2-2-45　开展管理增效领域创新的机构数量（按所属行业划分）

对占据样本主体的银行业机构进行分析：在13家实施"管理

增效"领域创新的银行机构，国有大型银行、股份制银行、城商银行和农商银行、民营银行等小型银行、村镇银行数量分别为5家、3家、4家、1家、0家，分别占实施创新同类样本数的83.33%、37.50%、57.14%、50%、0；各类别数量与上年相比分别增加2家、1家、4家、1家、0家（见图2-2-46）。

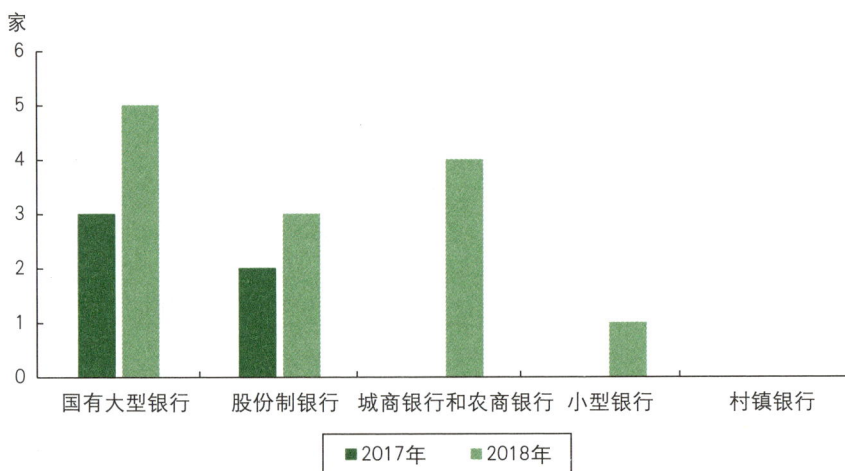

图2-2-46　银行业样本机构开展管理增效领域创新情况

从以上分析可以看出：2018年，各类样本机构实施管理增效领域金融科技创新的积极性普遍较高。特别是国有大型银行、城商银行和农商银行，其实施管理增效领域创新的机构数量占实施创新同类样本机构数的比重均达到50%以上，且实施该领域创新的机构数量较上年出现较大幅度的增长。

## 二、管理增效领域创新项目数量有所增加

2018年，管理增效领域的创新项目数量共计25个，占样本机构创新项目总数的10.59%，较上年减少5.29个百分点；数量较上年增加8个，增幅为47.06%。其中，在建项目1个，占比为4%；已上线项目24个，占比为96%（见图2-2-47）。

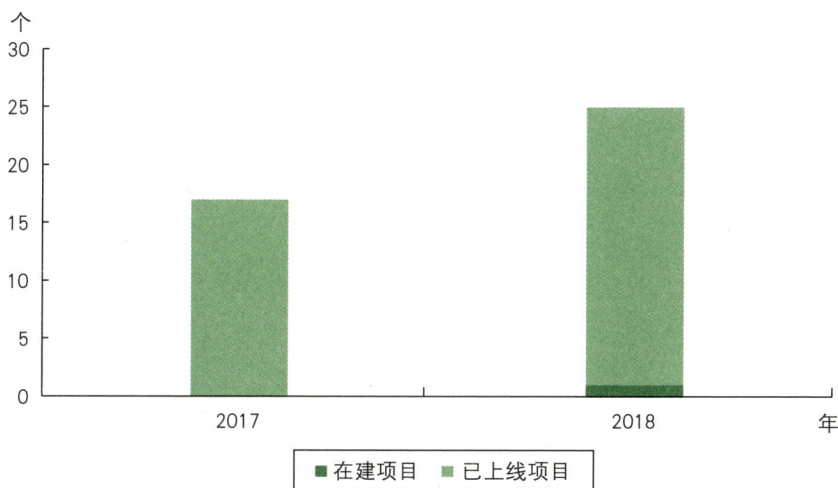

图2-2-47 管理增效领域创新项目数量

按照机构总部注册地分析：在25个"管理增效"项目中，天津本地法人机构实施项目共4个，已开展该领域创新的同类机构平均每家实施项目1个；项目总数较上年增加了4个。分支机构实施项目共21个，已开展该领域创新的同类机构平均每家实施项目2.1个；项目总数较上年增加了4个，增幅为23.53%。村镇银行未实施相关创新（见图2-2-48、图2-2-49）。

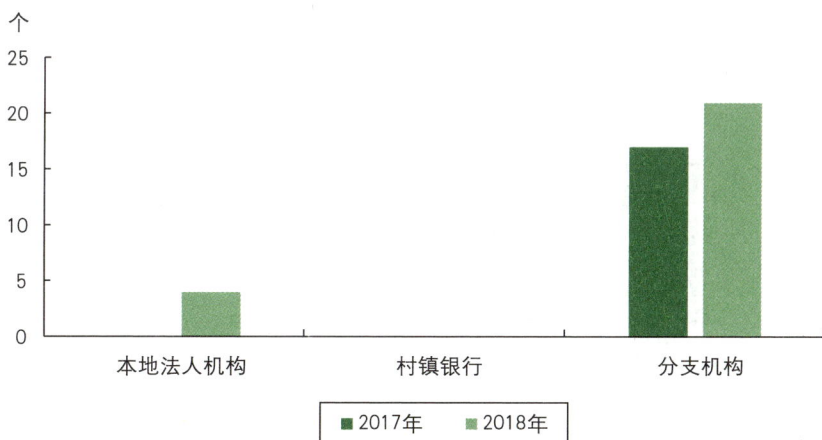

图2-2-48 管理增效领域创新项目数量（按注册地划分）

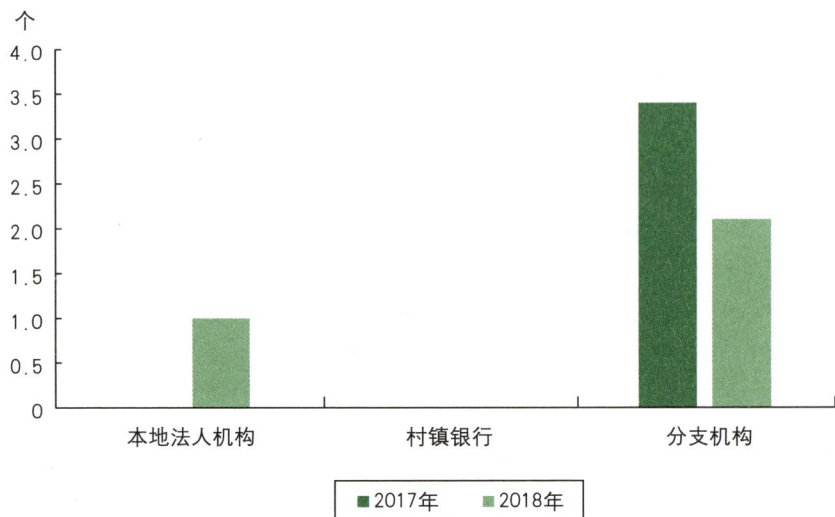

图2-2-49 管理增效领域创新项目平均数（按注册地划分）

按照行业类别分析：在25个"管理增效"项目中，银行业机构实施项目共24个，已开展该领域创新的同类机构平均每家实施项目1.85个；项目总数较上年增加了7个，增幅为41.18%。非银金融机构实施项目共1个，已开展该领域创新的同类机构平均每家实施项目1个；项目总数较上年增加1个（见图2-2-50、图2-2-51）。

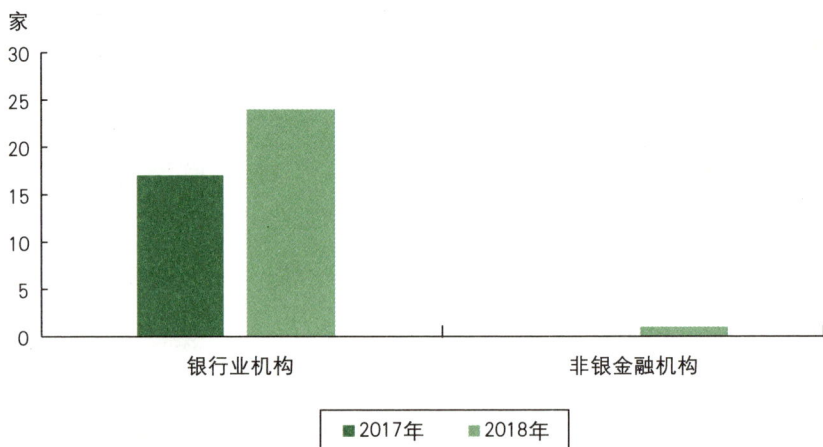

图2-2-50 管理增效领域创新项目数量（按所属行业划分）

家

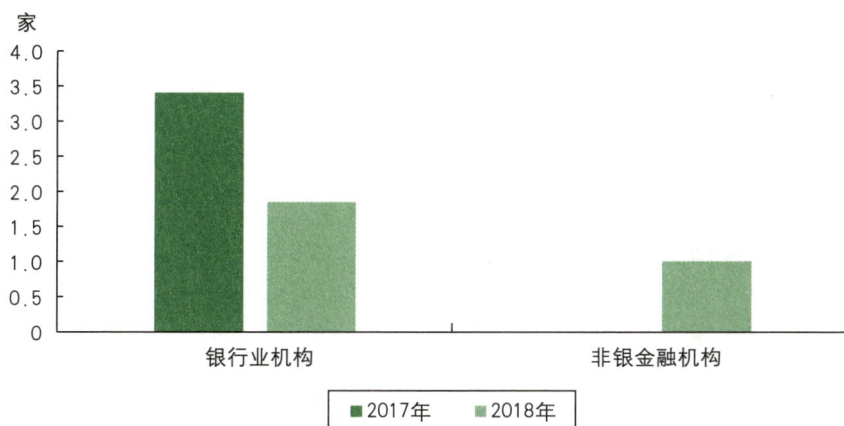

图2-2-51 管理增效领域创新项目平均数（按所属行业划分）

对占据样本主体的银行业机构进行分析：在银行业机构实施的24个创新项目中，国有大型银行、股份制银行、城商银行和农商银行、民营银行等小型银行实施创新项目个数分别为16个、3个、4个、1个，已开展该领域创新的同类机构平均每家实施项目分别为3.2个、1个、1个、1个；实施项目数分别较上年增加了5个、–3个、4个、1个；村镇银行未开展该领域的创新（见图2-2-52、图2-2-53）。

家

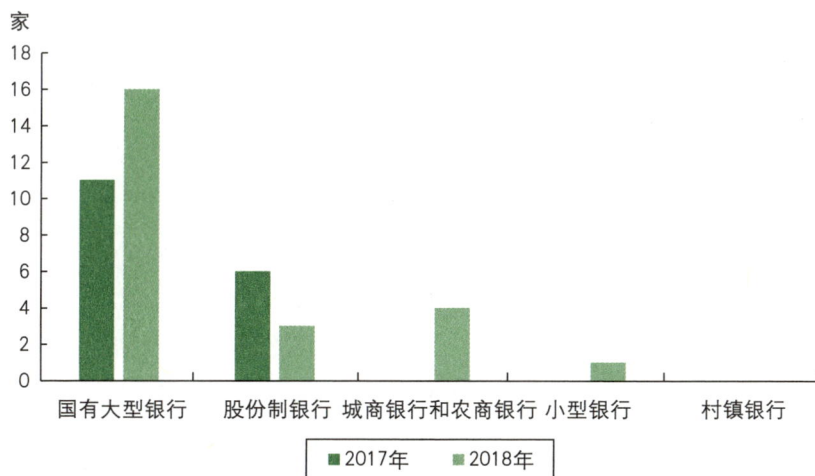

图2-2-52 银行业样本机构管理增效领域创新项目数量

家
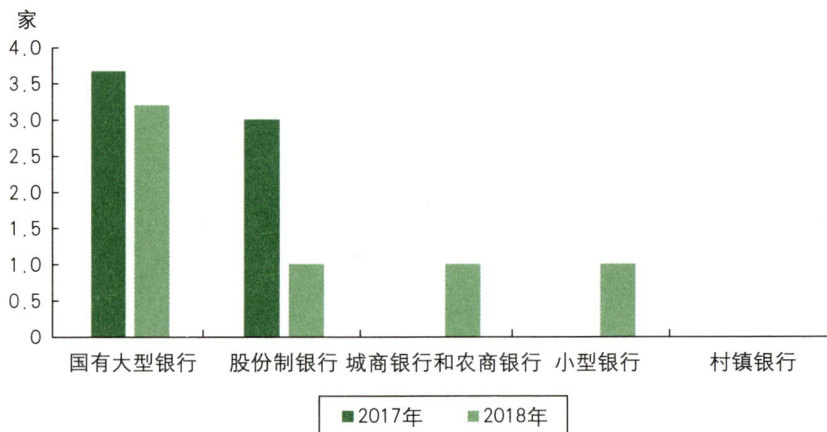

图2-2-53　银行业样本机构管理增效领域创新项目平均数

从以上分析可以看出：2018年，各类样本机构普遍开发了管理增效领域的创新项目。其中，国有大型银行、城商银行和农商银行、民营银行等小型银行和非银行业金融机构开发的创新项目数量相比上年实现了较大幅度的增长。

### 三、管理增效领域创新投资规模大幅增加

2018年，样本机构金融科技管理增效领域的投资力度大幅增加，全年总投资额达到961.06万元，占同期样本机构金融科技创新投资总额的4.65%，较上年增加914.06万元，增幅为1 944.81%；单个项目投资额38.44万元，较上年增加35.68万元，增幅为1 292.75%。

按照机构总部注册地分析：2018年，天津本地法人机构管理增效领域金融科技创新投资总额为778.75万元，较上年增加778.75万元；分支机构金融科技管理增效领域创新投资总额为172.31万元，较上年增加125.31万元，增幅为266.62%；本地村镇银行无相关投资（见图2-2-54）。从单个项目投资额看，2018年，天津本地法人机构管理增效领域单个项目投资额为197.19万元，较上年增加197.19万元；分支机构管理增效领域单个项目投资额8.21万元，较上年增加

5.44万元，增幅为196.79%（见图2-2-55）。

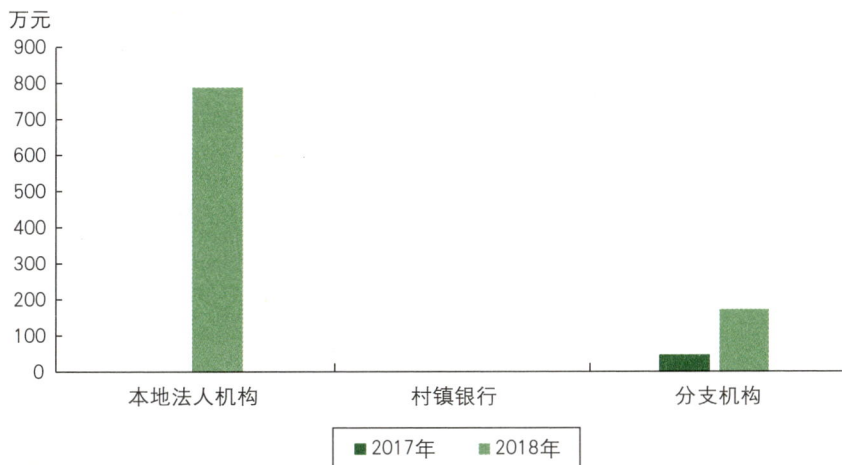

图2-2-54　样本机构管理增效领域创新投资总额（按注册地划分）

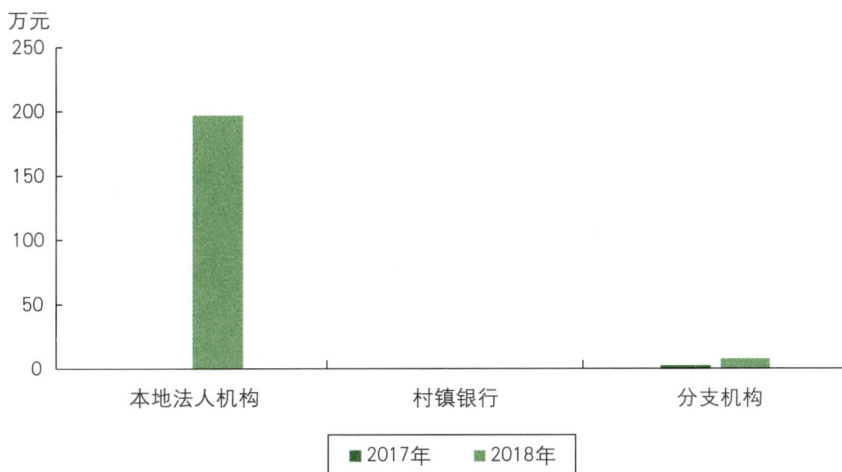

图2-2-55　样本机构管理增效领域单个创新项目投资额（按注册地划分）

按照行业类别分析：2018年，银行业机构管理增效领域金融科技创新投资总额201.06万元，较上年增加154.06万元，增幅为327.79%；非银行业机构管理增效领域金融科技创新投资总额760万元，较上年增加760万元（见图2-2-56）。从单个项目投资额看，

2018年，银行业机构管理增效领域单个项目投资额8.38万元，较上年增加5.61万元，增幅为203.02%；非银金融机构管理增效领域单个项目投资额760万元，较上年增加760万元（见图2-2-57）。

图2-2-56　样本机构管理增效领域金融科技创新投资总额（按所属行业划分）

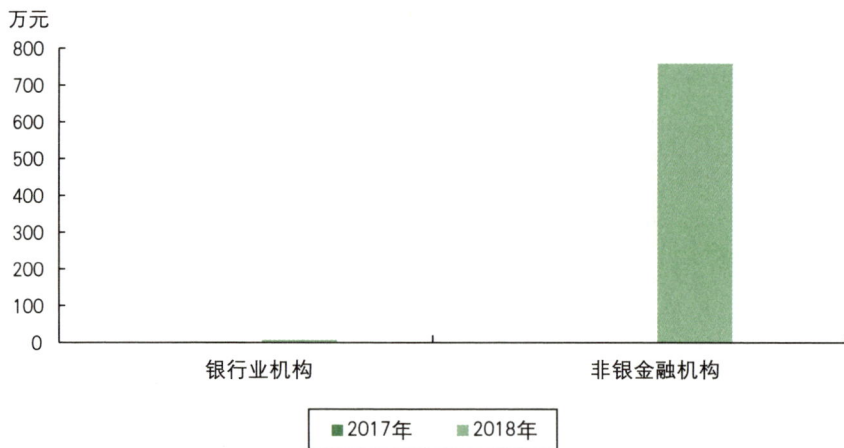

图2-2-57　样本机构管理增效领域单个创新项目投资额（按所属行业划分）

对占据样本主体的银行业机构进行分析：2018年，国有大型银行、城商银行和农商银行、民营银行等小型银行管理增效领域的金融科技创新投资额分别为172.31万元、19.25万元、9.5万元，分别较上年同期增加了125.31万元、19.25万元、9.5万元，股份制银行、村镇银行在近两年均无管理增效领域的专项投资（见图2-2-58）。从单个项目投资额看，2018年国有大型银行、城商银行和农商银行、民营银行等小型银行管理增效领域单个项目投资额分别为10.77万元、4.81万元、9.5万元，与上年变动情况分别为6.5万元、4.81万元、9.5万元（见图2-2-59）。

图2-2-58　银行业样本机构管理增效领域创新投资总额

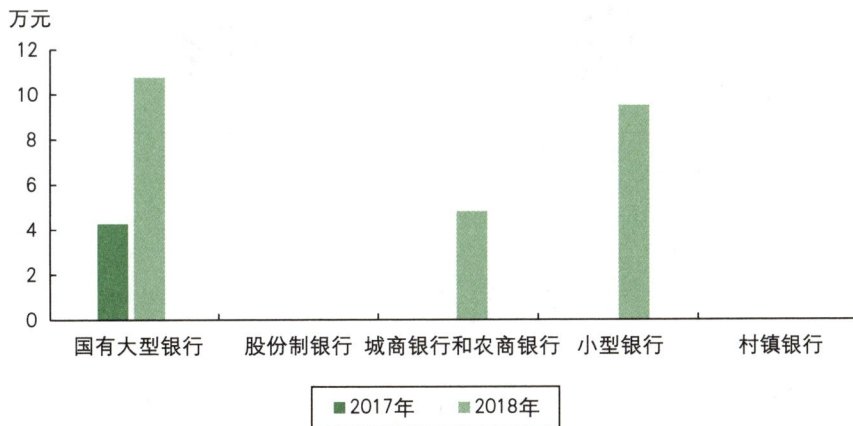

图2-2-59　银行业样本机构管理增效领域单个创新项目投资额

从以上分析可以看出：2018年，各类样本机构在管理增效领域的投资额相比上年普遍实现了大幅增长。相比银行业机构，非银金融机构的创新投资规模较大，投资总额为银行业机构在该领域投资总额的3.78倍，单个项目投资额为银行业机构的90.69倍。

## 四、管理增效领域创新方式以独立研发为主

2018年，样本机构开发的25个管理增效领域创新项目中，有17个项目为机构独立开发项目，占比为68%，较上年减少32个百分点；有6个项目为机构与其他机构合作开发项目，占比为24%，较上年增加24个百分点，合作机构绝大部分为提供解决方案与技术服务的科技公司，少部分为政府部门及其他金融机构；有2个项目为机构域外引进项目（为自总行引进），占比为8%，较上年增加8个百分点（见图2-2-60）。

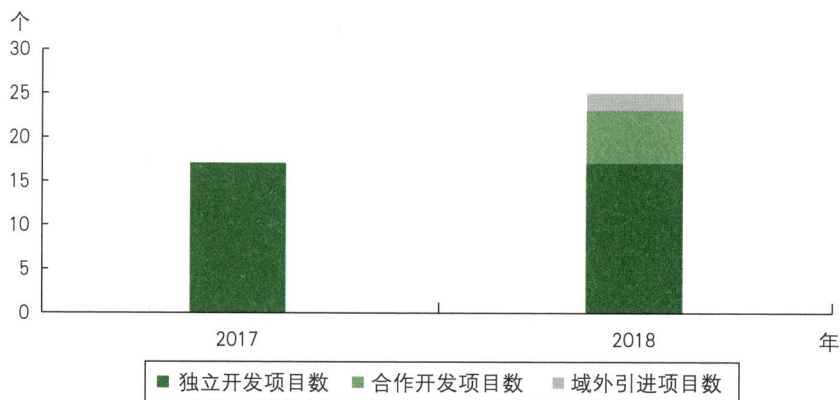

图2-2-60　样本机构管理增效领域创新项目开发方式

按照机构总部注册地分析：2018年，天津本地法人机构开发的4个管理增效领域项目为合作开发和域外引进项目；分支机构开发的21个管理增效领域项目中，有17个项目为机构独立开发项目，占比为80.95%，较上年减少19.05个百分点；本地村镇银行无相关创新

（见图2-2-61）。

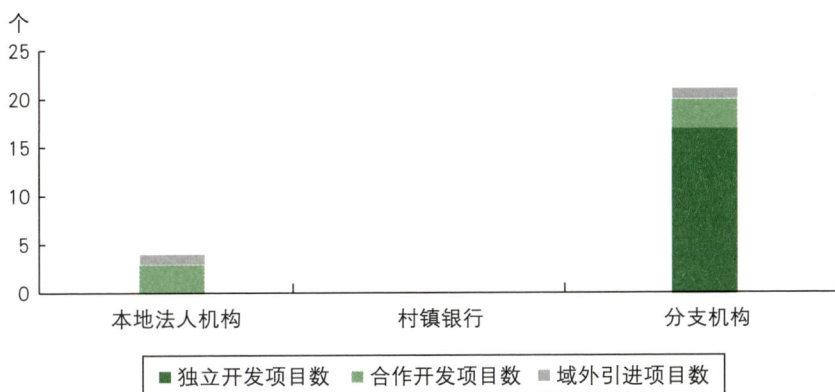

**图2-2-61　2018年样本机构管理增效领域创新项目开发方式（按注册地划分）**

按照行业类别分析：2018年，银行业机构开发的24个管理增效领域项目中，独立开发项目17个，占比为70.83%，较上年同期减少29.17个百分点；非银金融机构开发的1个项目为合作开发项目（见图2-2-62）。

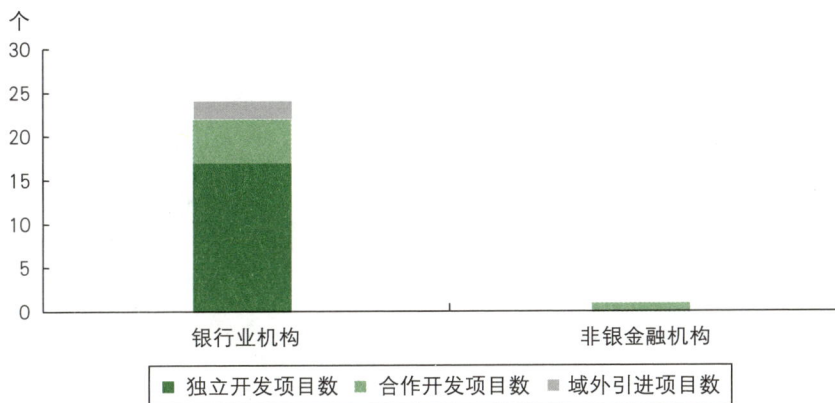

**图2-2-62　2018年样本机构管理增效领域创新项目开发方式（按所属行业划分）**

对占据样本主体的银行业机构进行分析：2018年，国有商业银行天津分行开发的16个管理增效领域项目中，独立开发项目13个，占比为81.25%，较上年减少18.75个百分点；股份制银行天津分行开发的3个管理增效领域项目中，独立开发项目3个，占比为100%，与上年保持一致；城商银行和农商银行开发的4个管理增效领域项目中，独立开发项目1个，占比为25%，较上年增加25个百分点；民营银行等小型银行开发的1个管理增效领域项目为域外引进项目；村镇银行未进行该领域创新（见图2-2-63）。

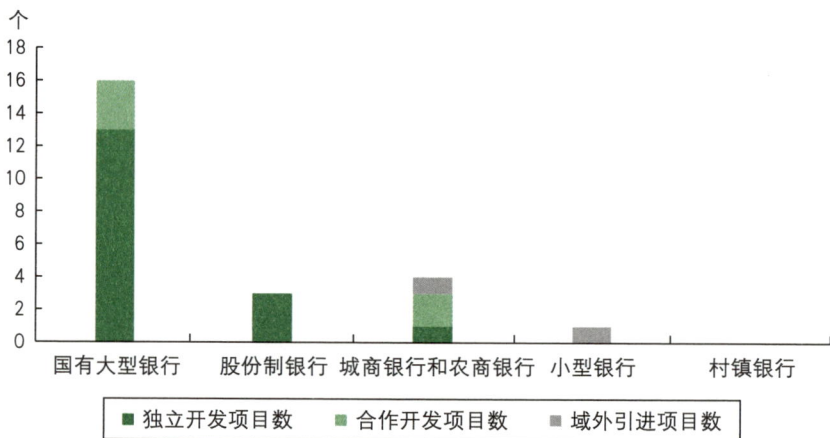

图2-2-63　2018年银行业样本机构管理增效领域创新项目开发方式

从以上分析可以看出：总体上看，2018年样本机构在管理增效领域的创新项目开发方式以独立开发为主。其中，国有大型银行、股份制银行在管理增效领域的金融科技创新项目中独立开发项目占比较高，分别达到81.25%和100%。

## 第四节　营销推广篇

### 一、超过四成创新机构开展了营销推广领域的创新

2018年，在31家已经实施金融创新的样本机构中，有13家机构

开展了"营销推广"领域的创新，占比为41.94%；较上年增加7家，增幅为116.67%（见图2-2-64）。

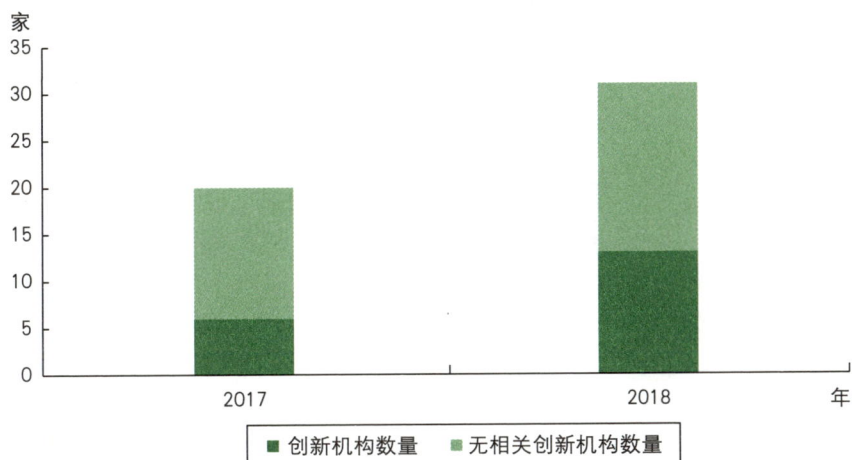

图2-2-64 开展营销推广领域创新的机构数量

按照机构总部注册地分析：在13家实施"营销推广"领域创新的样本机构中，天津本地法人机构2家，占实施创新机构同类样本数的20%，数量较上年增加了1家，增幅为100%；分支机构11家，占实施创新机构同类样本数的64.71%，数量较上年增加了6家，增幅为120%。村镇银行未开展营销推广领域的创新（见图2-2-65）。

图2-2-65 开展营销推广领域创新的机构数量（按注册地划分）

按照行业类别分析：在13家实施"营销推广"领域创新的样本机构中，银行业机构12家、非银金融机构1家，分别占实施创新机构同类型样本总数的44.44%、25%；数量分别较上年增加了6家、1家（见图2-2-66）。

图2-2-66　开展营销推广领域创新的机构数量（按所属行业划分）

对占据样本主体的银行业机构进行分析：在12家实施"营销推广"领域创新的银行机构中，国有大型银行、股份制银行、城商银行和农商银行、民营银行等小型银行、村镇银行数量分别为5家、2家、5家、0家、0家，分别占实施创新机构同类样本数的83.33%、25%、71.43%、0、0；各类别数量与上年相比分别增加2家、1家、4家、-1家、0家（见图2-2-67）。

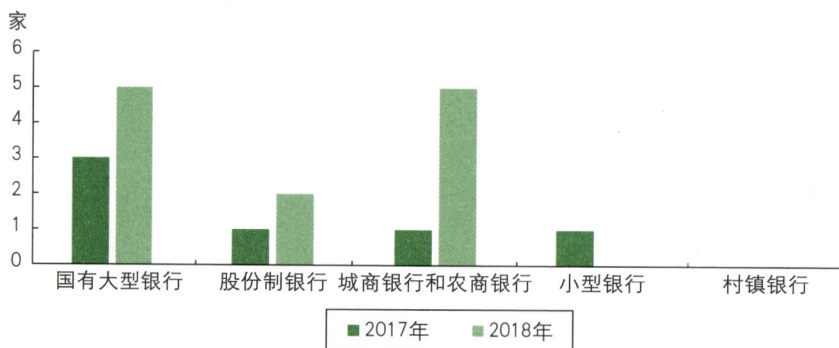

图2-2-67　银行业样本机构开展营销推广领域创新情况

从以上分析可以看出：2018年，各类样本机构普遍开展了营销推广领域的金融科技创新。其中，国有大型银行、城商银行和农商银行实施营销推广领域创新的积极性较高，分别有83.33%、71.43%的创新机构实施了该领域的创新，且该领域创新机构数量较上年出现较大幅度的增长。此外，相比天津本地法人机构，域外机构在津分支机构实施营销推广领域创新的积极性更高，有64.71%的创新机构实施了该领域的创新。

## 二、营销推广领域创新项目数量有所增加

2018年，营销推广领域的创新项目数量共计18个，占样本机构创新项目总数的7.63%，较上年减少0.78个百分点；数量较上年增加9个，增幅为100%。其中，在建项目3个，占比为16.67%；已上线项目15个，占比为83.33%（见图2-2-68）。

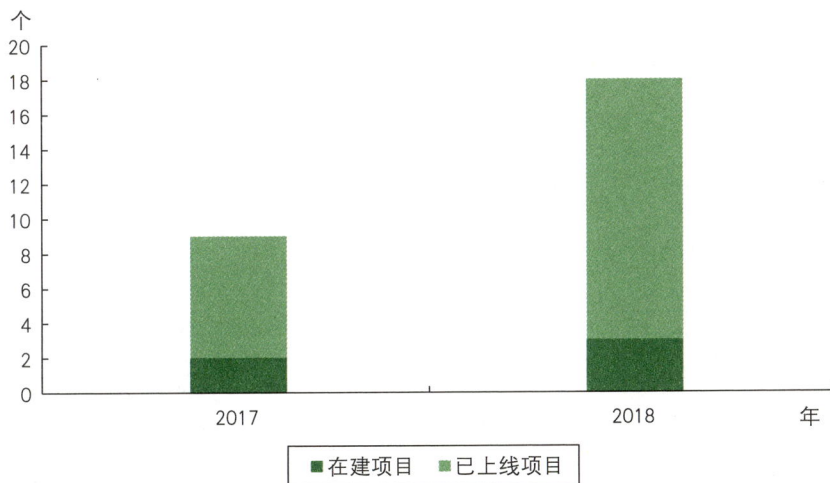

图2-2-68 营销推广领域创新项目数量

按照机构总部注册地分析：在18个"营销推广"项目中，天津本地法人机构实施项目共6个，已开展该领域创新的同类机构平均每

家实施项目3个；项目总数较上年增加了3个，增幅为100%。分支机构实施项目共12个，已开展该领域创新的同类机构平均每家实施项目1.09个；项目总数较上年增加了6个，增幅为100%。村镇银行未实施相关创新（见图2-2-69、图2-2-70）。

**图2-2-69　营销推广领域创新项目数量（按注册地划分）**

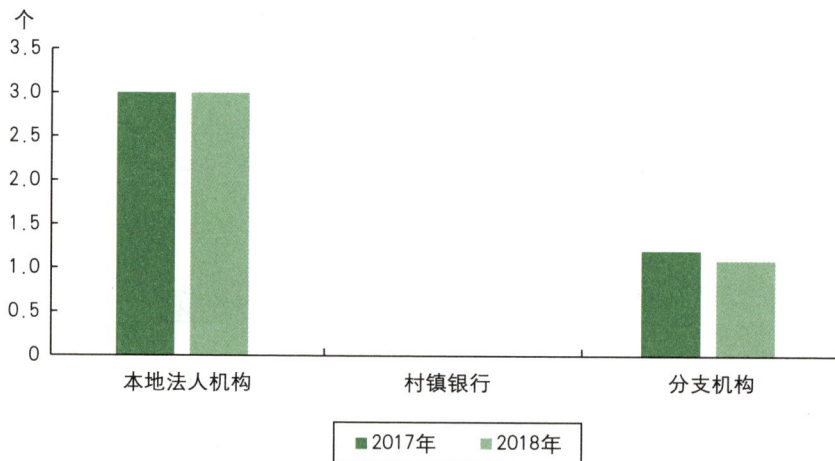

**图2-2-70　营销推广领域创新项目平均数（按注册地划分）**

按照行业类别分析：在18个"营销推广"项目中，银行业机构实施项目共17个，已开展该领域创新的同类机构平均每家实施项目

1.42个；项目总数较上年增加了8个，增幅为88.89%。非银金融机构实施项目共1个，已开展该领域创新的同类机构平均每家实施项目1个；项目总数较上年增加1个（见图2-2-71、图2-2-72）。

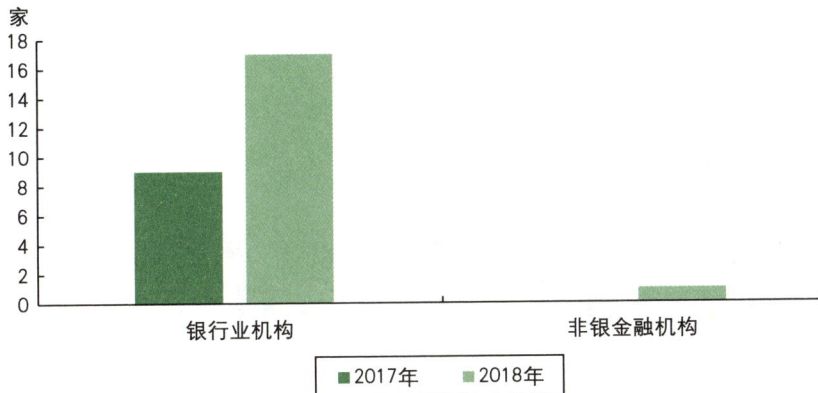

图2-2-71 营销推广领域创新项目数量（按所属行业划分）

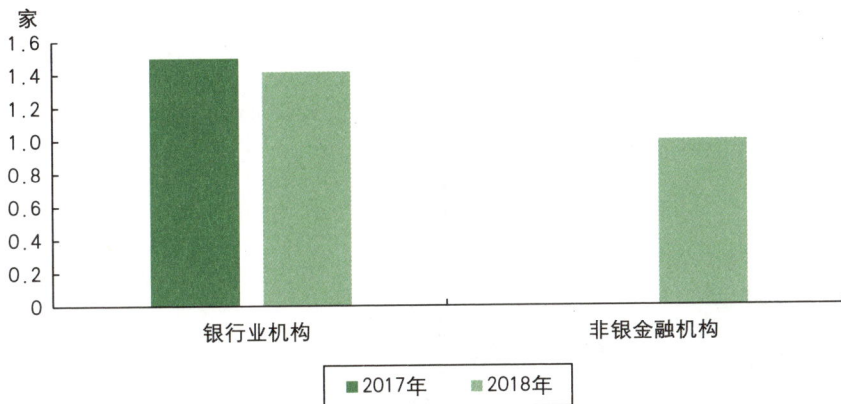

图2-2-72 营销推广领域创新项目平均数（按所属行业划分）

对占据样本主体的银行业机构进行分析：在银行业机构实施的17个创新项目中，国有大型银行、股份制银行、城商银行和农商银行实施创新项目个数分别为7个、2个、8个，已开展该领域创新的同类机构平均每家实施项目分别为1.4个、1个、1.6个；实施项目总数

分别较上年增加了3个、1个、5个，民营银行、村镇银行等小型银行
未开展该领域的创新（见图2-2-73、图2-2-74）。

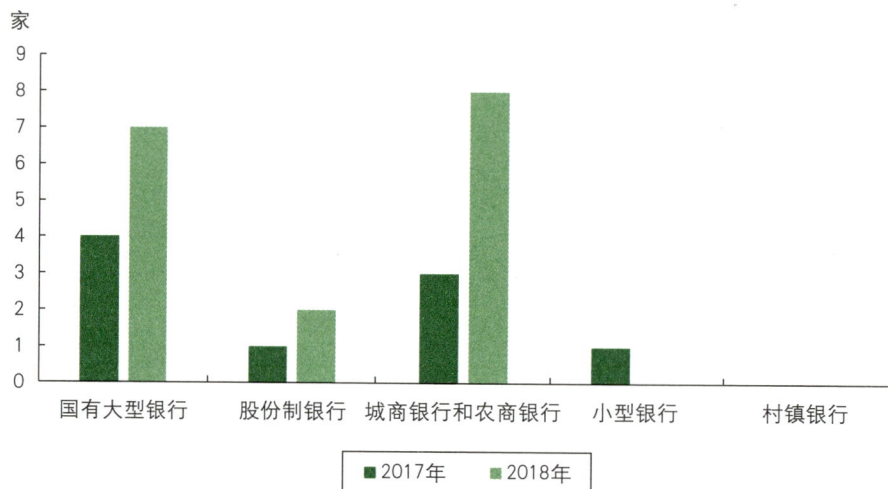

**图2-2-73　银行业样本机构营销推广领域创新项目数量**

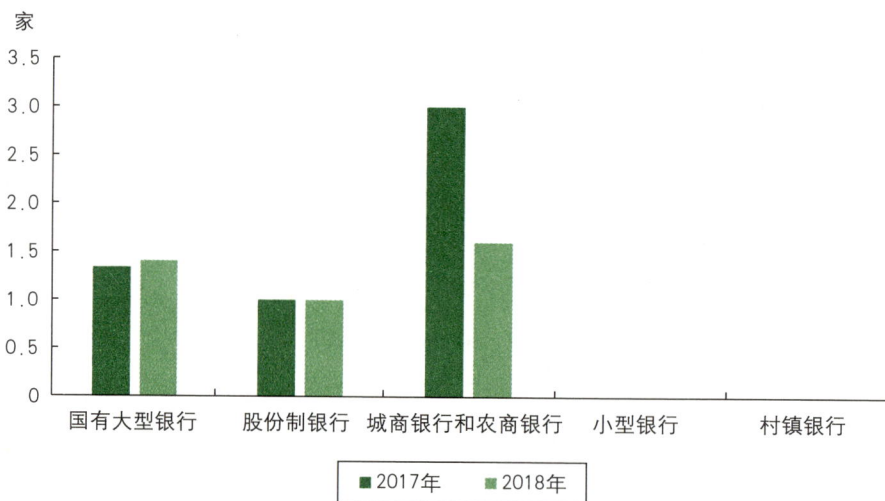

**图2-2-74　银行业样本机构营销推广领域创新项目平均数**

从以上分析可以看出：2018年，各类样本机构普遍开发了营销
推广领域的创新项目。其中，股份制银行、城商银行和农商银行开

发的创新项目数量相比上年实现了大幅增长，开发项目数量分别为上年的2倍和2.67倍。

### 三、营销推广领域创新投资规模有所增加

2018年，样本机构金融科技营销推广领域的投资力度大幅增加，全年总投资额达到424.62万元，占同期样本机构金融科技创新投资总额的2.05%，较上年增加18.76万元，增幅为4.62%；单个项目投资额23.59万元，较上年减少21.51万元，降幅为47.69%。

按照机构总部注册地分析：2018年，天津本地法人机构营销推广领域金融科技创新投资总额为400万元，较上年增加200万元，增幅为100%；分支机构金融科技营销推广领域创新投资总额为24.62万元，较上年减少181.24万元；本地村镇银行无相关投资（见图2-2-75）。从单个项目投资额看，2018年，天津本地法人机构营销推广领域单个项目投资额为66.67万元，与上年保持一致；分支机构营销推广领域单个项目投资额2.05万元，较上年减少32.26万元（见图2-2-76）。

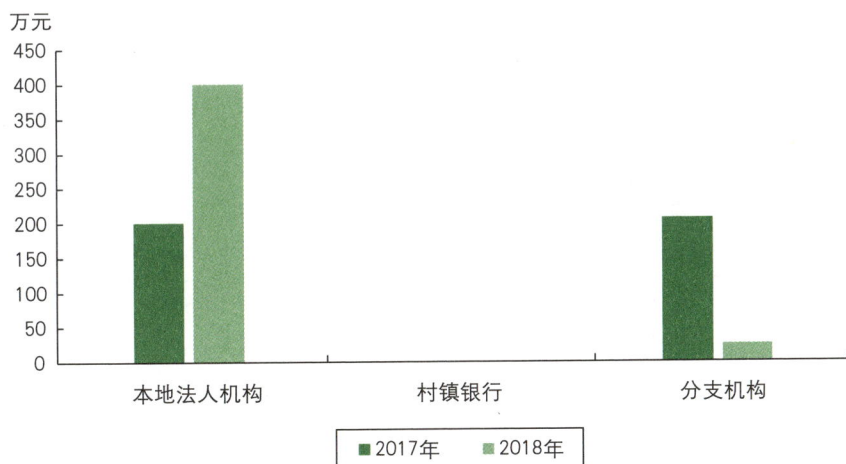

图2-2-75　样本机构营销推广领域创新投资总额（按注册地划分）

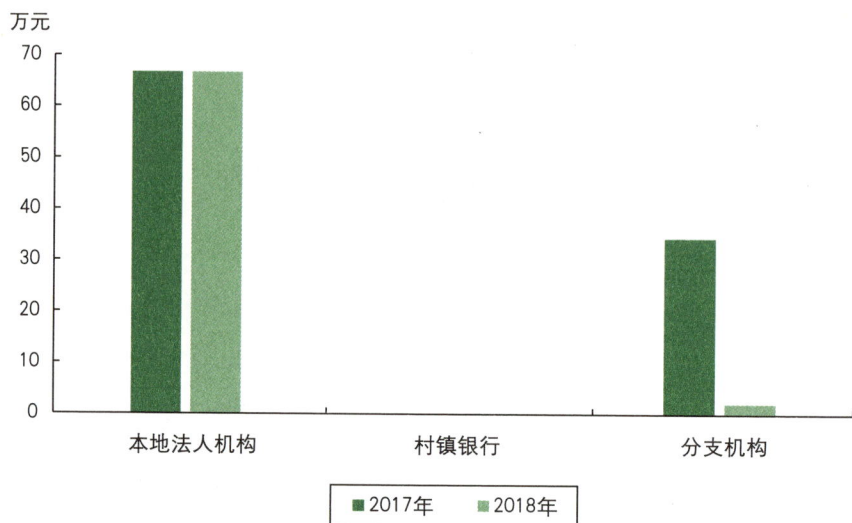

**图2-2-76 样本机构营销推广领域单个创新项目投资额（按注册地划分）**

按照行业类别分析：2018年，银行业机构营销推广领域金融科技创新投资总额424.62万元，较上年增加18.76万元，增幅为4.62%；非银金融机构未进行营销推广领域金融科技创新投资（见图2-2-77）。从单个项目投资额看，2018年，银行业机构营销推广领域单个项目投资额24.98万元，较上年减少20.12万元（见图2-2-78）。

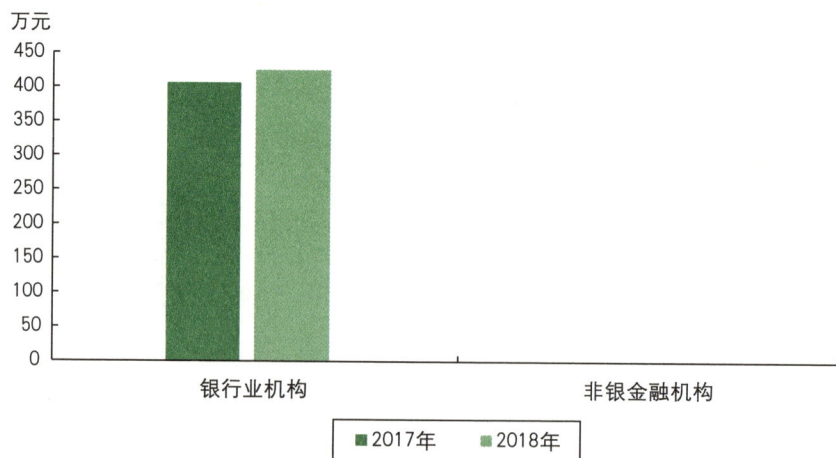

**图2-2-77 样本机构营销推广领域金融科技创新投资总额（按所属行业划分）**

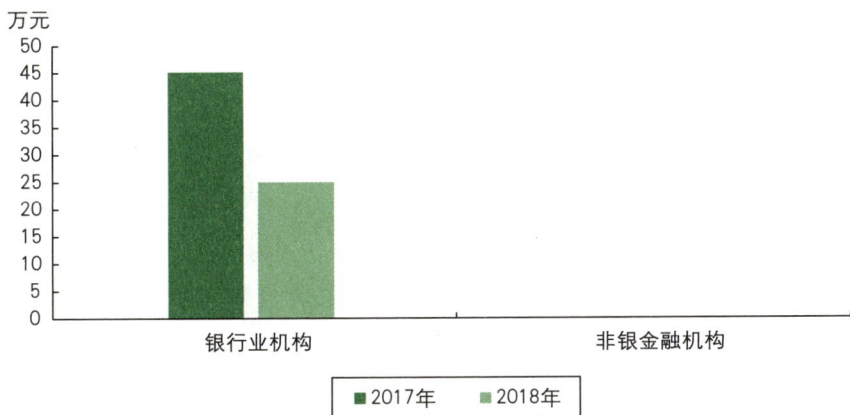

**图2-2-78 样本机构营销推广领域单个创新项目投资额（按所属行业划分）**

对占据样本主体的银行业机构进行分析：2018年，国有大型银行、城商银行和农商银行营销推广领域的金融科技创新投资额分别为24.62万元、400万元，分别较上年同期增加了13.32万元、201.44万元，增幅为117.88%、101.45%；股份制银行、民营银行等小型银行、村镇银行在2018年均无营销推广领域的专项投资（见图2-2-79）。从单个项目投资额看，2018年国有大型银行、城商银行和农商银行营销推广领域单个项目投资额分别为3.52万元、50万元，与上年变动情况分别为0.69万元、–16.19万元（见图2-2-80）。

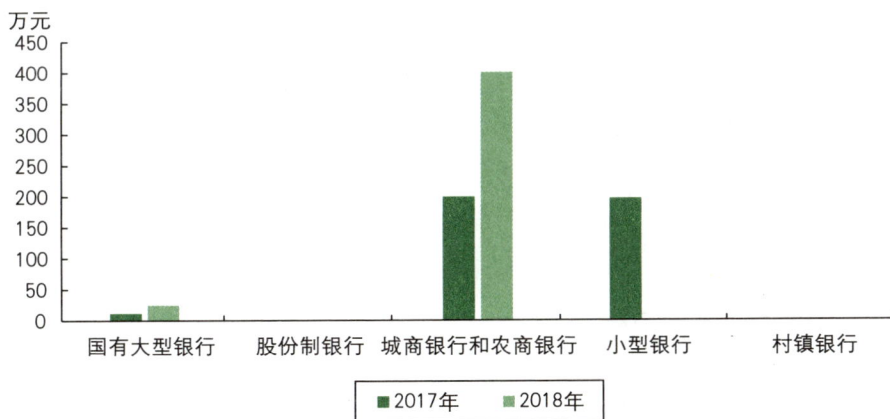

**图2-2-79 银行业样本机构营销推广领域创新投资总额**

万元

图2-2-80　银行业样本机构营销推广领域单个创新项目投资额

从以上分析可以看出，2018年仅国有大型银行、城商银行和农商银行进行了营销推广领域的投资，投资规模相比上年大幅增长，分别为上年的2.18倍和2倍。股份制银行、村镇银行、非银行业金融机构在近两年均未进行该领域的专项投资，民营银行等小型银行2018年未进行该领域的专项投资。

## 四、营销推广领域创新方式以独立开发与合作开发为主

2018年，样本机构开发的18个营销推广领域创新项目中，有7个项目为机构独立开发项目，占比为38.89%，较上年减少5.56个百分点；有8个项目为机构与其他机构合作开发项目，占比为44.44%，较上年减少11.11个百分点，合作机构绝大部分为提供解决方案与技术服务的科技公司，少部分为政府部门及其他金融机构；有3个项目为机构域外引进项目（自总行引进），占比为16.67%，较上年增加16.67个百分点（见图2-2-81）。

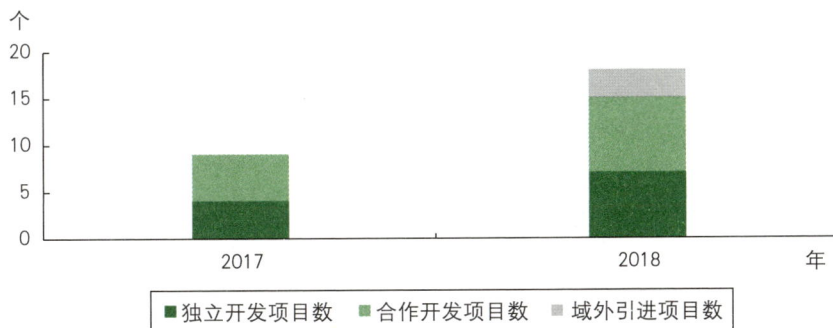

图2-2-81　样本机构营销推广领域创新项目开发方式

　　按照机构总部注册地分析：2018年，天津本地法人机构开发的6个营销推广领域项目均为合作开发项目；分支机构开发的12个营销推广领域项目中，有独立开发项目、合作开发项目7个、2个，占比分别为58.33%、16.67%，较上年分别减少8.33个百分点、16.67个百分点；本地村镇银行无相关创新（见图2-2-82）。

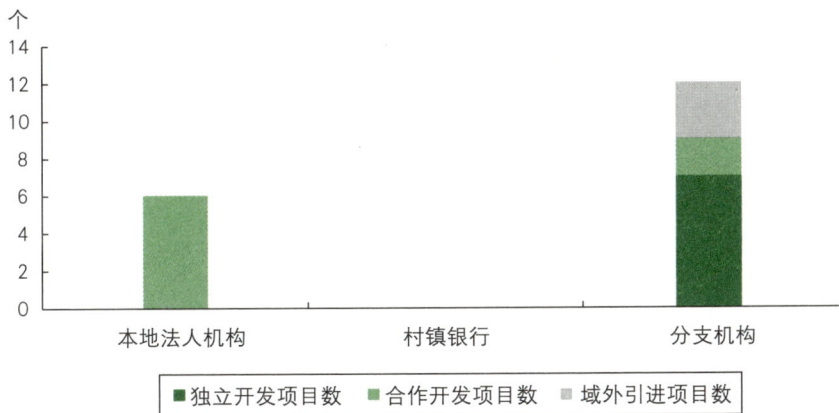

图2-2-82　2018年样本机构营销推广领域创新项目开发方式（按注册地划分）

　　按照行业类别分析：2018年，银行业机构开发的17个营销推广领域项目中，独立开发项目与合作开发项目均为7个，占比均为41.18%，较上年同期分别减少3.27个百分点、14.38个百分点；非银金融机构开发的1个项目为合作开发项目（见图2-2-83）。

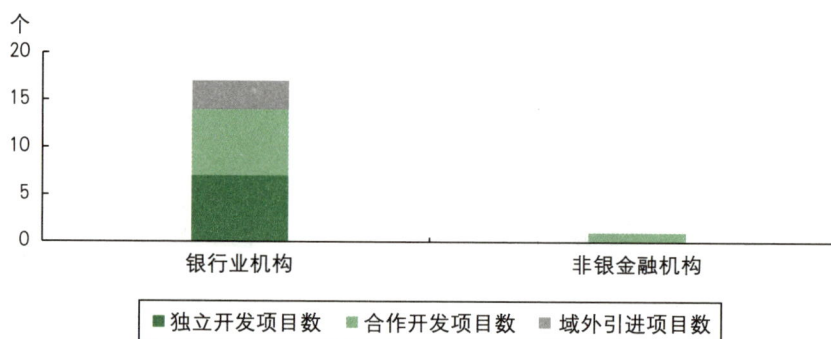

**图2-2-83 2018年样本机构营销推广领域创新项目开发方式（按所属行业划分）**

对占据样本主体的银行业机构进行分析：2018年，国有商业银行天津分行开发的7个营销推广领域项目中，独立开发项目与合作开发项目分别为4个、2个，占比分别为57.14%、28.57%，较上年同期分别增加7.14个百分点、-21.43个百分点；股份制银行天津分行开发的2个营销推广领域项目中，独立开发项目与合作开发项目分别为2个、0个，占比分别为50%、0，较上年同期分别增加-50个百分点、0个百分点；城商银行和农商银行开发的8个营销推广领域项目中，独立开发项目与合作开发项目分别为2个、5个，占比分别为25%、62.5%，较上年同期分别增加25个百分点、-37.5个百分点；民营银行、村镇银行等小型银行未进行该领域创新（见图2-2-84）。

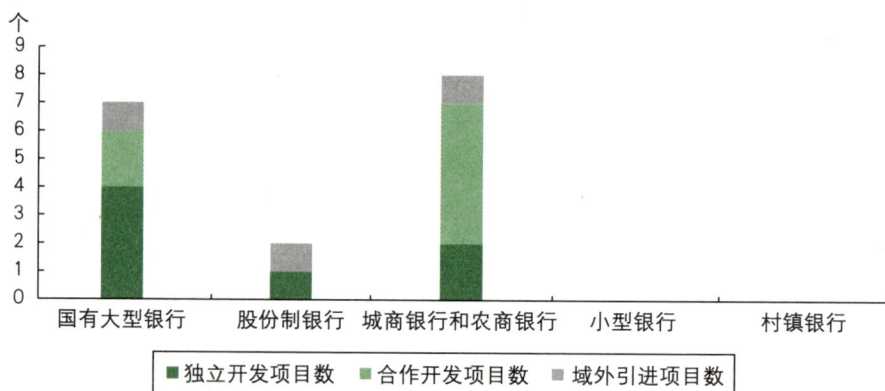

**图2-2-84 2018年银行业样本机构营销推广领域创新项目开发方式**

从以上分析可以看出：总体来看，2018年样本机构在营销推广领域的金融科技创新项目开发方式以独立开发和合作开发为主。其中，国有大型银行、股份制银行的金融科技创新项目以独立开发为主，城商银行和农商银行、非银金融机构项目以合作开发为主。相比天津本地法人机构，域外机构在津分支机构更倾向于以独立开发方式实施营销推广领域的项目创新。

## 第五节　风险防控篇

### 一、近五成创新机构存在风险防控领域的金融科技创新

2018年，在31家已经实施金融创新的样本机构中，有15家机构开展了"风险防控"领域的创新，占48.39%；较上年增加7家，增幅为87.50%（见图2-2-85）。

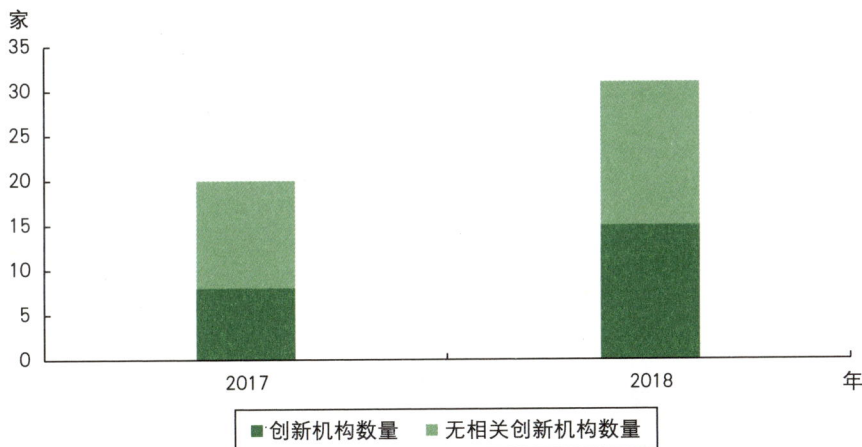

图2-2-85　开展风险防控领域创新的机构数量

按照机构总部注册地分析：在15家实施"风险防控"领域创新的样本机构中，天津本地法人机构6家，占实施创新机构同类样本数

的60%，数量较上年增加了2家，增幅为50%；分支机构9家，占实施创新机构同类样本数的52.94%，数量较上年增加了5家，增幅为125%。村镇银行未开展风险防控领域的创新（见图2-2-86）。

家

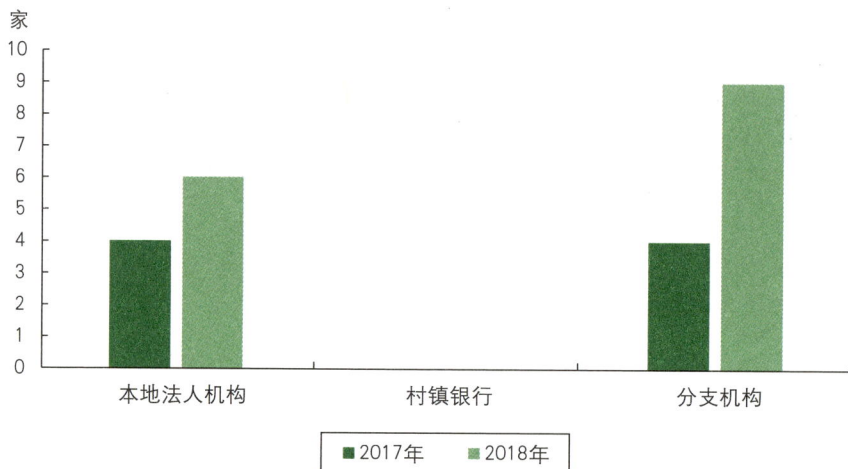

图2-2-86　开展风险防控领域创新的机构数量（按注册地划分）

按照行业类别分析：在15家实施"风险防控"领域创新的样本机构中，银行业机构12家、非银金融机构3家，分别占实施创新机构同类型样本总数的44.44%、75%；数量分别较上年增加了6家、1家，增幅分别为100%、50%（见图2-2-87）。

家

图2-2-87　开展风险防控领域创新的机构数量（按所属行业划分）

对占据样本主体的银行业机构进行分析：在12家实施"风险防控"领域创新的银行机构，国有大型银行、股份制银行、城商银行和农商银行数量分别为4家、2家、6家，分别占实施创新机构同类样本数的66.67%、25%、85.71%；各类别数量与上年相比分别增加1家、1家、4家，增幅分别为33.33%、100%、200%。民营银行等小型银行、村镇银行近两年均未实施风险防控领域创新（见图2-2-88）。

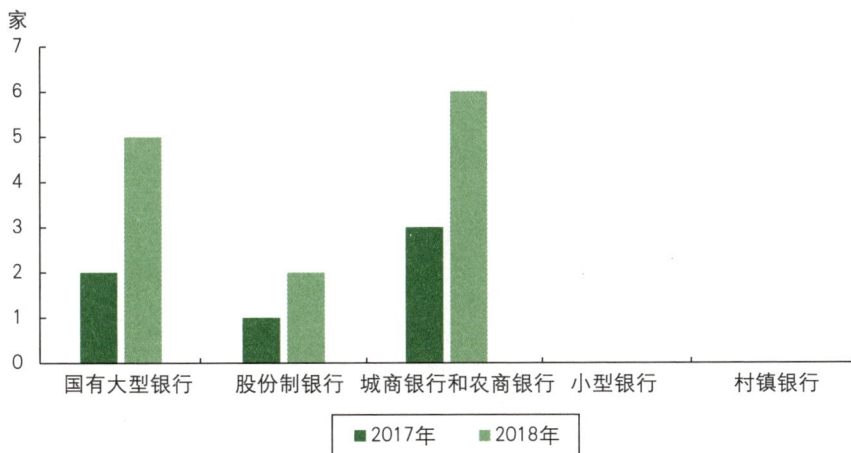

图2-2-88　银行业样本机构开展风险防控领域创新情况

从以上分析可以看出：2018年，各类样本机构普遍开展了风险防控领域的金融科技创新。其中，城商银行和农商银行、非银金融机构实施风险防控领域创新的积极性较高，分别有100%、75%的创新机构实施了该领域的创新，且该领域创新机构数量较上年出现大幅增长。

## 二、风险防控领域创新项目数量大幅增加

2018年，风险防控领域的创新项目数量共计26个，占样本机构创新项目总数的11.02%，较上年减少2.07个百分点；数量较上年增加

12个，增幅为85.71%。其中，在建项目2个，占比为7.69%；已上线项目24个，占比为92.31%（见图2-2-89）。

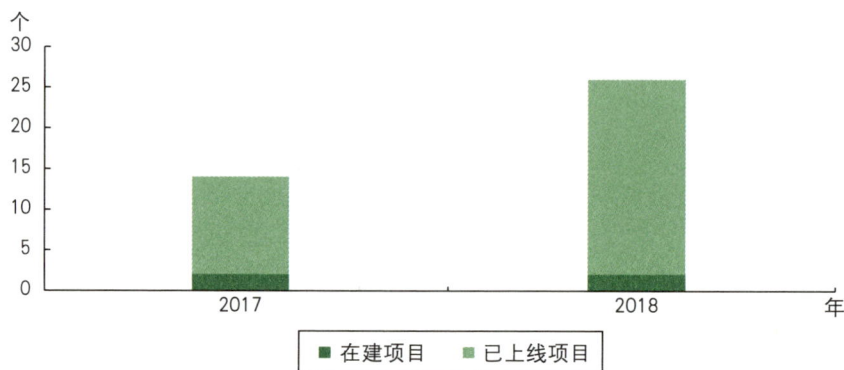

图2-2-89　风险防控领域创新项目数量

　　按照机构总部注册地分析：在26个"风险防控"项目中，天津本地法人机构实施项目共14个，已开展该领域创新的同类机构平均每家实施项目2.33个；项目总数较上年增加了7个，增幅为100%。分支机构实施项目共12个，已开展该领域创新的同类机构平均每家实施项目1.33个；项目总数较上年增加了5个，增幅为71.43%；村镇银行未实施相关创新（见图2-2-90、图2-2-91）。

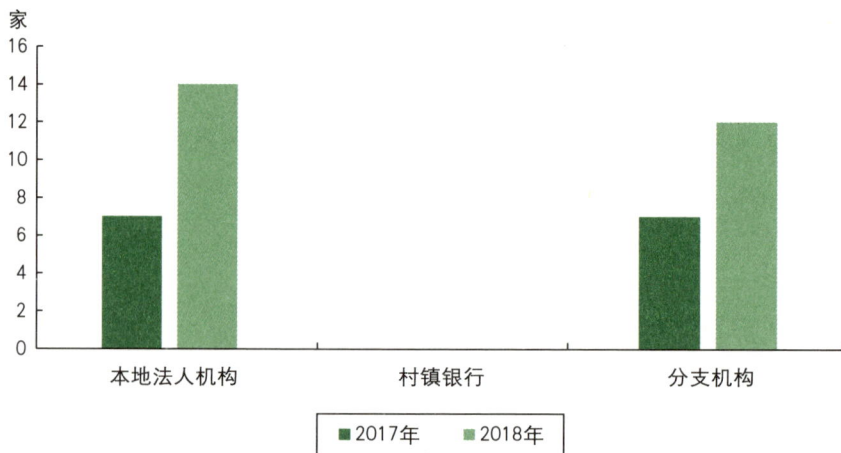

图2-2-90　风险防控领域创新项目数量（按注册地划分）

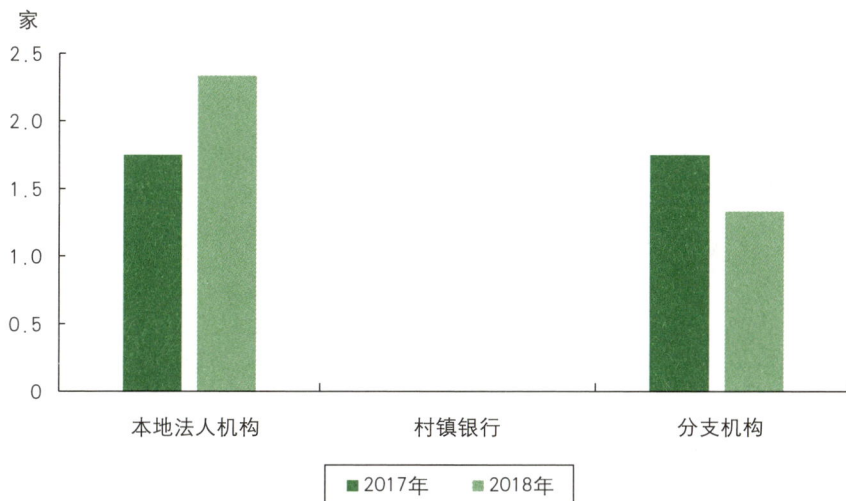

图2-2-91 风险防控领域创新项目平均数（按注册地划分）

　　按照行业类别分析：在26个"风险防控"项目中，银行业机构实施项目共23个，已开展该领域创新的同类机构平均每家实施项目1.92个；项目总数较上年增加了11个，增幅为91.67%。非银金融机构实施项目共3个，已开展该领域创新的同类机构平均每家实施项目1个；项目总数较上年增加1个，增幅为50%（见图2-2-92、图2-2-93）。

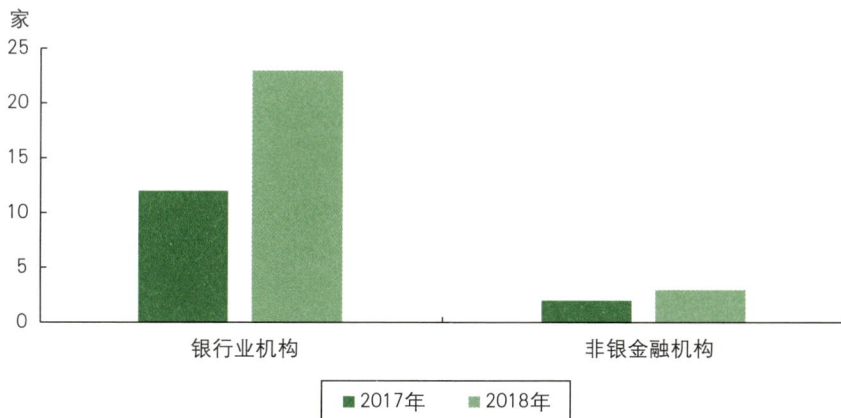

图2-2-92 风险防控领域创新项目数量（按所属行业划分）

家

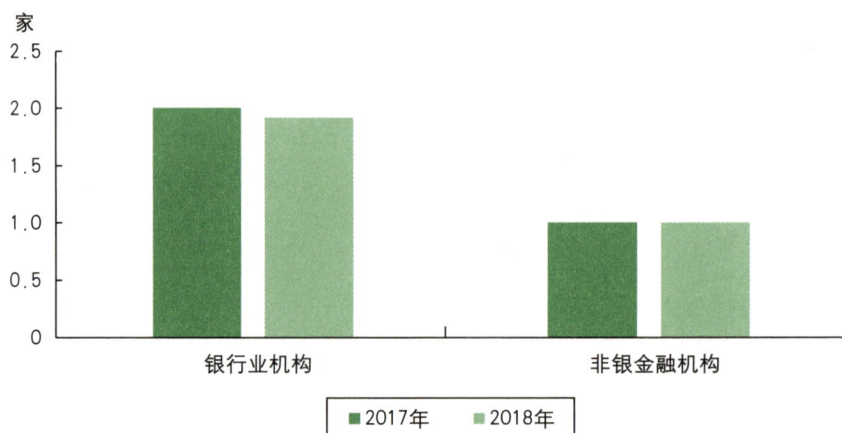

图2-2-93　风险防控领域创新项目平均数（按所属行业划分）

　　对占据样本主体的银行业机构进行分析：在银行业机构实施的23个创新项目中，国有大型银行、股份制银行、城商银行和农商银行实施创新项目个数分别为5个、8个、10个，已开展该领域创新的同类机构平均每家实施项目分别为1.25个、4个、1.67个；实施项目总数分别较上年增加了-2个、5个、8个；民营银行、村镇银行等小型银行在近两年均未开展该领域的创新（见图2-2-94、图2-2-95）。

家

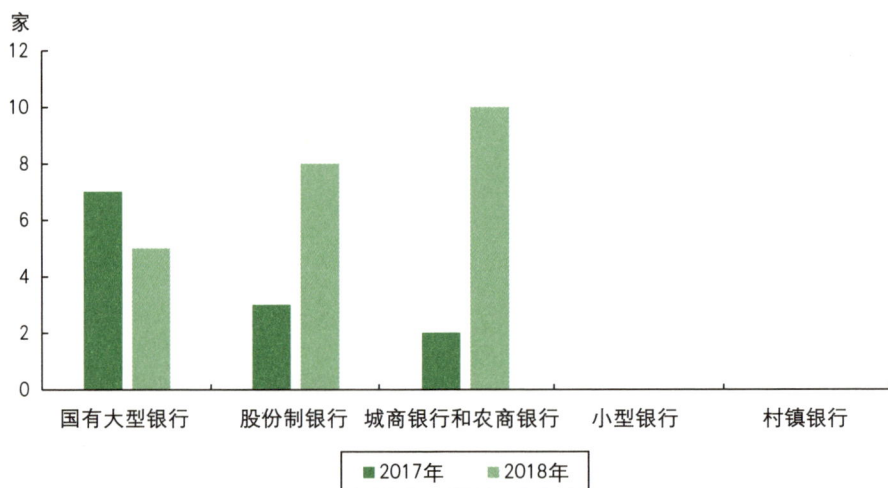

图2-2-94　银行业样本机构风险防控领域创新项目数量

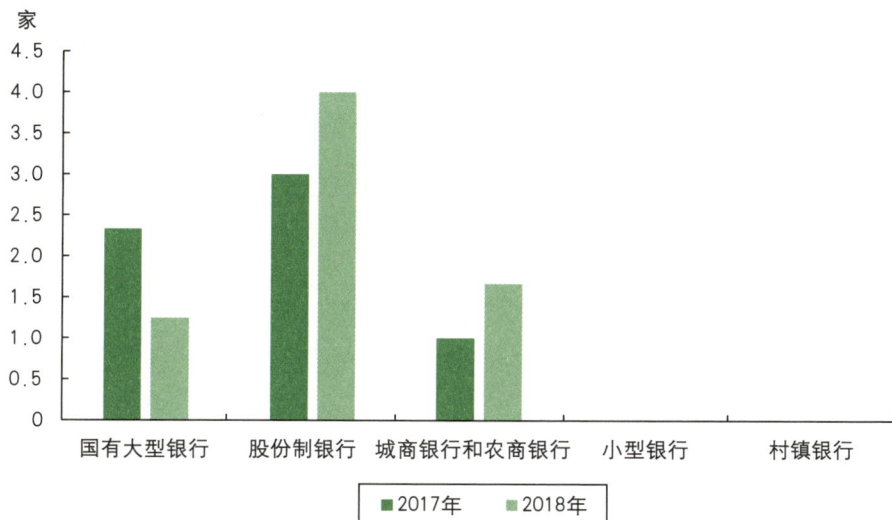

图2-2-95　银行业样本机构风险防控领域创新项目平均数

从以上分析可以看出：2018年，各类样本机构开发的风险防控领域创新项目普遍较多。特别是股份制银行、城商银行和农商银行，其开发的创新项目数量分别达到8个和10个，相比上年实现了大幅增长，开发项目数量分别为上年的2.67倍和5倍。

### 三、风险防控领域创新投资总额有所增加，单个项目投资额有所减少

2018年，样本机构金融科技风险防控领域的投资力度大幅增加，全年总投资额达到1 053.76万元，占同期样本机构金融科技创新投资总额的5.10%，较上年增加299.24万元，增幅为39.66%；单个项目投资额40.53万元，较上年减少13.36万元，降幅为24.79%。

按照机构总部注册地分析：2018年，天津本地法人机构风险防控领域金融科技创新投资总额为649.16万元，较上年减少12.92万元；分支机构金融科技风险防控领域创新投资总额为404.60万元，较上年增加312.16万元，增幅为337.69%；本地村镇银行无相关投资

（见图2-2-96）。从单个项目投资额看，2018年，天津本地法人机构风险防控领域单个项目投资额为46.37万元，较上年减少48.21万元；分支机构风险防控领域单个项目投资额33.72万元，较上年增加20.51万元，增幅为155.32%（见图2-2-97）。

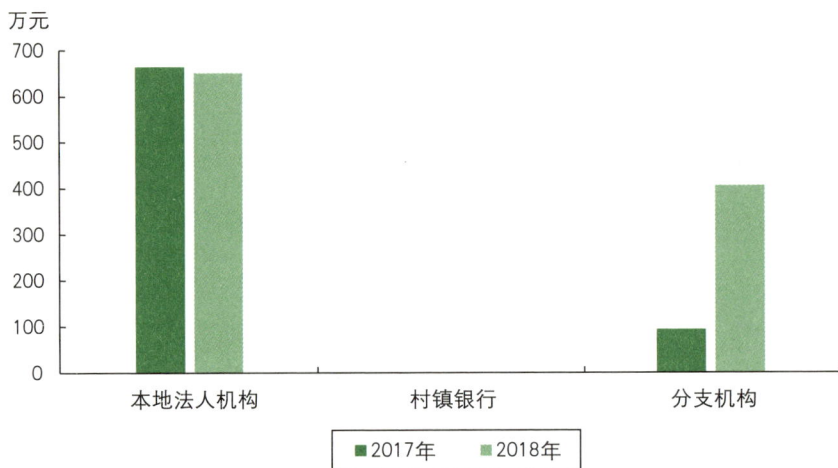

图2-2-96　样本机构风险防控领域创新投资总额（按注册地划分）

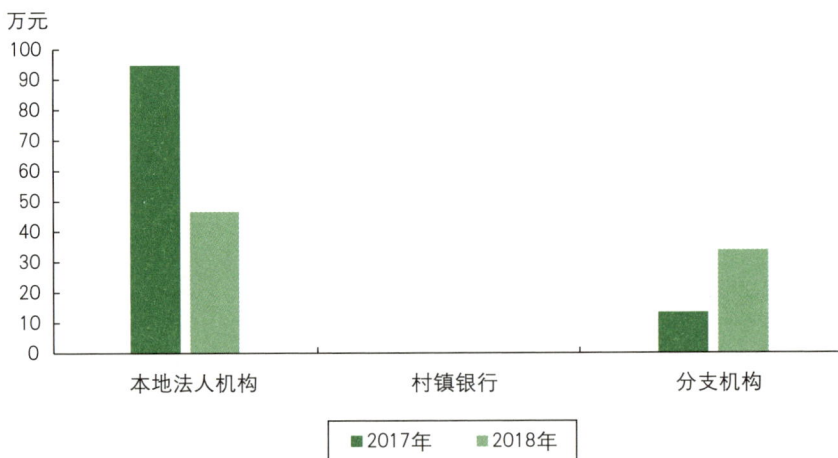

图2-2-97　样本机构风险防控领域单个创新项目投资额（按注册地划分）

按照行业类别分析：2018年，银行业机构风险防控领域金融科技创新投资总额1 053.76万元，较上年增加299.24万元，增幅为39.66%；非银金融机构未进行风险防控领域金融科技创新投资（见图2-2-98）。从单个项目投资额看，2018年，银行业机构风险防控领域单个项目投资额45.82万元，较上年减少17.06万元（见图2-2-99）。

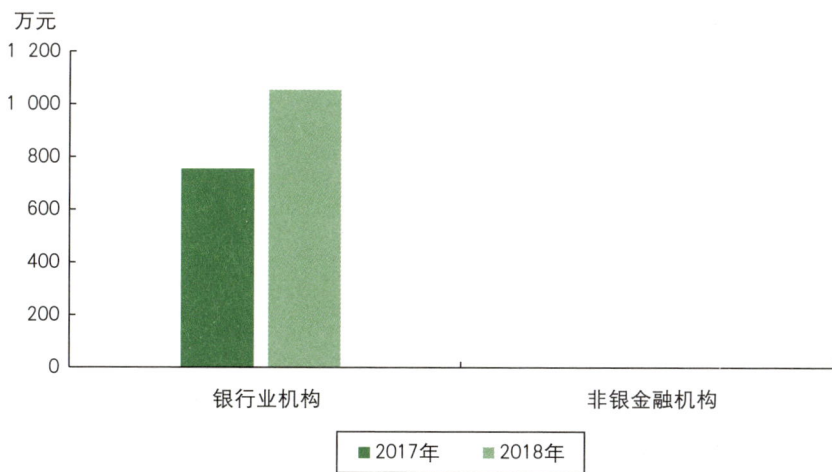

图2-2-98　样本机构风险防控领域金融科技创新投资总额（按所属行业划分）

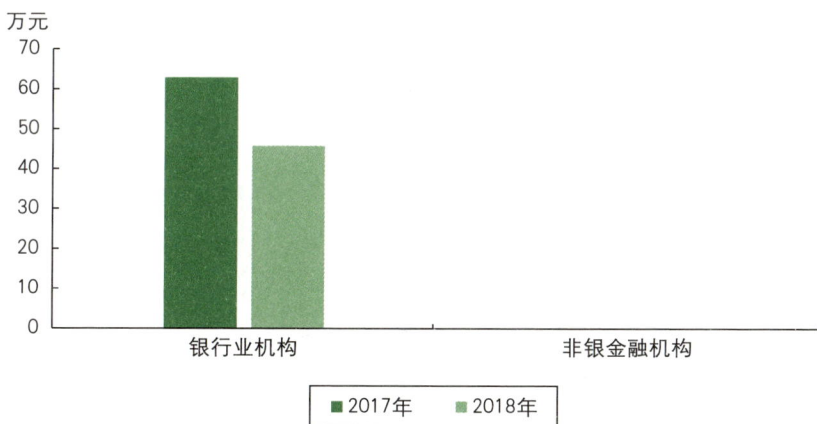

图2-2-99　样本机构风险防控领域单个创新项目投资额（按所属行业划分）

对占据样本主体的银行业机构进行分析：2018年，国有大型银行、股份制银行、城商银行和农商银行风险防控领域的金融科技创新投资额分别为20万元、65.56万元、968.20万元，分别较上年同期增加了–72.44万元、–296.52万元、668.2万元；民营银行等小型银行、村镇银行在近两年均无风险防控领域的专项投资（见图2-2-100）。从单个项目投资额看，2018年国有大型银行、股份制银行、城商银行和农商银行风险防控领域单个项目投资额分别为4万元、8.2万元、96.82万元，与上年变动情况分别为–9.21万元、–112.50万元、–53.18万元（见图2-2-101）。

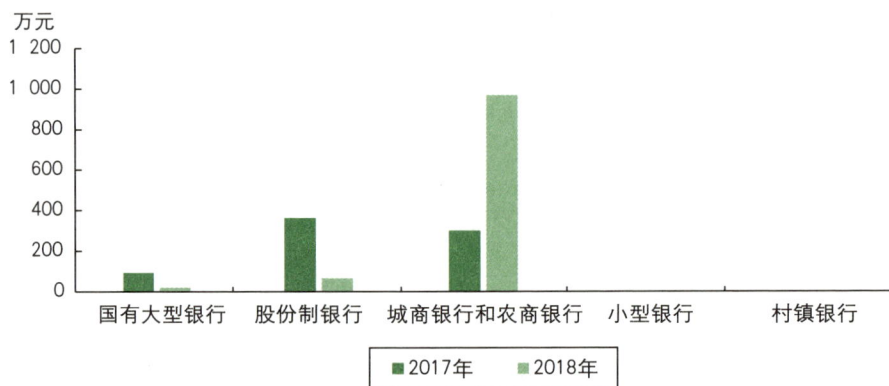

图2-2-100　银行业样本机构风险防控领域创新投资总额

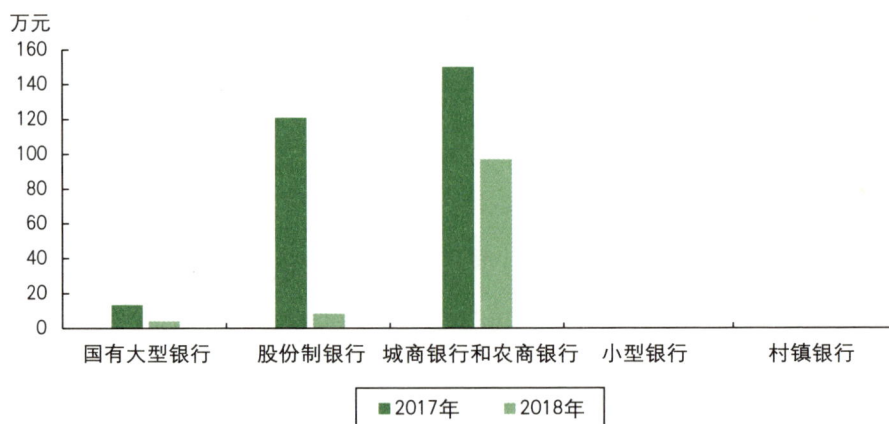

图2-2-101　银行业样本机构风险防控领域单个创新项目投资额

从以上分析可以看出，2018年仅国有大型银行、股份制银行、城商银行和农商银行进行了风险防控领域的投资。其中，城商银行和农商银行在风险防控领域的投资远高于其他类型的机构，投资总额分别为国有大型银行、股份制银行的48.41倍、14.77倍，且相比上年增长2.23倍。

## 四、风险防控领域创新方式以独立开发为主

2018年，样本机构开发的26个风险防控领域创新项目中，有15个项目为机构独立开发项目，占比为57.69%，较上年增加0.55个百分点；有9个项目为机构与其他机构合作开发项目，占比为34.62%，较上年减少8.24个百分点，合作机构绝大部分为提供解决方案与技术服务的科技公司，少部分为政府部门及其他金融机构；有2个项目为机构域外引进项目（自总行引进），占比为7.69%，较上年增加7.69个百分点（见图2-2-102）。

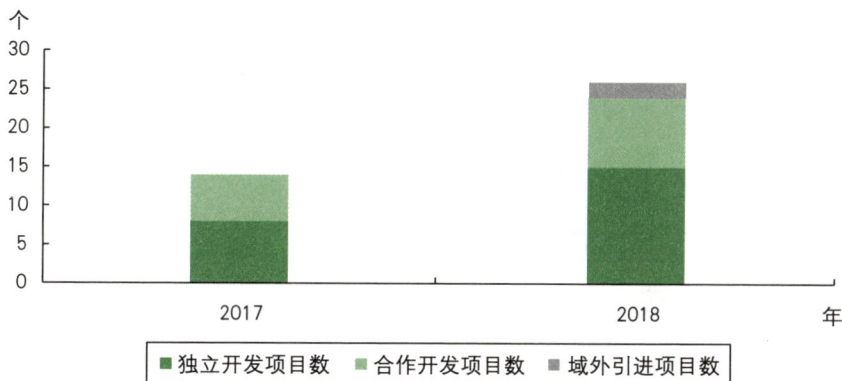

图2-2-102　样本机构风险防控领域创新项目开发方式

按照机构总部注册地分析：2018年，天津本地法人机构开发的14个风险防控领域项目中，独立开发项目有8个，占比为57.14%，较上年增加14.29个百分点；分支机构开发的12个风险防控领域项目中，独立开发项目有7个，占比为58.33%，较上年减少13.10个百分

点；本地村镇银行无相关创新（见图2-2-103）。

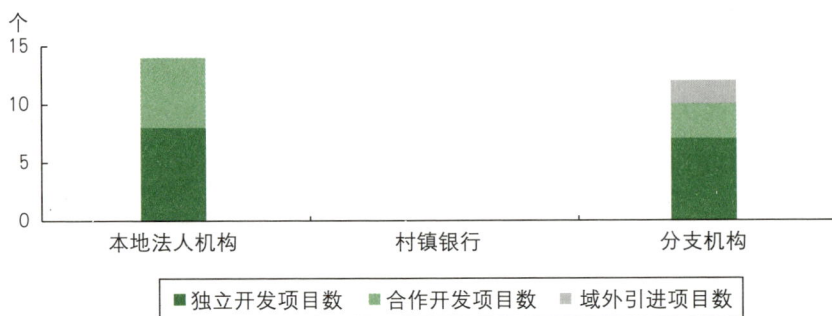

**图2-2-103　2018年样本机构风险防控领域创新项目开发方式（按注册地划分）**

按照行业类别分析：2018年，银行业机构开发的23个风险防控领域项目中，独立开发项目有13个，占比为56.52%，较上年同期增加6.52个百分点；非银金融机构开发的3个项目中，独立开发项目有2个，占比为66.67%，较上年同期减少33.33个百分点（见图2-2-104）。

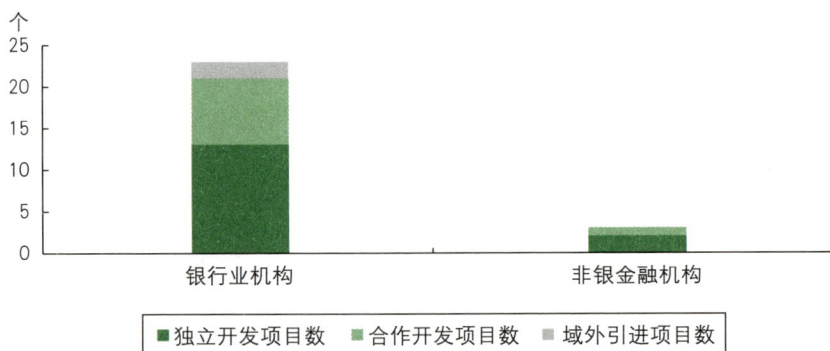

**图2-2-104　2018年样本机构风险防控领域创新项目开发方式
（按所属行业划分）**

对占据样本主体的银行业机构进行分析：2018年，国有商业银行天津分行开发的5个管理增效领域项目中，独立开发项目5个，占比为100%，较上年增加28.57个百分点；股份制银行天津分行开发的

8个管理增效领域项目中，独立开发项目6个，占比为75%，较上年增加41.67个百分点；城商银行和农商银行开发的10个管理增效领域项目中，独立开发项目2个，占比为20%，较上年增加20个百分点；民营银行、村镇银行等小型银行近两年未进行该领域创新（见图2-2-105）。

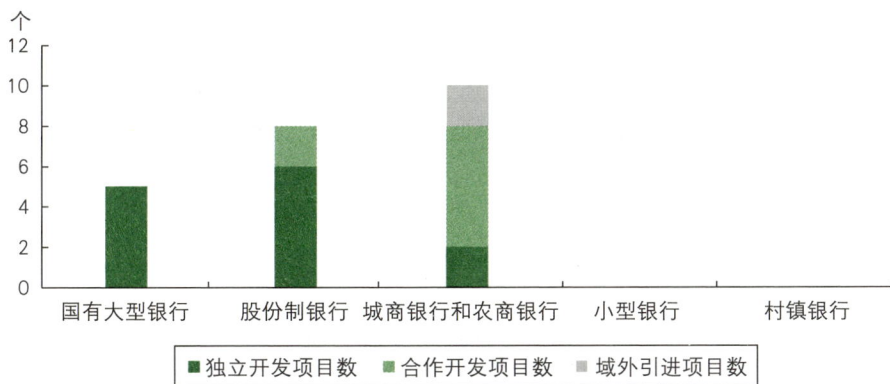

图2-2-105　2018年银行业样本机构风险防控领域创新项目开发方式

从以上分析可以看出：总体来看，样本机构在风险防控领域的创新项目开发方式以独立开发为主。其中，国有大型银行、股份制银行、非银行业金融机构在该领域的独立开发项目占比均在60%以上，且相比上年均有所增加；城商银行和农商银行创新项目以合作开发为主，合作开发项目占比为60%。本地法人机构与非本地法人机构创新项目均以独立开发为主，且独立开发比例基本相当。

## 第六节　智能服务篇

### 一、近五成创新机构存在智能服务领域的金融科技创新

2018年，在31家已经实施金融创新的样本机构中，有15家机构

开展了"智能服务"领域的创新，占比为48.39%；较上年增加8家，增幅为114.29%（见图2-2-106）。

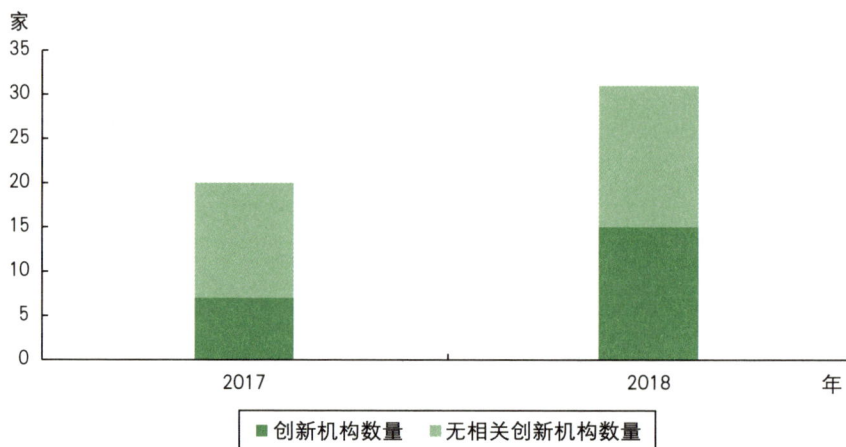

**图2-2-106 开展智能服务领域创新的机构数量**

按照机构总部注册地分析：在15家实施"智能服务"领域创新的样本机构中，天津本地法人机构6家，占实施创新机构样本数的60%，数量较上年增加了3家，增幅为100%；分支机构9家，占实施创新机构同类样本数的52.94%，数量较上年增加了5家，增幅为125%。村镇银行未开展智能服务领域的创新（见图2-2-107）。

**图2-2-107 开展智能服务领域创新的机构数量（按注册地划分）**

按照行业类别分析：在15家实施"智能服务"领域创新的样本机构中，银行业机构13家、非银金融机构2家，分别占实施创新机构同类型样本总数的48.15%、50%；数量分别较上年增加了7家、1家，增幅分别为116.67%、100%（见图2-2-108）。

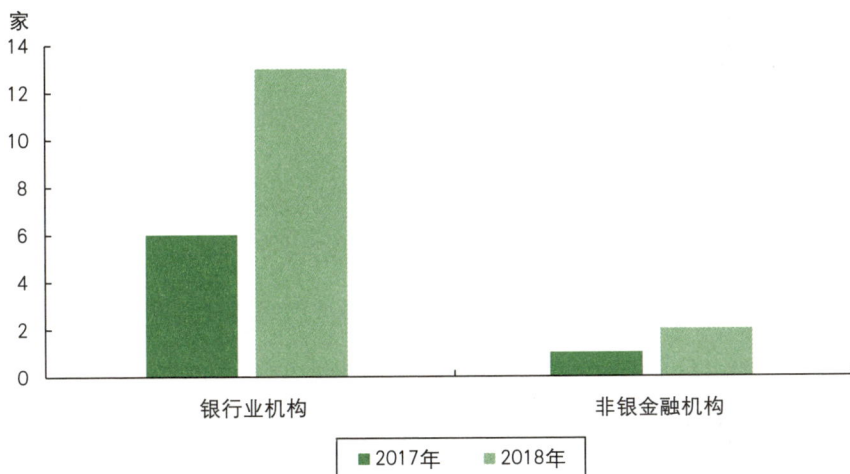

图2-2-108　开展智能服务领域创新的机构数量（按所属行业划分）

对占据样本主体的银行业机构进行分析：在12家实施"智能服务"领域创新的银行机构中，国有大型银行、股份制银行、城商银行和农商银行数量分别为5家、2家、6家，分别占实施创新机构同类样本数的83.33%、25%、85.71%；各类别数量与上年相比分别增加3家、1家、3家；民营银行等小型银行、村镇银行近两年均未实施智能服务领域创新（见图2-2-109）。

从以上分析可以看出，2018年除民营银行、村镇银行等小型银行外，其余各类样本机构均开展了智能服务领域的金融科技创新。其中，国有大型银行、城商银行和农商银行、非银行金融机构实施智能服务领域创新的积极性较高，分别有83.33%、85.71%、50%的创新机构实施了该领域的创新，且该领域创新机构数量较上年出现大幅增长。

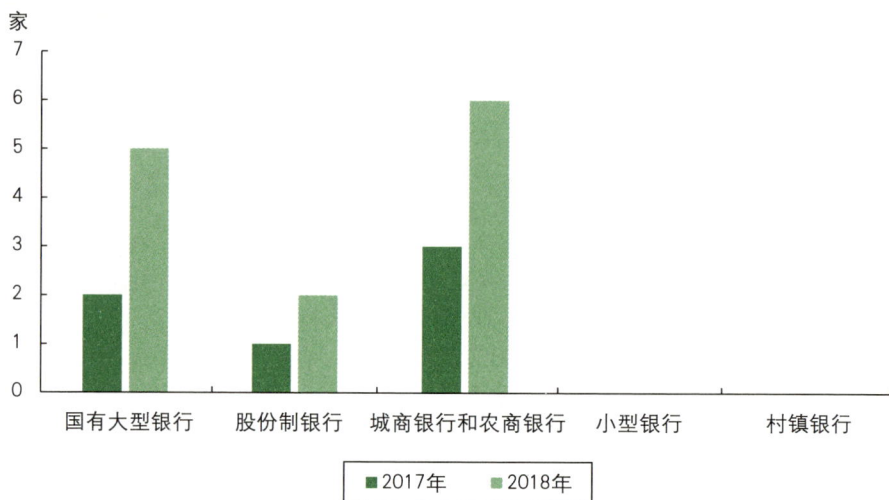

**图2-2-109　银行业样本机构开展智能服务领域创新情况**

## 二、智能服务领域创新项目数量大幅增加

2018年，智能服务领域的创新项目数量共计38个，占样本机构创新项目总数的16.10%，较上年减少1.66个百分点；数量较上年增加19个，增幅为100%。其中，在建项目17个，占比为44.74%；已上线项目21个，占比为55.26%（见图2-2-110）。

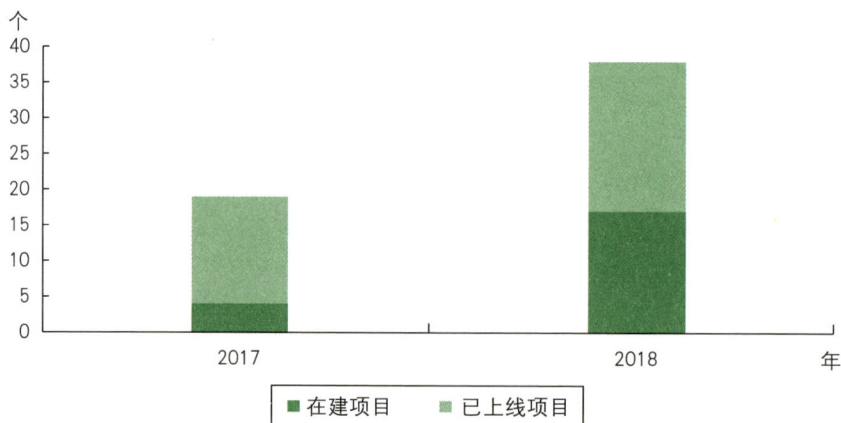

**图2-2-110　智能服务领域创新项目数量**

按照机构总部注册地分析：在38个"智能服务"项目中，天津本地法人机构实施项目共9个，已开展该领域创新的同类机构平均每家实施项目1.5个；项目总数较上年增加了3个，增幅为28.57%。分支机构实施项目共29个，已开展该领域创新的同类机构平均每家实施项目3.22个；项目总数较上年增加了17个，增幅为141.67%；村镇银行未实施相关创新（见图2-2-111、图2-2-112）。

图2-2-111　智能服务领域创新项目数量（按注册地划分）

图2-2-112　智能服务领域创新项目平均数（按注册地划分）

按照行业类别分析：在38个"智能服务"项目中，银行业机构实施项目共36个，已开展该领域创新的同类机构平均每家实施项目2.77个；项目总数较上年增加了18个，增幅为100%。非银金融机构实施项目共2个，已开展该领域创新的同类机构平均每家实施项目1个；项目总数较上年增加1个，增幅为100%（见图2-2-113、图2-2-114）。

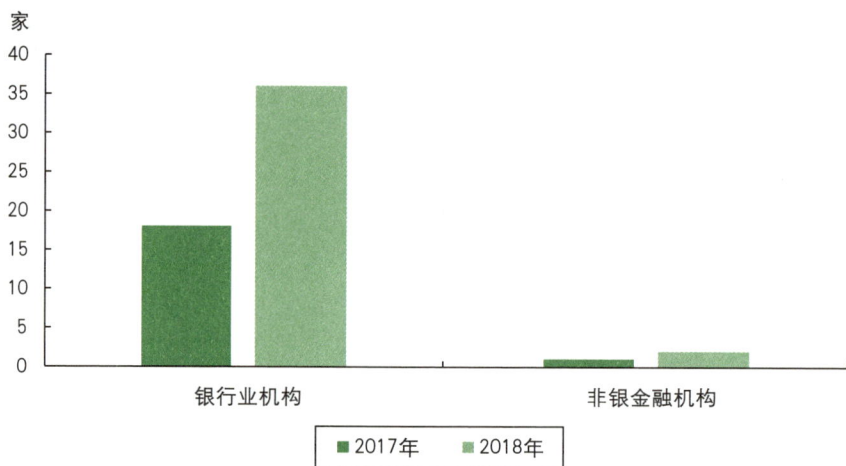

图2-2-113　智能服务领域创新项目数量（按所属行业划分）

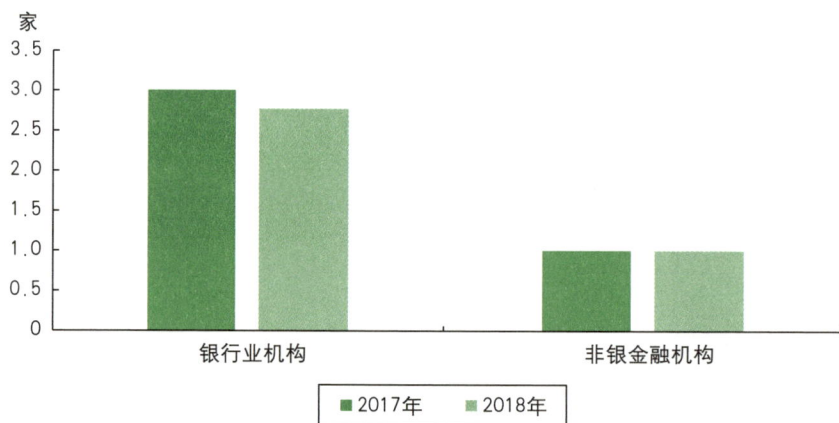

图2-2-114　智能服务领域创新项目平均数（按所属行业划分）

对占据样本主体的银行业机构进行分析：在银行业机构实施的36个创新项目中，国有大型银行、股份制银行、城商银行和农商银行实施创新项目个数分别为25个、3个、8个,已开展该领域创新的同类机构平均每家实施项目分别为5个、1.5个、1.33个;实施项目总数分别较上年增加了14个、1个、3个,增幅分别为127.27%、50%、60%。民营银行、村镇银行等小型银行在近两年均未开展该领域的创新(见图2-2-115、图2-2-116)。

图2-2-115 银行业样本机构智能服务领域创新项目数量

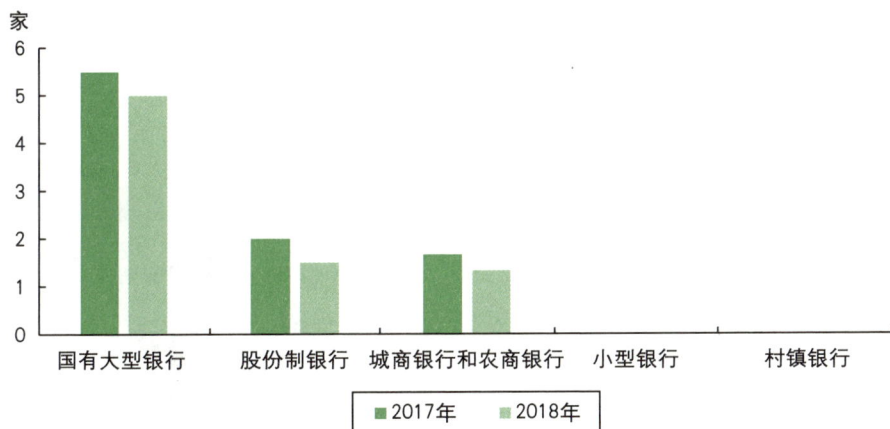

图2-2-116 银行业样本机构智能服务领域创新项目平均数

从以上分析可以看出:2018年,各类样本机构开发的智能服务领域创新项目普遍较多,且相比上年大幅增长。特别是国有大型银行，其凭借资金、技术等方面的优势，开发了25个智能服务领域的创新项目，占该领域创新项目总数的65.79%，项目数量远高于其他类型的样本机构。

### 三、智能服务领域创新投资总额有所增加，单个项目投资额有所减少

2018年，样本机构金融科技智能服务领域的投资力度大幅增加，全年总投资额达到5 550.73万元，占同期样本机构金融科技创新投资总额的26.83%，较上年增加1 390.84万元，增幅为33.43%；单个项目投资额146.07万元，较上年减少72.87万元，降幅为33.28%。

按照机构总部注册地分析：2018年，天津本地法人机构智能服务领域金融科技创新投资总额为2 264万元，较上年增加575.8万元，增幅为228.97%；分支机构金融科技智能服务领域创新投资总额为3 286.73万元，较上年减少184.96万元；本地村镇银行无相关投资（见图2-2-117）。从单个项目投资额看，2018年，天津本地法人机构智能服务领域单个项目投资额为251.56万元，较上年增加153.24万元，增幅为155.87%；分支机构智能服务领域单个项目投资额113.34万元，较上年减少175.97万元（见图2-2-118）。

图2-2-117　样本机构智能服务领域创新投资总额（按注册地划分）

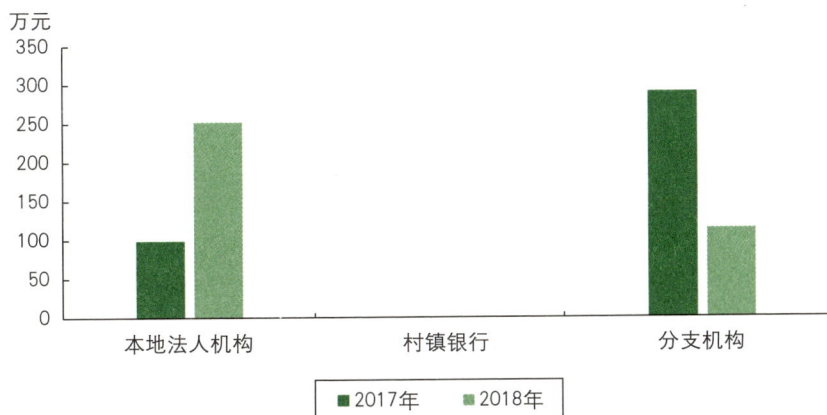

**图2-2-118 样本机构智能服务领域单个创新项目投资额（按注册地划分）**

按照行业类别分析：2018年，银行业机构智能服务领域金融科技创新投资总额5 240.73万元，较上年增加1 080.84万元，增幅为25.98%；非银行业机构智能服务领域金融科技创新投资总额310万元，较上年增加310万元（见图2-2-119）。从单个项目投资额看，2018年，银行业机构智能服务领域单个项目投资额145.58万元，较上年减少85.33万元；非银行业机构智能服务领域单个项目投资额155万元，较上年增加155万元（见图2-2-120）。

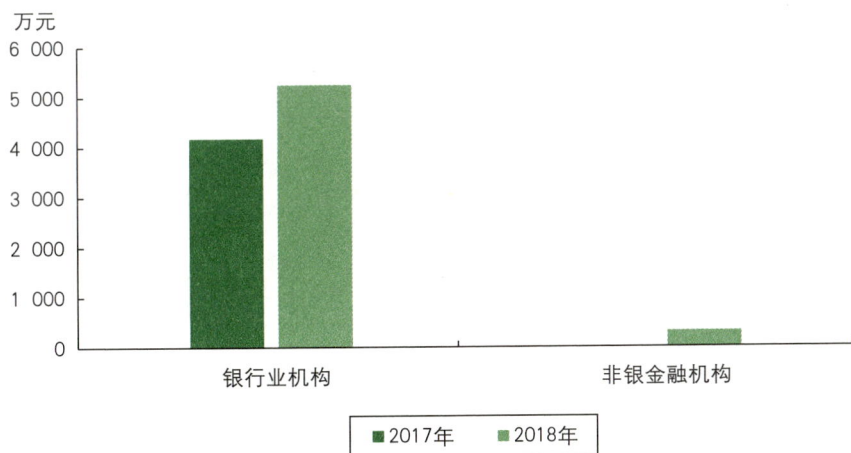

**图2-2-119 样本机构智能服务领域金融科技创新投资总额（按所属行业划分）**

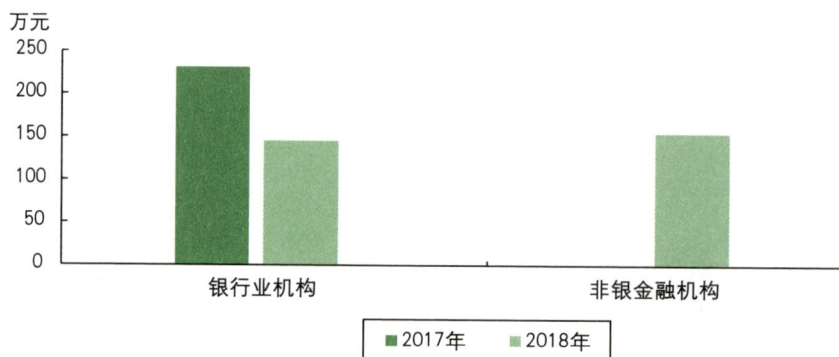

万元

**图2-2-120    样本机构智能服务领域单个创新项目投资额（按所属行业划分）**

对占据样本主体的银行业机构进行分析：2018年，国有大型银行、股份制银行、城商银行和农商银行智能服务领域的金融科技创新投资额分别为3 286.73万元、144万元、1 810万元，与上年变动情况分别为-184.96万元、55.8万元、1 210万元；民营银行等小型银行、村镇银行在近两年均无智能服务领域的专项投资（见图2-2-121）。从单个项目投资额看，2018年国有大型银行、股份制银行、城商银行和农商银行智能服务领域单个项目投资额分别为131.47万元、48万元、226.25万元，与上年变动情况分别为-184.14万元、3.90万元、106.25万元（见图2-2-122）。

万元

**图2-2-121    银行业样本机构智能服务领域创新投资总额**

万元

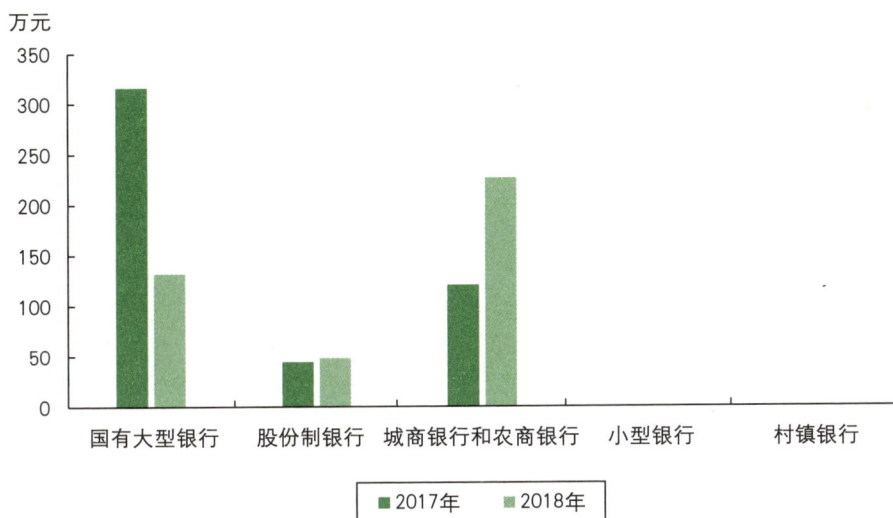

图2-2-122　银行业样本机构智能服务领域单个创新项目投资额

从以上分析可以看出：2018年，各类样本机构普遍在智能服务领域进行了较大规模的投资。特别是国有大型银行、城银商行和农商银行，其投资规模分别达到3 200万元和1 800万元以上，单个项目投资额均在130万元以上。相比域外机构在津分支机构，天津本地法人机构在智能服务领域投资总规模较小，为分支机构投资总额的68.88%，但单个项目投资额为分支机构的2.22倍。

## 四、智能服务领域创新方式以合作开发为主

2018年，样本机构开发的38个智能服务领域创新项目中，有7个为机构独立开发项目，占比18.43%，较上年增加13.16个百分点；有28个项目为机构与其他机构合作开发项目，占比为73.68%，较上年减少15.79个百分点，合作机构绝大部分为提供解决方案与技术服务的科技公司，少部分为政府部门及其他金融机构；有3个项目为机构域外引进项目（自总行引进），占比为7.89%，较上年增加2.63个百分点（见图2-2-123）。

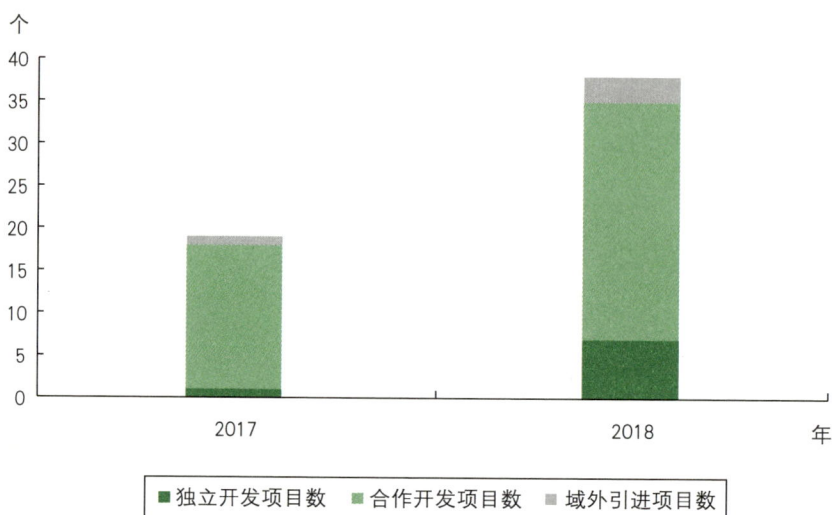

图2-2-123　样本机构智能服务领域创新项目开发方式

　　按照机构总部注册地分析：2018年，天津本地法人机构开发的9个智能服务领域项目中，合作开发项目有8个，占比为88.89%，较上年增加3.17个百分点；分支机构开发的29个智能服务领域项目中，合作开发项目有20个，占比为68.97%，较上年减少22.70个百分点；本地村镇银行无相关创新（见图2-2-124）。

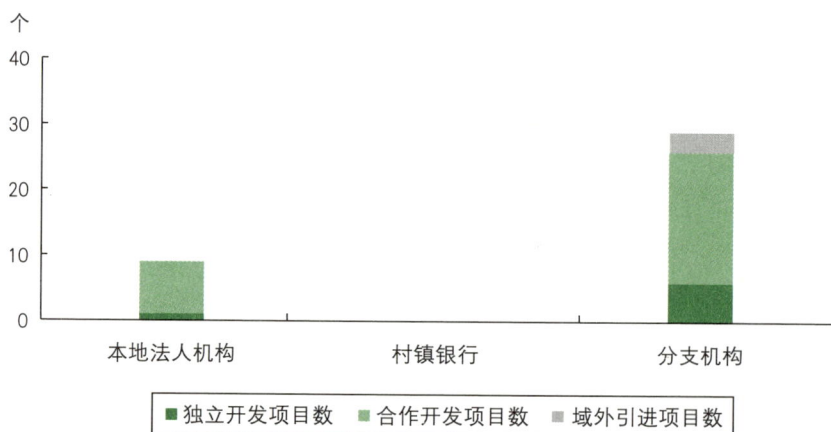

图2-2-124　2018年样本机构智能服务领域创新项目开发方式（按注册地划分）

按照行业类别分析：2018年，银行业机构开发的36个智能服务领域项目中，合作开发项目有27个，占比为75%，较上年同期减少19.44个百分点；非银金融机构开发的2个项目中，合作开发项目有1个，占比为50%，较上年同期增加50个百分点（见图2-2-125）。

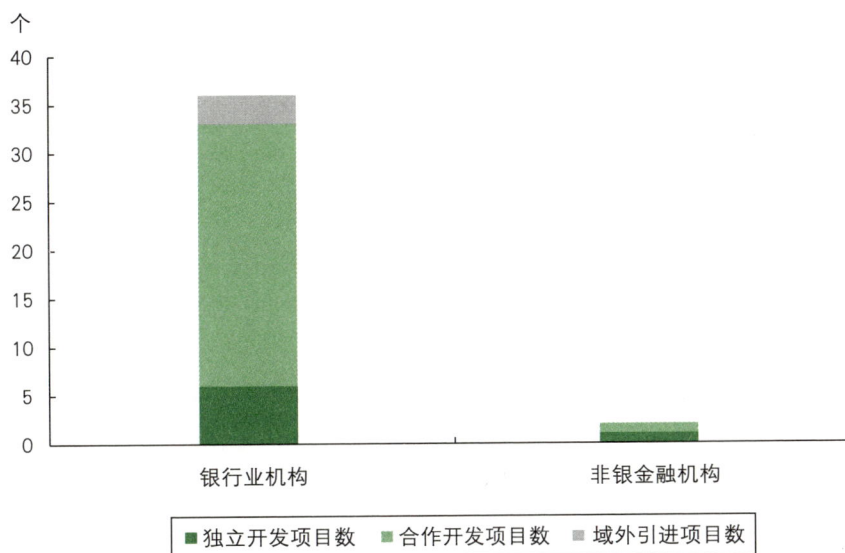

图2-2-125　2018年样本机构智能服务领域创新项目开发方式
（按所属行业划分）

对占据样本主体的银行业机构进行分析：2018年，国有商业银行天津分行开发的25个管理增效领域项目中，合作开发项目20个，占比为80%，较上年减少20个百分点；股份制银行天津分行开发的3个管理增效领域项目中，合作开发项目2个，占比为66.67%，较上年减少33.33个百分点；城商银行和农商银行开发的8个管理增效领域项目中，合作开发项目5个，占比为62.50%，较上年减少17.50个百分点；民营银行、村镇银行等小型银行近两年未进行该领域创新（见图2-2-126）。

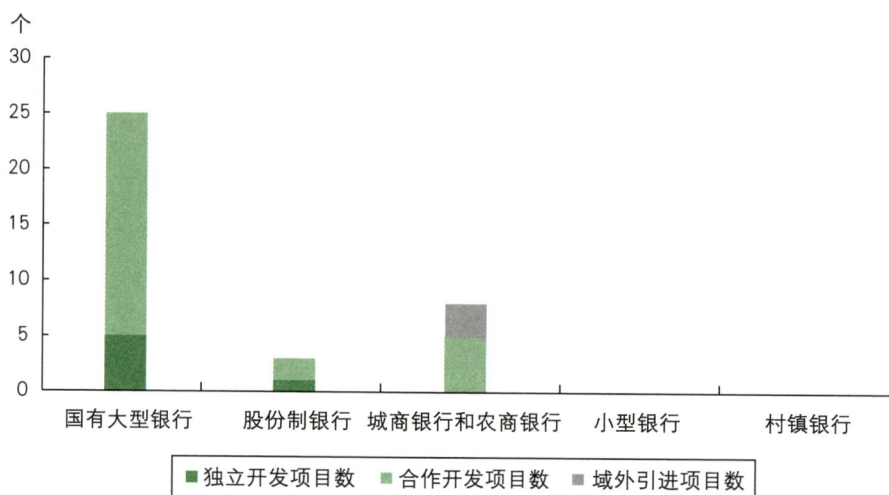

图2-2-126 2018年银行业样本机构智能服务领域创新项目开发方式

从以上分析可以看出：由于智能服务领域项目的特殊性，各类样本机构均主要采取与技术服务公司合作的方式进行项目开发。特别是国有大型银行、股份制银行、城商银行和农商银行，其在智能服务领域的金融科技创新项目中合作开发项目占比均在60%以上。

# 第三部分
# 天津市金融科技创新发展案例

# 产品研发篇

# 案例1

| 机构名称 | 天津银行 | 产品名称 | 银税e贷 |
|---|---|---|---|
| 项目简介 | 该产品是一款全线上普惠金融产品，针对小微企业客户，采取"大数据+税务+金融"的新模式，实现"以税定贷、以贷促税"。该产品基于大数据驱动的风控逻辑，通过对数据多维度的深度挖掘分析，相互交叉验证，分别从企业经营情况、征信情况两大维度，对小微客户进行智能画像。该产品于2019年3月初上线运行。 | | |
| 项目特点 | 1.通过线上自助渠道，实现7×24小时全线上贷款体验、实时审批、快速放款，建立"零距离"融资通道。<br>2.根据小微企业纳税历史数据、征信状况核定贷款额度，纯信用、免担保，解决融资难问题。<br>3.还款方式灵活，减轻客户前期还款压力，便于资金周转。<br>4.挖掘企业税务信息价值，以税定贷、以贷促税，促进"行为信用—金融信用—社会信用"的良性循环。 | | |
| 合作机构 | 独立研发。 | | |
| 技术手段 | 采用分布式、微服务等先进技术，实现强扩展和海量数据处理等能力；通过分层的接入设计及专门的路由策略实现，降低业务对接复杂度；通过业务核心与会计核算分离的系统设计，以及账务核心的分层构建，简化业务流程，提高业务复用性；采用与Docker容器技术相结合的DevOps开发运维一体化模式，实现开发与运维紧密协同，一体化运作。 | | |
| 适用范围 | 小微企业。 | | |
| 实际成效 | 有效满足了小微企业"金额小、期限短、用款急、借款频"的融资需求。通过"银税互动"，以"信"授"信"，使银行能更准确地判断小微企业的经营状况和变动情况，并通过征信数据的交叉比对和互相参照，使诚信经营者得到实实在在的好处。"银税互动"实现的正向激励和良性循环将在社会中起到良好的示范效应，引导企业对自身的纳税信用情况更加重视，极大地促进企业规范财务管理、降低涉税风险、提高纳税遵从度。 | | |

# 案例2

| 机构名称 | 天津金城银行 | 产品名称 | 金税贷 |
|---|---|---|---|
| 项目简介 | 该产品基于中小微企业纳税信息，运用大数据技术进行分析评价，为按时足额纳税的中小微企业发放用于短期生产经营周转的可循环信用贷款。 | | |
| 项目特点 | 1.以税务数据为核心，配合采集相关工商、司法、征信、黑名单及反欺诈等信息，以大数据分析为基础构建风险模型，建立标准化的风险评分决策体系，并由此确定其信用等级、额度、利率。通过采用纯线上申请、准入、贷后监控模式，提高审批效率，满足小微企业"短、频、快"的融资需求。<br>2.产品针对正常纳税2年以上的小微企业，在很大程度上解决了贷款准入门槛较高的问题，改善了小微企业作为"弱势群体""借贷无门"的窘境；该产品的信用担保方式符合当前众多中小微企业的需求；该产品放款迅速的特点有效契合了小微企业"短、小、急、频"的资金需求，服务覆盖度和客户满意度得到了明显提升。<br>3.配套产品满足客户后续需求，该行还推出金抵贷、金商贷等，为企业融资持续接力，额度依次递增，满足企业不同成长阶段、不同交易场景的融资需求。 | | |
| 合作机构 | 某机构。 | | |
| 技术手段 | 大数据、云计算技术。 | | |
| 适用范围 | 正常纳税2年以上的中小微企业。 | | |
| 实际成效 | 1.截至2018年末，金税贷产品累计投放1.70亿元，投放户数159户，余额1.68亿元，余额户数159户，利息收入2 000万元。<br>2.为该行挖掘了一批新的基础客户（200余户），有效促成了监管"两增两控""三个不低于"目标序时进度的完成。<br>3.采取存量客户利率优惠方式，巩固了原有客户。 | | |

# 案例3

| 机构名称 | 天津金城银行 | 产品名称 | 退税贷 |
|---|---|---|---|
| 项目简介 | 该产品以客户出口退税账户中的退税款作为质押担保，为客户提供短期资金融通或叙做授信类贸易融资服务。 | | |
| 项目特点 | 1.0抵押，0担保，手续简便，T+0极速放款。<br>2.按日计息，随还随贷。<br>3.风险可控：该产品的第一还款来源为退税款项，因此锁定退税账户是保障信贷资金安全的重要抓手，该行通过锁定还款来源实现风险可控。 | | |
| 合作机构 | 某机构。 | | |
| 技术手段 | 大数据、云计算技术。 | | |
| 适用范围 | 外贸出口型企业以及外贸综合服务平台类企业。 | | |
| 实际成效 | 截至2019年第一季度末，该行通过退税贷产品累计放款14 800余万元，退税款项均按时返还，未产生任何不良贷款。 | | |

# 案例4

| 机构名称 | 中德住房储蓄银行 | 产品名称 | 个人积分类住房储蓄产品 |
|---|---|---|---|
| 项目简介 | 该产品基于住房储蓄"以存定贷、存贷结合"的原理，通过建立存款贡献积分机制，用积分作为桥梁（用储蓄存款积分兑换贷款额度），实现住房储蓄存款与贷款的匹配、平衡。 | | |
| 项目特点 | 1.产品规则得到优化，客户存款期限内可随时支取存款，可在申请贷款时明确具体需求。<br>2.采用"评价值"类产品模式，解决了传统评价值类产品不好理解问题。<br>3.两端解锁，中间做活。将定活住房储蓄系列产品存款阶段与贷款阶段分别回归居民储蓄存款与个人住房贷款的通用规则、流程，实现存、贷两端的"解锁"；构建涵盖积分累积、调整、兑换、转让及有效期管理等环节的积分管理体系，实现灵活的存贷匹配。<br>4.客户权益不减，约束不增。该产品各项业务规则、业务流程等均与现有居民储蓄存款趋同或保持一致，客户"约束不增"；在利率定价、资金存取、计结息等方面也充分对标居民储蓄产品，客户"权益不减"。<br>5.充分复用新一代功能，开发效率高。在产品设计方面充分借鉴成熟的居民储蓄存款和个人住房贷款相关流程与规则，在技术实现方面充分复用"新一代"有关居民储蓄产品、个人住房类贷款等方面的产品装配、系统功能、业务流程以及参数化管控规则，减少实施难度。 | | |
| 合作机构 | 独立研发。 | | |
| 技术手段 | 互联网技术。 | | |
| 适用范围 | 本行客户。 | | |
| 实际成效 | 该产品推广以来，提升了该行产品的营销效率，实现了最大限度的挖潜客户，实现了与母行建设银行的协同共赢，客户也给予了高度认可。 | | |

# 案例5

| 机构名称 | 交通银行天津分行 | 产品名称 | 线上抵押贷 |
|---|---|---|---|
| 项目简介 | 该产品是该行助力和解决小微企业"融资难、融资贵"难题而推出的一款经营性贷款产品。 | | |
| 项目特点 | 1.该产品依托互联网技术，通过大数据模型实现快速房产评估及贷款申报流程，可实现借款还款全流程线上操作，提升审批效率、降低融资成本、优化客户体验，满足小微企业多元化的融资需求。<br>2.不用额外安装软件，使用手机小程序可随时申请借款、还款。<br>3.在线自助办理房产评估，实时生成评估结果，不收取费用。<br>4.足不出户享受客户经理上门提供的一站式服务。<br>5.审批期限短，在线提交申请后，可实时反馈预审批结果，待客户经理上门核实后完成终审。<br>6.贷款额度高，最高可抵七成、可贷500万元（后续最高可增至1 000万元）。<br>7.贷款期限长，授信期限最长可达5年。<br>8.准入门槛低，征信良好、正常经营、年龄在20～65岁的企业法代表人、持20%以上股份的股东、个体工商户均可申请。 | | |
| 合作机构 | 独立研发。 | | |
| 技术手段 | 互联网技术、大数据技术。 | | |
| 适用范围 | 有贷款需求的20～65岁的企业法定代表人、持20%以上股份的股东、个体工商户。 | | |
| 实际成效 | 该产品上线1个半月，已有45位客户申请并成功通过系统初审。其中，13户已通过系统终审，正在办理抵押，授信总额为4 017万元；2户已成功获取贷款，实现了该行"让数据多跑路，让客户少费时"的目标。 | | |

# 案例6

| 机构名称 | 民生银行天津分行 | 产品名称 | 保惠贷 |
|---|---|---|---|
| 项目简介 | 该产品是该行与中国人民财产保险股份有限公司（以下简称人保财险）、某合作商等平台合作开发的线上消费贷款产品。该产品基于该行和人保财险统一授信政策、整合业务流程的基础上深度开发合作商的目标客户资源，为客户提供个人汽车金融融资业务。 | | |
| 项目特点 | 1.引入第三方支付公司为客户提供还款服务，提升客户还款操作体验，降低逾期率。<br>2.客户只需登录合作方APP，全线上操作，提高用户操作时效，降低投诉率。<br>3.实现线上自动理赔，加快理赔操作效率，确保整体资产质量风险可控。 | | |
| 合作机构 | 1.贷款审核：与人保财险合作，双重审批制。<br>2.APP开发：某合作商。<br>3.履约保险：人保财险。 | | |
| 技术手段 | 互联网技术、大数据技术、云计算技术。 | | |
| 适用范围 | 有汽车贷款需求的互联网客户。 | | |
| 实际成效 | 该产品已实现与人保财险、瓜子融资租赁公司的三方系统互联，并通过产品测试，正式上线。在汽车消费金融领域赢得了良好的市场口碑。截至2019年6月11日，产品累计放款26 501笔，放款金额222 307万元，贷款余额177 989万元。 | | |

## 案例7

| 机构名称 | 齐鲁银行天津分行 | 产品名称 | 税融E贷 |
|---|---|---|---|
| 项目简介 | 该产品是该行借助"天津银税互动融资服务平台",基于企业的纳税信息,研发推出的纯信用、无抵押、全线上的贷款产品。 | | |
| 项目特点 | 1.额度高。纯信用贷款、额度高达100万元,追加抵押物额度可达300万元。<br>2.审批快。线上审批最快3分钟到账。<br>3.普及广。纳税一年以上即可申请。<br>4.更实惠。按日计息,节省利息,更加实惠。<br>5.以税定贷。 | | |
| 合作机构 | 总行研发。 | | |
| 技术手段 | 互联网技术、大数据技术。 | | |
| 适用范围 | 纳税一年以上的中小企业客户。 | | |
| 实际成效 | 该产品实现了诚信纳税企业数据直连,形成政、银、企三方共赢的局面:一是政府部门推出的小微企业扶持政策能够得到有效宣传和落地,惠及大众群体;二是客户可以凭借历史纳税信用记录便捷获得信贷支持;三是金融机构可以有效降低人员尽调成本和操作风险,提高信贷办理效率。<br>自2018年5月推行以来,截至2018年6月末,该行总行已实现1 561户签约,审批总额达1.7亿元。该分行于2019年3月正式上线该产品,截至5月末,客户共发起相关业务申请244笔,该分行完成审批授信66笔,累计授信金额达到2 798.1万元。 | | |

# 案例8

| 机构名称 | 融宝支付 | 产品名称 | "荣富"系统 |
|---|---|---|---|
| 项目简介 | 该项目是为贴近客户业务场景，服务实体经济研发的创新产品，是融宝支付金融科技与工业互联项目的核心，承担融宝支付在特殊市场和监管环境中进行业务转型的战略任务。 | | |
| 项目特点 | 产品适用于大型工厂及制造业集团、工业园区，是荣富集团钢铁板块员工的支付产品，是荣富集团钢铁板块员工的岗位助手、安全助手、工会助手、餐饮助手和营销助手。 | | |
| 合作机构 | 独立研发。 | | |
| 技术手段 | 规则引擎、移动互联网、分布式计算与消息队列等。 | | |
| 适用范围 | 荣富集团钢铁板块员工（大型工厂及制造业集团、工业园区员工皆适用）。 | | |
| 实际成效 | 该机构于2018年7月开始立项研发该产品，组建了30人的项目团队实现完全自主研发。目前，该产品已经在荣富集团天荣厂区顺利上线运行。 | | |

# 案例9

| 机构名称 | 易生支付 | 产品名称 | 机票通产品 |
|---|---|---|---|
| 项目简介 | 该产品是为航空公司和机票代理人（含OTA）定制的一套基于代理人虚拟账户，可协助航空公司和机票代理人（含OTA）的客户高效下单并快速完成支付。该产品的研发旨在帮助OTA平台、机票代理、旅行社更方便、快捷地向航空公司采购机票，同时为航空公司及上下游客户提供供应链金融服务。 | | |
| 项目特点 | 1.通过网联与多家银行金融机构合作，接入简单，通道整合。<br>2.7×24小时专业服务，具备自动、人工双重补单机制。<br>3.费率低、结算快，免接入费用，T+1快速到账。<br>4.系统稳定，支付环节多重安全保障，资金受人行监管更安全。<br>5.依托海航成熟的旅游品牌用户体系以及营销资源优势，提供特色营销推广支持。 | | |
| 合作机构 | 独立研发。 | | |
| 技术手段 | 爬虫技术。 | | |
| 适用范围 | OTA平台、机票代理、旅行社等B端群体。 | | |
| 实际成效 | 1.实现了较高的市场覆盖率。目前，该机构已承接海航系航空公司全部线上支付交易，并在纵向深入合作的前提下，拓展到了国内其他航空公司业务。<br>2.实现了较大的业务规模。截至2018年末，该产品业务入网商户数累计达700余家，2018年全年该产品完成了超2 100万笔交易，交易额超220亿元。<br>3.降低了机票代理人的出票成本。对于机票代理人来说，每天几千张甚至上万张的机票操作对于出票的速度非常看重。通常手工完成一张机票的出票动作，需要1~2分钟，而该产品的应用可实现在30~40秒完成出票，极大地提高了出票的效率，大幅减少了人员操作的工作量，原本20人的工作量现在可由2人完成，人力成本也相应大幅下降。 | | |

# 案例10

| 机构名称 | 易生支付 | 产品名称 | 微收单个性化收银台 |
|---|---|---|---|
| 项目简介 | 该项目的研发旨在满足特定行业对客户身份需要识别统计的需求，该产品是可备注付款人信息和款项类别的个性化收单产品。 | | |
| 项目特点 | 1.可添加双项备注：费用类别（从托费、伙食费、代办费1、代办费2、其他5个选项中做单选）及付款人姓名（可手动输入）。<br>2.备注字段可自动添加至交易报文同步后端用于记录统计。 | | |
| 合作机构 | 独立研发。 | | |
| 技术手段 | 互联网技术。 | | |
| 适用范围 | 批发零售行业从业者、教育培训机构及学校。 | | |
| 实际成效 | 该项目自上线以来，已有15 462家医院接入该收银台进行药品采购，简化了业务流程，实现了医药公司信息的统一。 | | |

# 平台开发篇

# 案例1

| 机构名称 | 渤海银行 | 平台名称 | 线上供应链合作平台 |
|---|---|---|---|
| 项目简介 | 该项目是渤海银行上线的首个与易见区块平台共建场景的"线上供应链合作平台"项目，为易见区块平台上的近千家供应商提供线上反向保理融资业务。 | | |
| 项目特点 | 传统线下模式客户从第三方平台发起放款申请到成功放款需要2~3个工作日，该平台上线后，可实现上述流程在一天内完成，大大缩短了业务办理时间。<br>平台以虚拟账户体系作为底层技术支撑，为买卖双方提供完善的账户存管服务和便捷的交易资金结算服务，保证了交易资金的闭环，业务风险可得到有效控制。 | | |
| 合作机构 | 合作开发：易见供应链管理股份有限公司、天阳宏业科技股份有限公司。 | | |
| 技术手段 | 区块链技术、数字签名技术。 | | |
| 适用范围 | 指定供应链商户。 | | |
| 实际成效 | 1.扩大获客渠道，获取优质客户基础。同时，平台提供插拔式的场景接入方案，有助于进一步进行平台客户衍生，为双方提供高黏性的客户基础。该平台自上线以来，以虚拟账户为载体为易见平台上共100多家核心企业及近千家供应商提供了完整的线上供应链融资业务解决方案。<br>2.买卖双方通过虚拟账户体系结算，可获得可观的资金沉淀。<br>3.拥有一定的定价空间。 | | |

# 案例2

| 机构名称 | 天津农商银行 | 平台名称 | 大数据平台 |
|---|---|---|---|
| 项目简介 | 该平台为历史数据存储与后台应用平台，通过传输平台获取来自其他业务系统的业务数据，完成批量数据处理并且进行长期存放，并且通过上层开发的应用以服务或者网页的形式开放给对应业务部门，同时也可将历史数据的分析统计结果接入传输平台，为下游业务提供数据支持。 | | |
| 项目特点 | 1.通过历史数据的近线存储，实现业务系统减负和贴源数据运用。<br>2.高并发访问支持。大数据平台的分布式架构较好地提供了所需的支持能力，对内能够使一线工作人员快速便捷获得所需数据，对外能够逐渐将数据用户扩展到广大客户。<br>3.半结构化和非结构化数据的处理。<br>4.有效提升数据管理能力。大数据平台在解决源业务系统数据近线存放的同时，也为数据治理、数据质量管控提供了合适的载体。<br>5.优化数据架构，完善数据管理和服务的规范，提高了数据管理和服务能力。 | | |
| 合作机构 | 合作开发：Cloudera公司等。 | | |
| 技术手段 | 互联网技术、大数据技术、云计算技术。 | | |
| 适用范围 | 全体客户。 | | |
| 实际成效 | 目前，大数据平台运行良好且初见成效，支撑着该行历史数据查询、日初日终报表、内部审计等业务，且有效降低了核心系统的查询压力与跑批压力。内部审计系统现可实现多个业务系统100余张表的贴源数据查询；历史数据查询系统每日可加工70余张业务报表（包含50余张源表，20余张集市层表），同时有效弥补了核心系统只能查询本年交易流水等数据的不足，将可选择的查询时间提前至2012年。 | | |

# 案例3

| 机构名称 | 天津农商银行 | 平台名称 | 多渠道智能一体化运维管理平台 |
|---|---|---|---|
| 项目简介 | 该平台是一套多功能数据监测、管理、收集、分析系统,旨在为该行信息科技管理工作质量提升及快速实现"科技引领业务"目标起到推动作用。 | | |
| 项目特点 | 该平台能够有效实现对IT运行整体环境的监控,即对主机系统、网络系统、安全设备、数据库、中间件、存储设备、应用系统、IT环境等的集中监控和管理。能够及时采集各类告警数据、性能数据和配置数据,进行集成统一的分析、查询、报告和展示,帮助运维管理人员方便有效的定位系统问题,直观快速的诊断和分析问题。通过帮助服务台接收各类告警事件,按照预先定义的事件管理流程完成事件的处理。建立故障管理、问题管理、变更管理、配置管理等服务工作流程,通过管理人员、技术和流程的有机结合,实现IT运维管理标准化和规范化,形成完整的IT一体化运维管理体系。 | | |
| 合作机构 | 独立研发。 | | |
| 技术手段 | 互联网技术、大数据技术、人工智能技术。 | | |
| 适用范围 | 本行IT运维。 | | |
| 实际成效 | 目前,平台已经实现了基于IT信息化管理要求的IT基础信息数据结构落地工作,各部分数据按要求有序入库管理,数据管理工作例行纳管流程有序推进;平台已纳管全部重要、一级、二级业务系统相关服务器、数据库、中间件、应用等的监控任务,已能够对服务器硬件、存储硬件、操作系统、数据库、中间件、应用等进行实时监控,并能够按照预设的预警规则进行有效预警;"网络性能监控"已实现对该行全部生产环境中重要网络设备的网络性能监控;"交易性能监控"已实现对该行重要、一级、二级近40余套业务系统的交易性监控,预警信息实时推送,实现统一预警;"动环监控"系统实时推送预警信息,实现统一预警。 | | |

# 案例4

| 机构名称 | 天津滨海农村商业银行 | 平台名称 | 开利星空平行贸易进口汽车电商平台 |
|---|---|---|---|
| 项目简介 | 该平台将金融与互联网深度融合，采用"互联网+金融"的技术，对天津自贸区内的贸易企业贸易融资链提供金融服务，解决经销商资金短缺、融资难等问题。 | | |
| 项目特点 | 该平台是该行和天津开利星空公司合作开发的平行进口汽车电商平台，为天津口岸400家平行进口汽车批发商提供产品线上展示、订单处理、融资服务、线上结算及国内物流交车服务。<br>该平台分为国内电商平台和国外电商平台两部分。国内平台具备线上贷款服务，线上贷款申请、贷款风险控制、贷款资金发放、定向受托支付、贷款到期自动扣收、贷款提前还款等功能；国外平台为采购平台，具备线上开立信用证、自动结售汇、押汇、定向支付、关税贷款、还款等功能。 | | |
| 合作机构 | 合作开发机构：天津开利星空公司。<br>技术开发机构：南京信雅达友田信息技术有限公司。 | | |
| 技术手段 | 通过互联网技术与电商平台进行对接，利用大数据技术和成熟的风控模型，进行客户准入。 | | |
| 适用范围 | 天津口岸的平行进口汽车批发商（约400家）、全国各省市进口汽车零售商。 | | |
| 实际成效 | 截至2019年第一季度末，平台授信总额17.6亿元，授信余额约为13亿元，累计发放贷款13 190笔，累计收息7 346万元。 | | |

# 案例5

| 机构名称 | 天津滨海农村商业银行 | 平台名称 | 大数据及风险预警平台 |
|---|---|---|---|
| 项目简介 | 该平台的开发旨在为加快滨海农村商业银行有效预警风险提供技术支撑。 | | |
| 项目特点 | 该平台具备信息探索、信息收集、准入验证、反欺诈、信用评分、授信额度、贷后监控、催收管理等功能，可实现"贷前—贷中—贷后"全流程风险预警和大数据准入和信用评估。 | | |
| 合作机构 | 方案解决：上海安硕信息技术股份有限公司。 | | |
| 技术手段 | 利用分布式存储和处理技术（Hadoop），以及配套的工具（HDFS、Hbase、Sqoop、Elastic Search/Solr、Spark、Spark mlib、Hive、HUE、Oozie、Kafka、Flume、Flink/Storm、YARN等）。采用逐步迭代方式采用相应计算节点数量，根据该行未来业务发展需要，不断进行扩容。 | | |
| 适用范围 | 该行全部交易。 | | |
| 实际成效 | 该平台对公风险预警模块已完成行内、行外总计166个数据表加载与处理，约230个数据指标加工；外部数据管理模块对接了人行、银监、工商、司法、环保、税务等39个外部数据接口，并整合了行内、行外166张数据表；大数据风险管控模块为该行个贷系统、对公信贷系统、新网车贷、新网好人贷、阳光信保等12套系统提供实时风控。 | | |

# 案例6

| 机构名称 | 工商银行天津分行 | 平台名称 | 不动产登记银政直连系统 |
|---|---|---|---|
| 项目简介 | 该行与天津市国土资源和房屋管理局合作，基于深化简政放权、放管结合、优化服务改革理念，充分运用"互联网+服务"的思维，为天津市国土资源和房屋管理局提供不动产审批的线上渠道，为有不动产登记需求的客户提供便捷的登记服务。 | | |
| 项目特点 | 系统具备不动产登记的线上申请、审批、注销功能，天津市国土资源和房屋管理局可在线上进行审批，客户可在线上完成登记申请、抵押注销、现房抵押、在建工程单套解抵押等。<br>未来，该行将分期实现该系统与该行信贷管理系统的对接，完成信息交互，为该行信贷业务提供基础数据。 | | |
| 合作机构 | 合作开发：天津市国土资源和房屋管理局。 | | |
| 技术手段 | 通过页面展现合作方的电子信息，利用WebService进行信息交互，采用Spring Boot微服务框架开发。 | | |
| 适用范围 | 有不动产登记需求的天津市互联网客户。 | | |
| 实际成效 | 截至2018年末，该行在线办理抵押注销1 070笔，大大提升了客户体验，获得了便民利民的良好口碑。 | | |

# 案例7

| 机构名称 | 中国银行天津分行 | 平台名称 | 智慧出行项目 |
|---|---|---|---|
| 项目简介 | 该项目为客户乘坐地铁出行提供支付服务，有效解决了地铁站购票方式烦琐、支付方式单一、资金结算复杂和资金安全等问题。 | | |
| 项目特点 | 合理利用地铁出行场景，实现天津市全部地铁线路使用银行卡和手机Pay的乘车功能。 | | |
| 合作机构 | 合作开发：天津市轨道交通集团、中国银联天津分公司。 | | |
| 技术手段 | 互联网技术。 | | |
| 适用范围 | 地铁出行的客群、银行卡客户。 | | |
| 实际成效 | 该项目于2017年底立项，2018年4月正式上线。项目运行以来，切实推进了天津地铁在乘车方式、支付方式等方面的创新，提高了网络化运营管理水平，提升了公共服务质效。2018年4月26日至2019年5月26日，智慧出行活动参与客户344 374人；依托地铁出行场景，该行客户存款总量、金融资产总量稳步提升。截至2019年4月30日，该行智慧出行客户存款总量达到59.56亿元，较上年末增长20.8亿元，增幅为53.67%；金融资产总量达到96.5亿元，较上年末增长31.46亿元，增幅为48.37%。<br>中国银行天津分行作为该项目中的支付清算行、银行卡支付收单行、账户资金归集行，项目的落地与实施使该行迅速扩大了有效持卡人的个人客户规模，拉动低成本、稳定、持续存款资金的拓展。此外，该项目加强了该行与轨道集团、天津银联及第三方支付公司的深度合作，开启了多元化合作新局面。 | | |

# 案例8

| 机构名称 | 中国银行天津分行 | 平台名称 | 大数据平台 |
|---|---|---|---|
| 项目简介 | 该项目为综合性数据收集、分析和利用平台。该项目依托总行、分行各类系统的行内业务数据，并尽量扩展其他相关数据源，改进原有的结构化数据处理模型，引入科学高效的信息分类管理模型，通过数据管理平台整合已有数据分析系统，有效解决了数据信息标准不一、数出多门、结果分散的难题。 | | |
| 项目特点 | 该平台具备处理海量数据的能力，为该行业务分析、精准营销、客户挖掘、风险监控和决策支持提供灵活、高效的支持。2018年，该平台正式上线运营。 | | |
| 合作机构 | 合作开发：某技术公司。 | | |
| 技术手段 | 采用分布式计算集群，集群由多个节点构成，每个节点是一台X86服务器，每个节点都存储了一部分数据，任何针对平台数据的查询或处理请求，都由多个节点同时处理。此外，Hadoop通过数据冗余实现的高可靠性，保证了数据平台不受节点或其他软硬件故障影响，不间断地对外提供服务。当系统容量或处理能力成为瓶颈时，可以通过"搭积木"的方式增加节点，从而实现处理能力和存储容量的提升。后续采用的大规模并行处理（MPP）数据库可以判断数据之间的相互依赖关系，将查询中能并行的操作和中间结果分发到各个节点并行运行，达到提高性能的目的。 | | |
| 适用范围 | 内部使用。 | | |
| 实际成效 | 自系统上线以来，每年借助平台推荐数据，客户购买同类产品过万人次，逐步成为网点每日使用的主要分析工具。平台为该行提供了数据利用的高效渠道，为业务人员获取数据提供了便利的途径，提升了该行人员的专项技术能力。依托该平台，该行建立了个金综合管理系统、客户经理积分系统等，具备整合个人业务的全量产品数据，每日提供不同客户、不同产品的分析数据，系统根据数据为客户智能推荐产品，也将数据提供给基层客户经理，为其提供营销支持。 | | |

# 案例9

| 机构名称 | 渤海证券 | 平台名称 | 云计算平台 |
|---|---|---|---|
| 项目简介 | 该项目为渤海证券重要IT基础设施资源，为公司各类系统的部署、运维提供支持。 | | |
| 项目特点 | 该平台包含超融合虚拟化私有云、多个公有云及行业云。超融合虚拟化私有云有助于降低成本，并可随时根据业务发展需求灵活快速地调整业务所需基础设施资源，可节省系统上线时间及后续硬件维护成本；公有云及行业云可以为在异地部署业务系统提供灵活、便捷的基础设施资源。在不违反监管要求的情况下，构建由私有云、公有云组成的云平台体系，加大与行业云的合作力度，形成安全稳定、易于扩展、管理便捷的IT基础设施平台，可支持各类业务系统的灵活、快速部署及高效稳定运行。 | | |
| 合作机构 | 合作开发：路坦力、VMware。 | | |
| 技术手段 | 使用超融合虚拟化技术，将计算、存储、网络和网络功能（安全及优化）深度融合到一台标准X86服务器中，形成标准化的超融合单元，多个超融合单元通过网络方式汇聚成数据中心整体IT基础架构，并通过统一的Web管理平台实现可视化集中运维管理，打造公司极简、随需应变、平滑演进的IT新架构。 | | |
| 适用范围 | 内部使用。 | | |
| 实际成效 | 该项目启动后，节省了新建机房和电力增容的巨大投入，提升了该公司的运维管理效能，降低了运维管理成本。目前已实施虚拟化的系统包括开发测试环境，结算、风控、合规、财务、人力、投研等各个业务条线，以及网上交易、手机证券等信息系统，运行情况稳定，解决了公司现有机房空间和电力不足等问题，同时提高了系统资源部署的响应速度，提升了集中运维管理水平。 | | |

# 案例10

| 机构名称 | 光大银行天津分行 | 平台名称 | 云缴费平台 |
|---|---|---|---|
| 项目简介 | 该平台是一套综合化缴费平台，客户可在平台缴纳基础通信费、水费、电费、供暖费、宽带、非税、教育学费等。 | | |
| 项目特点 | 该平台按照功能分为若干子平台，典型子平台如下：<br>1.财政非税收入收缴。该平台是天津地区非税代理银行中唯一一家具备三方收缴渠道的银行。非税收入收缴时，除支持柜面、网银等渠道外，还支持支付宝、微信支付。<br>2.教育云缴费。该分行是光大银行全国分行范围内首家创立教育云缴费平台的分行，借助教委文件的政策支持，基于世纪伟业服务教育领域产品信息化的优势建立了教育云特色缴费项目，实现学费等各种费用的代收、对账、清算、缴款状态查询、退费等功能。<br>此外，2018年，该分行在原有云缴费平台基础上，开发了云缴费标准化平台。该标准化平台打破原有一户一开发、一户一投入的模式，做到一次开发重复使用。类似缴费业务无须分行再开发，通过标准参数录入即可实现新商户对接。 | | |
| 合作机构 | 某公司。 | | |
| 技术手段 | 互联网技术。 | | |
| 适用范围 | 天津市互联网客户。 | | |
| 实际成效 | 截至2018年末，光大银行总行云缴费项目已覆盖全国300余个主要城市，交易客户数量已达1.73亿，覆盖人群超过8亿人。云缴费项目已接入3 000余个缴费项目，约200家合作机构，半年的缴费金额突破了600亿元，服务终端客户超2亿人次。<br>截至2018年末，该项目已覆盖基础通信费、水费、电费、供暖费、宽带、非税、教育学费等，全年缴费527.93万笔，金额10.38亿元；云缴费标准化平台自2018年7月上线，现已接入3家缴费事业单位。 | | |

## 案例11

| 机构名称 | 民生银行天津分行 | 平台名称 | 非税通平台（总行项目） |
|---|---|---|---|
| 项目简介 | 该平台是该行为提高财政资金的运行使用效率，保障财政资金的安全，帮助各级地方政府积极推进非税收入电子化的收缴系统平台，是该行运用结算渠道（柜台、网银、ATM等）和系统服务优势，专门适应非税收缴管理需求开发的一款综合性系统服务平台。 |||
| 项目特点 | 该平台具备非税收入查缴、清分划款、划缴国库、日终对账、退付、基础数据下载等功能，可以向财政部门和非税收入执收单位提供便利缴款、账务清分、账务核对、明细查询、交易信息反馈等服务。 |||
| 合作机构 | 独立研发。 |||
| 技术手段 | 互联网技术等。 |||
| 适用范围 | 各级财政部门、缴款单位和执收单位。 |||
| 实际成效 | 2018年7月，该平台成功对接天津财政局电子化非税系统，为该行公司业务客户、零售客户缴纳非税业务提供便利。 |||

# 案例12

| 机构名称 | 农业银行天津分行 | 平台名称 | 跨境电商三期 |
|---|---|---|---|
| 项目简介 | 2017年，该行跨境电商平台上线信用证开立、保证金账户开立及保证金存入、权限分离、手续费在线收取功能。至2017年末，天津分行21家支行均启动跨境电商业务，在全行实现业务普及，上线客户达142户，共办理业务1 183笔。为更好满足企业需求，完善平台结算方式，拓宽跨境金融线上服务业务种类，有效增强同业竞争力，该行开发了跨境电商平台三期平台。 |||
| 项目特点 | 1.补扫单据功能。优化信用证开立功能，如信用证落地至集中式国际结算业务系统（GTS）后单据需要修改，客户可在不退回的前提下重新提交开证申请。<br>2.进口代收功能。客户在线上即可查询进口代收到单信息，并完成付款操作，使跨境电商平台覆盖所有国际结算方式。<br>3.跨境人民币功能。本外币业务均可通过跨境电商平台办理。<br>4.信用证付款功能。使进口信用证业务形成完整闭环，企业通过平台即可完成进口信用证业务的全部流程。 |||
| 合作机构 | 独立研发。 |||
| 技术手段 | 互联网技术等。 |||
| 适用范围 | 有真实贸易背景，有基本固定的国外采购、销售渠道，以进口贸易为主营且进口交易频繁的企业。 |||
| 实际成效 | 截至2018年末，电汇业务总笔数：4 222笔，总金额：AUD 4 871 757、CAD 105 182.4、CHF 477.45、CNY 819 866 136.89、EUR 18 589 560.6、GBP 93 117.8、HKD 1 960 464、JPY 352 513 766、SGD 2 439 493.89、USD 696 178 729.96；信用证业务总笔数：26笔，总金额：USD 26 559 829.5。 |||

# 案例13

| 机构名称 | 浦发银行天津分行 | 平台名称 | 智能POS机收单平台 |
|---|---|---|---|
| 项目简介 | 该项目主要服务于商户快捷收单。 | | |
| 项目特点 | 实现商户使用多媒体POS机通过银联、微信、支付宝等多个渠道的互联网收单。 | | |
| 合作机构 | 合作开发：上海汇宜科技有限公司。 | | |
| 技术手段 | 云计算、多媒体POS机。 | | |
| 适用范围 | 有多渠道收单需求的客户。 | | |
| 实际成效 | 该项目上线以来，累计开发客户数8万余户，年交易量约200亿元，实现年收入约1 000万元，获得了客户的好评。 | | |

# 案例14

| 机构名称 | 交通银行天津分行 | 平台名称 | 银校通平台 |
|---|---|---|---|
| 项目简介 | 该平台是该行为满足各类学校学费收缴需求减轻学校学费收缴压力而自主开发的一套支持银联卡和微信支付的在线收缴平台。 | | |
| 项目特点 | 1.管理功能。包括组织架构管理、人员信息管理、用户管理、项目管理功能，审批中心功能和财务管理功能。<br>2.结算功能。支持多渠道资金管理，支持企业网银、企业手机银行、银企直联等多渠道进行资金管理；业务平台支持柜台、自助机、校方APP、小程序、公众号、生活号、PC官网等线上线下多渠道。支持各类收付费手段，入账账户支持实体账户、二级分户、云账户，缴费模式支持账单模式、报名模式、转账模式、一卡通圈存，支持现金缴费信息补录。<br>3.分模式缴费功能，包括查询缴费、报名缴费、考勤缴费三种模式。 | | |
| 合作机构 | 独立开发。 | | |
| 技术手段 | 互联网技术等。 | | |
| 适用范围 | 收费项目需要审批的机构（稍具规模的院校及各类需要审批建项有收费需求的机构均可使用）。 | | |
| 实际成效 | 截至2019年3月，该平台日均收缴费用18.54亿元，收缴余额18.34亿元。此外，该产品还可为该行带来大量低成本负债客户，包括大中小学、幼儿园、培训机构等（其中，贡献度最高客户为南开大学）。 | | |

# 案例15

| 机构名称 | 融宝支付 | 平台名称 | 新版支付业务系统 |
|---|---|---|---|
| 项目简介 | 该项目为融宝支付业务系统，由融宝支付技术中心自行研发，已正式上线并稳定运行。 | | |
| 项目特点 | 具备交易处理、客户管理、账户管理、资金清算、对账处理、差错处理、统计报表及运营管理等功能。 | | |
| 合作机构 | 独立研发。 | | |
| 技术手段 | 采用基于Dubbo的分布式服务架构，通过使用高速缓存与分布式消息队列等技术，使系统支持的每秒钟并发交易数达到300笔以上。系统的用户端和管理端采用B/S结构模式，使用Tomcat作为应用服务器中间件。应用系统服务器和数据库服务器的操作系统均采用CentOS6.6以上版本。数据库使用Oracle数据库系统。以私有云架构为业务系统提供虚拟化资源，使用Cisco刀片服务器与Netapp FAS存储等业界领先的计算与存储设备支撑业务系统运行。 | | |
| 适用范围 | 融宝支付客户。 | | |
| 实际成效 | 目前，系统已经上线并稳定运行，系统的综合可用率达到99.99%，很好地实现了项目目标。 | | |

# 管理增效篇

# 案例1

| 机构名称 | 天津银行 | 项目名称 | 流程自动化机器人—财务报表机器人 |
|---|---|---|---|
| 项目简介 | | | RPA（流程自动化机器人），全称是Robotic Process Automation，是一类自动化软件工具，它可以通过用户界面使用和理解企业已有的应用，将基于规则的常规操作自动化，如读取邮件和系统、计算、生成文件和报告、检查文件等。<br>RPA作为推动企业智能化转型的关键技术在国内外金融领域掀起了一波"机器人"浪潮。为了优化传统业务流程和企业资源配置，助力数字化升级，该行发挥科技引领作用，主动服务、主动创新，将RPA技术与传统的业务流程相结合，为重复性机械操作提供自动化解决方案。<br>财务报表机器人是RPA的一种，现已成为各行业内部管理创新的主流方向。财务报表机器人的诞生可解决客户经理手工录入企业财务报表耗时多、易出错的问题。 |
| 项目特点 | | | 具备报表信息自动识别、转换和录入的功能。一方面，通过OCR（光学字符识别）技术，高精度识别扫描版或图片版的财务报表，将其实时转换为Excel财务报表；另一方面，利用RPA将Excel财务报表中的数据100%自动录入至信贷系统，并对录入数据的测算结果进行比对校验。 |
| 合作机构 | | | 独立研发。 |
| 技术手段 | | | 采取开发成本较低、开发周期较短且可应对多变业务的敏捷开发模式。基于SOP（标准作业程序）设计业务规则，通过屏幕对象与事件的捕捉实现流程的自动化，无须利用API（应用程序接口）与该行信贷系统等进行对接，大大节省了开发的时间成本。在业务流程化的基础上，通过可配置化的业务规则与策略实现系统逻辑即时变更与发布，不依赖系统上线点。 |
| 适用范围 | | | 内部使用。 |
| 实际成效 | | | 截至2019年第一季度，全行已有200余台对公业务客户经理办公设备安装了财务报表机器人，涉及80余家分支机构，预计全年可节省员工工时7 500小时。 |

# 案例2

| 机构名称 | 中德住房储蓄银行 | 项目名称 | 建设银行"新一代"系统并入项目 |
|---|---|---|---|
| 项目简介 | 该项目为中德住房储蓄银行业务运营系统。2017年6月，该行向母公司中国建设银行提出申请，将所辖应用系统全面并入建设银行"新一代"系统；2017年12月，建设银行正式立项，将中德银行应用系统全面并入建设银行新一代系统；2018年6月23日，项目上线。 | | |
| 项目特点 | 该项目全面落实了建设银行2020发展规划，可实现该行与建设银行的业务联动和深入融合，同一集团内跨法人转账、各渠道母子公司产品销售协同等。 | | |
| 合作机构 | 中国建设银行。 | | |
| 技术手段 | 互联网技术。 | | |
| 适用范围 | 本行客户。 | | |
| 实际成效 | 该行27个应用系统已实现全渠道、全业务、一次性并入中国建设银行"新一代"系统。该项目提升了该行经营能力，节省了该行IT投入，为同业推广合作积累经验。 | | |

# 案例3

| 机构名称 | 农业银行天津分行 | 项目名称 | 人民币银行结算账户年检自动化系统 |
|---|---|---|---|
| 项目简介 | 项目旨在提升账户年检的自动化程度，提升年检效率。 | | |
| 项目特点 | 替代手工年检，实现工商、核心系统、人民银行系统三方的数据比对，将核对结果生成相应的报表。<br>营业网点在人民银行系统导出待年检账户信息（账号和存款人名称），统一报送支行，由支行进行统计报送科技部门，从而导出所属支行待年检账户在工商查询系统里的工商数据，科技部门将数据进行下发至支行，并由网点将工商数据导入年检系统，从而实现工商、核心系统、人民银行系统三方的数据比对，将核对结果生成相应的报表。 | | |
| 合作机构 | 某技术公司（提供1名外包人员）。 | | |
| 技术手段 | 大数据技术。 | | |
| 适用范围 | 天津市辖内所有对公网点年检工作。 | | |
| 实际成效 | 项目于2018年初启动，5月初开发完成并上线。每年完成1次批量年检工作，账户数约为14万户。该项目投产后，极大地降低了全部网点的工作量，且每年可节省纸张70万张。 | | |

# 案例4

| 机构名称 | 渤海证券 | 项目名称 | 数据仓库 |
|---|---|---|---|
| 项目简介 | 该项目主要用于各类交易数据的收集和分析。 | | |
| 项目特点 | 可提高各类数据的收集效率和应用价值。 | | |
| 合作机构 | 合作开发：中软国际。 | | |
| 技术手段 | 以分布式数据库Greemplum为基础，满足数据仓库的数据采集、清洗、存储的需要，同时使用SmartBI搭建了数据仓库应用门户平台，提供数据仓库应用服务支持。 | | |
| 适用范围 | 各类业务。 | | |
| 实际成效 | 1.解决了公司信息系统的"孤岛"问题，逐步整合了公司现有的核心业务系统的数据，为相关人员开展业务提供数据支持。<br>2.借助数据仓库内部的数据模型，快速为其他业务系统，如CRM（客户关系管理）系统、个股期权系统提供数据推送服务，满足了业务开展的需要（实现数据接口127个）。<br>3.利用现有的入仓数据，借助数据分析模型，实现了客户的盈亏分析与资金流出预警等主题分析模块，为相关人员开展业务提供数据支持。<br>4.多业务条线的管理驾驶舱模块，为公司经营管理者提供了决策支持服务（实现自动化图表138张）。<br>5.多种报表系统大幅提高了员工的工作效率，降低了劳动强度，逐步满足企业报表电子化的要求（实现自动化报表194张）。 | | |

# 案例5

| 机构名称 | 渤海证券 | 项目名称 | 质押通 |
|---|---|---|---|
| 项目简介 | 该项目主要用于股票质押业务，可有效降低信息收集难度，提升融资解决方案的生产效率，最终切实提高公司股票质押业务在市场上的竞争力。 | | |
| 项目特点 | 打通融资类业务前端营销人员对接后端信用业务部门的渠道，减少中间环节，提高信息甄别、分发、处理工作人员的工作效率。 | | |
| 合作机构 | 独立研发。 | | |
| 技术手段 | 采用微服务架构进行。基础设施层面基于Docker容器技术、Kubernetes容器编排引擎、Ingress聚合的技术路线，并采用腾讯云进行持续交付；服务层面主要服务设计为静态Html，Rest风格的API采用Spring Boot框架实现主要的Web服务API，并以JSON作为主要数据交互格式，前端采用Vue.js框架构建单页应用程序SPA，数据持久化采用MySQL数据库、Redis作为缓存数据库。以企业微信作为主服务入口，面向移动端，兼容PC端提供信息交流平台。 | | |
| 适用范围 | 股票质押业务。 | | |
| 实际成效 | 目前，该项目按服务组逐步完成公共基础服务、各个场景的相关的服务组件的开发，推广使用，并调研收集不同角色、不同背景的用户使用情况，分析服务使用情况日志数据，持续进行细节优化及交互方式的迭代优化。该项目在质押融资类业务中应用较好，公司几乎全部质押业务都通过该服务进行了前期沟通，在其他类业务中的应用还有待进一步提高。该项目较好地改善了一线展业人员的沟通效率，得到好评。 | | |

# 案例6

| 机构名称 | 大连银行天津分行 | 项目名称 | 全员绩效考核系统 |
|---|---|---|---|
| 项目简介 | 该项目主要用于综合评价各经营单位、各部室及员工的绩效表现，有效调动员工的积极性，进一步完善激励约束机制，提升综合管理水平。 | | |
| 项目特点 | 该系统具备定量任务参数设定、考核任务参数设定、考核任务实施、考核结果核算、考核明细输出、考核结果输出、考核等级分配、职能部门特色指标考核等功能，可实现对各经营单位、各部室及员工的综合评价（经营单位以业务指标为导向，职能部门以基础职责为依据，员工以岗位职责为标准，从业绩导向、风险把控、日常管理、学习成长、合规管理五个方面实现对单位、员工的绩效考核）。 | | |
| 合作机构 | 技术开发：某技术公司（提供1名外包人员）。 | | |
| 技术手段 | 大数据技术。 | | |
| 适用范围 | 内部使用。 | | |
| 实际成效 | 项目于2018年初启动，5月初开发完成并上线。该项目的应用实现了经营单位、经营单位员工、职能部门、职能部门员工全员无死角考核，使得奖有依据，罚有证据，科学合理地评价经营单位的业绩、职能部门服务支撑的效果，成为促进一线发展业务、中后台部门高效服务的管理工具。<br>目前，该行已通过平台外数据导入、定性数据补录的方式完成经营单位、部室、员工近200个考核指标的数据收集，并根据权重自动核算考核结果，按照既定规则完成绩效综合评价。 | | |

# 案例7

| 机构名称 | 浦发银行天津分行 | 项目名称 | 对公行为过程管理系统 |
|---|---|---|---|
| 项目简介 | 该项目主要针对本行对公行为进行管理分析。 | | |
| 项目特点 | 实现对客户经理的客户拜访、会议、培训等行为过程的实时登记和统计分析。 | | |
| 合作机构 | 独立研发。 | | |
| 技术手段 | 云计算技术。 | | |
| 适用范围 | 对公客户经理管理场景。 | | |
| 实际成效 | 提高了办公的灵活性，提升了管理的及时性和信息收集的便利性，有效实现了信息实时共享，丰富了管理手段。 | | |

# 案例8

| 机构名称 | 浦发银行天津分行 | 项目名称 | 会议室预定系统 |
|---|---|---|---|
| 项目简介 | 该项目主要用于本行会议室的科学化管理。 | | |
| 项目特点 | 具备该行内部会议室手机预定、查看的功能。 | | |
| 合作机构 | 独立研发。 | | |
| 技术手段 | 互联网技术、云计算技术。 | | |
| 适用范围 | 该行全体员工会议室预定场景。 | | |
| 实际成效 | 有效实现了会议室使用信息的实时共享，提高了办公效率，获得了该行员工的一致好评。 | | |

# 案例9

| 机构名称 | 邮储银行天津分行 | 项目名称 | 可视化系统 |
|---|---|---|---|
| 项目简介 | 该项目主要用于各类报表的生成和分析，可有效提升报表制作、分析的效率，提升数据的延续性和关联性。系统具有全方位的数据源接入能力，用户可快速完成异构数据源关联、异常数据过滤、维度度量扩展、缺失值填充、去重、拆分列、范围分组、格式转化、自循环列等。同时，具有完备的数据回填能力，无缝操作快速定制调度任务，数据填报流程更加贴近用户实际，快速便捷向数据库导入数据。 | | |
| 项目特点 | 该系统打破传统BI软件建二次表、Cube、复杂模型的漫长流程，直接基于细节数据，通过人性化拖拽快速生成分析报表。 | | |
| 合作机构 | 北京永洪商智科技有限公司。 | | |
| 技术手段 | 大数据、云计算。 | | |
| 适用范围 | 内部使用。 | | |
| 实际成效 | 系统上线后，通过灵活配置，解决分行各部门及支行各条线经营数据的加工、整理问题，将单一的数据表格换化为丰富多样的仪表显示，且一次定制后只需通过简单的操作即可完成同结构数据源的更新、加载，大幅减少了人工重复性的工作，节省了人力成本及时间成本。 | | |

# 营销推广篇

# 案例1

| 机构名称 | 渤海银行 | 项目名称 | B2C电商合作平台 |
|---|---|---|---|
| 项目简介 | 该平台主要为飞常准等平台客户提供金融服务。该行虚拟支行解决方案将银行的产品及服务开放给互联网出行、互联网旅游类领域平台，将银行金融科技能力嵌入平台业务场景之中。 | | |
| 项目特点 | 以互联网出行、互联网旅游类领域平台C端客户为切入点，为平台提供资金存管、支付结算、互联网投融资等一揽子金融服务。 | | |
| 合作机构 | 飞常准、航班管家、途牛旅游、众信旅游等业内领先的互联网出行、互联网旅游类领域平台。 | | |
| 技术手段 | 大数据、云计算、生物识别技术。 | | |
| 适用范围 | 使用互联网出行、互联网旅游类领域平台且有金融需求的客户。 | | |
| 实际成效 | 2018年，该行先后与飞常准、航班管家、途牛旅游、众信旅游等业内领先的互联网出行、互联网旅游类领域平台深度合作，实现了虚拟支行的突破性发展，积累了3 000万户具备互联网消费特征的潜在客户。其中，飞常准平台场景内嵌的贷款产品上线首日即收到数千笔额度申请，当日放款超百万元。<br>该平台使用技术手段核实客户身份和意愿，代替了网点和电话等传统核实方式，极大地节约了人力成本，提高了服务效率，提升了客户体验。<br>目前，该行正在与互联网出行、互联网旅游类领域平台探讨更多的合作方式，将AI、大数据、区块链等新兴技术融入平台的交易场景之中。 | | |

# 案例2

| 机构名称 | 渤海银行 | 项目名称 | 大数据智能分析平台 |
|---|---|---|---|
| 项目简介 | 该平台是大数据分析平台，通过数据分析技术更科学地制定营销策略，通过挖掘数据的潜在价值，为银行带来收益。 | | |
| 项目特点 | 建立了客户潜力分析模型、智能投资顾问模型、客户流失预警模型、客户回流模型、信用卡专项分期预测模型、信用卡活跃客户兴趣度模型等零售营销类模型，针对零售客户的全生命周期进行精准营销，优化客户体验、提高客户忠诚度、增加客户黏性。 | | |
| 合作机构 | 独立研发。 | | |
| 技术手段 | 主要运用人工智能技术、大数据技术。 | | |
| 适用范围 | 零售客户。 | | |
| 实际成效 | 2017年，着手立项建设该平台；2017年7月，完成数据分析平台建设；2017—2018年，先后完成了零售客户精准营销、网银交易反欺诈、信用卡客服文本挖掘、信用卡逾期预警等人工智能模型。<br>1.该项目于2018年荣获IDC中国金融行业创新奖，并在2018年度银行业信息科技风险管理课题研究评审中，荣获四类研究成果奖。<br>2.通过积累和分析客户行为数据，有效提高了营销效果，同时还丰富了客户接触渠道和场景，达到了吸引客户、黏住客户的目的，为信息化银行建设提供了支持。截至2018年末，该行理财客户回流预测准确率达87%，优质客户分类准确率达67%；理财活跃客户较项目上线之前增加12%，月理财回流金额增加2 000万元；理财流失金额较项目上线之前下降40%；信用卡专项分期成交率由4%上升至10%，较项目上线之前提升2.5倍，月成交金额较项目上线之前提升2倍。<br>3.该行借此机会培养出了一支优秀的人工智能技术团队。 | | |

# 案例3

| 机构名称 | 天津滨海农村商业银行 | 项目名称 | 滨海·微银行 |
|---|---|---|---|
| 项目简介 | 该平台为互联网金融服务平台，主要为互联网线上客户提供各类金融服务。 | | |
| 项目特点 | 支持客户从微信、支付宝、手机银行、网银等多入口快捷进入，便捷地享受该行金融产品、生活服务、营销活动、积分兑换、在线开户、信息查询、信息维护等诸多金融服务。 | | |
| 合作机构 | 方案解决：上海屹通信息科技发展有限公司。 | | |
| 技术手段 | 该平台基于互联网技术，主要运用了大数据、云计算、生物识别等技术手段。平台采用分层模型，实现"Web—应用—渠道"的三层设计，将各相关业务进行归集管理，确保各功能模块业务范围清晰、技术特性明显：一是为业务应用层（渠道应用层）提供各项支撑服务；二是提供渠道整合服务，进行交易、数据、管理的整合；三是提供产品仓库、推送、营销等总体支撑服务；四是提供统一的后台管理、监控及调度等服务，并通过渠道适配器与服务总线，分别与渠道、ESB（前置）提供统一接入接出。通过"Web—应用—渠道"的分层应用设计理念，可支持高频、高并发、高冗余度的业务支撑，并将业务调度与应用支撑服务分离，具备较好的快速开发能力。 | | |
| 适用范围 | 微信、支付宝等互联网渠道客户。 | | |
| 实际成效 | "滨海·微银行"自2016年4月开始，经过了两期系统建设，形成了金融圈、朋友圈和生活圈"三圈合一"的金融服务新模式。截至2018年末，实现互联网I类、Ⅱ类账户累计开户99 582户，金芒果理财保有量137.02亿元，累计销售量271.81亿元，共计194 691笔，电子替代率同比提升18.93%。 | | |

# 案例4

| 机构名称 | 工商银行天津分行 | 项目名称 | 融e联特色场景应用平台优化项目 |
|---|---|---|---|
| 项目简介 | 该平台主要服务于行内外客户的场景入口和信息服务平台，以安全、可靠、专属的信息获客、聚客、黏客。基于该平台渠道，开通各类服务号或公众号，为客户搭建金融与生活应用场景，提供多重价值的金融及非金融服务。 | | |
| 项目特点 | 该平台主要为该行各类服务号/公众号提供渠道，主要包括以下公众号："天津机动车违法裁决缴罚"服务号；"天津e生活"公众号和"天津e生活—商户"公众号。 | | |
| 合作机构 | 独立研发。 | | |
| 技术手段 | 项目的构架采用Spring、SpringMVC、Mybaties更能适应业务的复杂性、保障安全问题以及保证项目的运行稳定性能。 | | |
| 适用范围 | 微信用户。 | | |
| 实际成效 | 2018年3月，编写需求并开始开发；2018年4月，平台一期开发完成并进行测试及投产；2018年6月，平台二期开发完成并进行测试及投产。该项目自投产上线以来，用户累计关注人数以周4.7%的增长速度持续增加，人均发送消息次数达1.2次。版本运行稳定，未发生过版本差错问题。随着加大该行融e联互联网金融业务及产品推广力度，预估一年后业务量达10万次、用户数量将突破2万人。 | | |

# 案例5

| 机构名称 | 工商银行天津分行 | 项目名称 | 体育惠民卡会员管理服务项目 |
|---|---|---|---|
| 项目简介 | 该项目主要用于体育惠民卡会员管理服务。 | | |
| 项目特点 | 通过"工银融e联"开放平台+区域分行特色COSP平台、天津体育惠民卡公众号绑定体育惠民卡，提供体育消费补贴。 | | |
| 合作机构 | 合作发行：天津市体育局。 | | |
| 技术手段 | 安全设计：使用XSSFilter拦截器防止跨站攻击，保证用户信息及数据安全；使用RSA与AES及MD5加密传输，数据库存储密文的形式来防止传输过程中被截取；对从前端页面传递至后台的所有数据进行严格的过滤并且禁止特殊符号，防止SQL注入攻击。项目投产后，尚未出现因项目设计缺陷、版本缺陷导致的高风险漏洞和并未发生五级版本类生产问题。 | | |
| 适用范围 | 天津市互联网客户。 | | |
| 实际成效 | 2017年，体育惠民卡发卡4万张，可为该行增加稳定的潜力客户资源，拓展"工银融e联"等电子渠道的受众面。同时，通过该项目合作，该行还获得了100家优质体育商户的合作资格。该项目投产上线后，该行与天津市体育局共同召开新闻发布会，新闻报道多次在天津本地媒体登载及播出，起到了良好的宣传效果。 | | |

# 案例6

| 机构名称 | 中国银行天津分行 | 项目名称 | 电子营业执照E线通系统 |
|---|---|---|---|
| 项目简介 | 为满足新设立企业的开户需求，该行建设了电子营业执照E线通系统，系统与企业登记平台进行接口连接，根据企业的电子营业执照信息，为企业提供开户服务。 | | |
| 项目特点 | 通过该系统与天津市市场监管委开发的企业登记全程电子化平台的对接，实现该行对新设企业登记信息及企业登记变更信息的实时获取，便于该行确认企业客户身份并及时开展营销拓客。同时，该行可通过该系统将取得的企业信息传送至该行的移动智柜、网点柜台等渠道，以及该行的核心业务系统，自动填写企业开户交易信息，快速完成开户交易（30分钟内完成全部操作）。 | | |
| 合作机构 | 天津市市场质量和监督管理局（数据交换）。 | | |
| 技术手段 | 大数据技术。 | | |
| 适用范围 | 所有申领电子营业执照的企业。 | | |
| 实际成效 | 2018年初，该行与东疆保税港区管委会和天津市市场监督管理委员会就电子执照的试点应用进行对接，完成了该行与天津市市场监督管理委员会之间的数据对接和电子营业执照应用系统的开发建设；2018年4月，在东疆进行试点运行；2018年6月在天津市全面推广；2018年6月起，快速迭代，不断进行功能升级。<br>该系统是一个新客户营销管理平台，通过分支行联动实现了对公客户更有效的联动营销，取得了很好的效果。自系统上线以来，该行累计接收系统推送企业信息3万余条，累计为2 500余户企业提供开户服务，实现进款的企业共计2 000余家，为该行带来新增时点存款超8亿元，新增日均存款共计4亿余元。<br>该系统是"互联网+政务+金融"有机结合的创新产品，有利于简化企业办理流程，助力改善天津市营商环境，得到政府及客户的一致好评。 | | |

# 案例7

| 机构名称 | 民生银行天津分行 | 项目名称 | 95568远程银行 |
|---|---|---|---|
| 项目简介 | 为更好支持零售升级转型,做好存量客群维护和线上流量经营。95568远程银行推出"赋能计划",以多渠道、大数据为驱动,解决溢出财富客群维护和长尾客群数据"孵化"两大痛点。 | | |
| 项目特点 | 1.精准营销。通过数据模型、标签,定期筛选提升潜力客户,通过短信、财富圈、手机银行、专属服务顾问外拨等方式,利用优势产品、营销活动吸引客户,实现客户资产、层级提升。<br>2.专属权益营销。根据特定客群权益规则,定期通过短信、财富圈针对达标客户进行权益宣传轮播,通过树立服务品牌,增强优质客户黏性。客户可登录财富圈查询、领取权益。<br>3.专属在线服务顾问。根据客群规模及线上营销活动需求,为分行配备专属服务顾问团队,为客户提升在线服务支持及线上客户交易引导等。 | | |
| 合作机构 | 独立研发。 | | |
| 技术手段 | 大数据、云计算等技术。 | | |
| 适用范围 | 溢出财富客群:该行理财经理维护半径外且符合提升潜力模型的客户。<br>长尾客群:该行理财经理、空中理财顾问未覆盖的30万元以下基础客群,以及存量代发薪资客户、2018年新开卡客户等。 | | |
| 实际成效 | 自项目开展以来,该行通过远程银行实现针对不同客户需求开展营销,储蓄、金融资产、信用卡较期初均有所提升。 | | |

# 案例8

| 机构名称 | 农业银行天津分行 | 项目名称 | 信用卡账单分期外呼管理系统 |
|---|---|---|---|
| 项目简介 | 该项目主要针对账单分期业务进行分析处理，提升对客户以消费账单进行分期营销的时效性和成功率。 | | |
| 项目特点 | 该系统可通过数据分析，将客户可分期信用卡账单进行提取，推送给业务员，便于业务员根据信息开展外呼营销；业务员可在该系统协助客户处理信用卡账单分期。 | | |
| 合作机构 | 独立研发。 | | |
| 技术手段 | 主要运用大数据技术。 | | |
| 适用范围 | 已消费未分期的客户。 | | |
| 实际成效 | 2017年项目首次立项，2018年完成3次迭代开发。自项目投产以来，累计外呼总量为145 181次。 | | |

# 案例9

| 机构名称 | 邮储银行天津分行 | 项目名称 | 基于微信公众平台的营销平台 |
|---|---|---|---|
| 项目简介 | 该项目旨在利用微信银行社交化、轻量级特点，丰富营销活动形式。 | | |
| 项目特点 | 该平台主要包括以下部分：<br>1."微商城"：对接手机支付、银联在线支付，通过"团购、秒杀、特惠购"三种营销方式实现重点客群回馈及手机银行客户引流，提升手机银行活跃率，增加客户使用频次，将客户下载、激活、使用联动起来，体现客户流量的价值，形成营销闭环。<br>2."营销E""邮好礼"理财经理线上营销平台：可将营销活动嵌入到客户线上、线下交易场景中，引导客户交易完成后直接参与邮储营销活动，实现客户引流和产品销售无缝对接，同时支持网点实现远程客户营销。 | | |
| 合作机构 | 独立研发。 | | |
| 技术手段 | 大数据、云计算等。 | | |
| 适用范围 | 微信、手机银行等互联网客户。 | | |
| 实际成效 | "微商城"计划于2018年7月末上线，"营销E""邮好礼"于2018年6月上线。截至2018年末，平台仍处于试运行阶段。 | | |

# 案例10

| 机构名称 | 邮储银行天津分行 | 项目名称 | 个人客户营销系统 |
|---|---|---|---|
| 项目简介 | 该系统旨在精准定位网点重点客户、潜在客户及流失客户,实现网点理财经理对重点客户的关系维护与营销管理,提升网点开发、维护客户的精确性与有效性。 | | |
| 项目特点 | 该系统以邮政储蓄银行总行的大数据平台为依托,通过定时的数据抽取、ETL清洗、快速计算转化成系统需要的标准化、规模化的客户信息。该系统围绕报表展示、报表导出、在线查询、权限管理四个主要功能点,实现网点理财经理对重点客户的"一对一"关系维护与营销管理,提升客户价值与贡献度。 | | |
| 合作机构 | 独立研发。 | | |
| 技术手段 | 大数据、云计算等。 | | |
| 适用范围 | 本行客户。 | | |
| 实际成效 | 自该系统试运行开始,遵循功能性与实用性原则,根据功能点拓展与网点使用反馈,经历了五次迭代,并将持续完善。<br>截至2019年第一季度末,该系统实现了分行、支行、网点支行长、理财经理四个层面的多层次数据展示、多维度报表统计、多样化互动反馈。截至2019年第一季度末,该系统精准标记客户信息近30万条,理财经理服务率达86.5%,客户联护率达53.1%。<br>养老金客户精准营销试点项目:2018年2月,以三个网点为养老金客户精准营销项目试点网点,综合分析高频来行养老客户的资产配置特点、交易习惯,进行重点筛选,并标注"向好型""潜力型""复杂可开发型""单一可开发型"四类营销指导备注,客户服务率96.6%,截至2018年末,资产增长65.66%。<br>定期流失客户营销项目:2018年第二季度,定向分析近三年定期流失客户,通过"定期客户流失""定期流失""流失且部分转回"三类分行营销指导标签识别,指导网点按照"看到客户—识别客户—联络客户—绑定客户—跟进客户"精准营销,客户服务率66.3%,截至2018年末资产增长200%。 | | |

# 案例11

| 机构名称 | 易生支付有限公司 | 项目名称 | 移动支付便民示范工程校园场景建设 |
|---|---|---|---|
| 项目简介 | 为保证移动支付便民示范工作真正获得成效，实现银联APP"云闪付"在校园内及校园周边的成功推广，该机构从应用场景、用户体验、服务保障、宣传落实等方面着手，抓住与师生日常生活密切相关的刚需场景，配合中国银联的营销活动，提供校园交通、食堂、超市商户等场景的便民支付服务。以校园交通服务为例，该机构在校园校车安装非接触式受理设备，为师生提供出行便利，实现无现金化出行，打造有手机就乘车的校园环境。 |||
| 项目特点 | 该项目有效解决了移动支付结合云闪付的场景支付建设问题，提升了云闪付受众体验，为校园用户提供了便利。 |||
| 合作机构 | 独立研发。 |||
| 技术手段 | 以互联网技术为基础，运用现代支付技术。 |||
| 适用范围 | 封闭场景（学校、医院、政府机构等）。 |||
| 实际成效 | 该系统已在25所大学上线应用（贵州8所、重庆8所、四川5所、福建2所、山东1所、湖南1所）。移动支付便民示范工程进校园活动，受到了广大大学生用户的好评，切实享受到了优惠便利乘车的服务。 |||

# 风险防控篇

# 案例1

| 机构名称 | 渤海银行 | 项目名称 | 电子银行反欺诈系统 |
|---|---|---|---|
| 项目简介 | 该项目主要用于电子银行交易风险的侦测、识别、提示和处理，旨在防范以电子银行为渠道的非法资金流动。 | | |
| 项目特点 | 对个人网银渠道、手机银行渠道、手机银行WAP端、直销银行渠道的交易数据进行全面的管控，具备事前、事中和事后的欺诈风险侦测、识别、处理能力，可及时控制该行电子银行业务风险。<br>一是通过客户行为分析管理，实现对客户习惯交易地点、习惯交易对象、习惯交易频率、交易金额、常用设备监控等自动化智能量化分析，多渠道数据有效整合，实现对群体客户的聚类分析，使客户交易画像越来越清晰；二是完善了数据采集及管理策略，满足不同渠道不同监控规则预警需求，根据不同预警分值计算区分预警等级，强化预警控制策略；三是达到不同用户等级的数据权限控制效果，实现多等级个性化阻断策略；四是实现系统对于预警信息、欺诈案件的处理流程；五是智能统计分析，包括各业务系统运营数据分析、用户预警处理情况统计、欺诈指标统计等。 | | |
| 合作机构 | 独立研发。 | | |
| 技术手段 | 技术栈：SpringBoot、SpringMVC、MyBatis、drools、Mysql、aerospike、Redis、HornetQ。 | | |
| 适用范围 | 电子银行交易。 | | |
| 实际成效 | 系统通过实时、准实时、离线等方式获取客户各类数据信息，在交易过程中进行风险特征分析并预警，实现了欺诈行为的侦测、识别、处理和记录，对风险交易进行直接干预，在不影响正常客户体验的基础上有效保护客户资金安全，一方面实现了完善交易监控系统的内在要求，另一方面满足了客户的安全交易诉求，进一步提高了该行电子渠道客户的满意度、忠诚度和市场竞争力。 | | |

# 案例2

| 机构名称 | 天津农商银行 | 项目名称 | 反欺诈平台 |
|---|---|---|---|

| 项目简介 | 该项目是全方位的安全保障系统，可实现电子银行欺诈行为的侦测、识别、处理、记录和共享，同时加强事中对银行欺诈事件的预警和防御，防范业务风险；系统可实现对电子渠道平台交易的全面监控，对风险级别较高的可疑欺诈交易，实时给予提示、预警或中止；可动态部署监控规则，有效降低欺诈率，控制风险。 |
|---|---|
| 项目特点 | 1.反欺诈事中监控系统。包括规则管理系统、大数据处理平台建设、风控引擎建设、策略体系建设、风险分析系统等。<br>2.设备指纹服务。可为每个设备分配全球唯一的ID，从注册、登录、交易设备的角度对注册账户进行关联，对欺诈者通过非本人常用设备、集中设备、异常设备上发起的操作进行有效识别和防控。<br>3.反欺诈数据服务。引入外部反欺诈黑名单数据，包括虚假手机号、通信小号、被标记为欺诈的手机号、可疑IP、代理IP、IDC IP以及各类归属地分析等。 |
| 合作机构 | 某公司。 |
| 技术手段 | 该项目主要运用大数据、云计算、生物识别等技术。如系统基于流处理技术来处理复杂数据，突破了数据库的性能瓶颈，能够处理数据库技术不能处理的复杂逻辑，包括长数据周期、大维度统计、复杂事件处理等，极大增强了反欺诈能力；系统引入针对性的反欺诈数据，包括通信小号、虚假手机号、代理IP、VPN IP、IDC IP等外部数据，提升了反欺诈的准确性。 |
| 适用范围 | 全部客户。 |
| 实际成效 | 自2018年5月上线至2019年1月，系统累计监控交易4 000多万笔，识别并有效拦截欺诈风险交易160笔左右，其中涉及撞库、账号盗用风险交易约120笔，账户盗刷交易约40笔。配合设备指纹和数据服务系统，多方位防范了虚假注册风险盗取账号登录问题，杜绝了恶意攻击，批量注册、"薅羊毛"等情况。通过将严重的恶意欺诈信息录入该行黑名单数据库，有效降低了欺诈事件发生概率。 |

# 案例3

| 机构名称 | 渤海证券 | 项目名称 | 同一客户风险集中管理项目 |
|---|---|---|---|
| 项目简介 | 该项目主要用于客户风险的计量、汇总、预警和监控,并实现同一业务、同一客户相关风险信息的集中管理。 | | |
| 项目特点 | 通过该项目,可实现各业务部门之间数据的直接共享,对同一客户的风险进行统一集中管理。例如,在信用风险及异常交易方面对同一客户进行指标合并计算及监控,重点监控占净资本、集中度、总股本等指标,当评估出现较大风险时及时对业务部门进行风险揭示;在客户进行重要新业务(如两融、股票质押、授信、保荐等)申请时查看其同一客户风险预警情况,对于风险度较高的客户或者对手方给予谨慎办理业务的考虑;当重点客户被认定为同一客户后适时向相关部门报告。 | | |
| 合作机构 | 独立研发。 | | |
| 技术手段 | 依托该公司数据中心数据大集中的优势,采集各业务系统和子公司的数据,并利用GreenPlum数据库大规模并行处理(MPP)架构的优势进行数据分析,充分发掘数据中的价值。<br>MPP(Massively Parallel Processing),即大规模并行处理,在数据库非共享集群中,每个节点都有独立的磁盘存储系统和内存系统,业务数据根据数据库模型和应用特点划分到各个节点上,每台数据节点通过专用网络或者商业通用网络互相连接,彼此协同计算,作为整体提供数据库服务。非共享数据库集群有完全的可伸缩性、高可用、高性能、优秀的性价比、资源共享等优势。 | | |
| 适用范围 | 所有客户。 | | |
| 实际成效 | 目前,可实现对同一客户风险的有效管理,现已对筛选出的16个关联账户组共35名客户进行信用风险重点监控。 | | |

# 案例4

| 机构名称 | 河北银行天津分行 | 项目名称 | 手机银行人脸、指纹识别项目 |
|---|---|---|---|
| 项目简介 | 该项目主要运用人脸识别、指纹识别、声纹识别等生物识别技术降低交易风险，提升安全等级。 | | |
| 项目特点 | 客户在手机银行日常登录、更换设备、大额转账、高风险转账、贷款申请、证件更新等业务场景可通过识别人脸、指纹进行身份识别。 | | |
| 合作机构 | 总行引入。 | | |
| 技术手段 | 生物识别技术。 | | |
| 适用范围 | 手机银行客户。 | | |
| 实际成效 | 2018年，该行总行将人脸、指纹识别技术引入手机银行，2018年底手机银行主要业务场景具备人脸、指纹识别功能。基于人脸、指纹识别技术，在安全可控前提下，该行总行将手机银行的转账限额由5万元提升到了100万元，彻底解决了河北银行手机银行多年来转账限额过低的痛点。自2018年8月中旬至2018年底，通过人脸识别转账的交易笔数达到22万笔，累计金额206亿元。截至2019年5月，已有8万余名客户使用过刷脸转账服务。 | | |

# 案例5

| 机构名称 | 宁夏银行天津分行 | 项目名称 | 安全态势感知平台 |
|---|---|---|---|
| 项目简介 | 该项目为风险监测、评估、提示系统。整合不同维度的网络安全信息、外部威胁情报及内部资产，利用机器学习算法，结合高效的关联分析，实现对安全事件的事前预警、事中告警和事后溯源。 | | |
| 项目特点 | 全方位安全信息统一收集和处理，形成标准的安全数据字典；实现外部威胁情报和内部资产脆弱性的自动化关联，智能分析漏洞影响与危害；准确识别网络威胁和业务异常行为，快速定位安全事件；形成安全事件的快速溯源取证及闭环处置流程。 | | |
| 合作机构 | 合作开发：瀚思科技发展（北京）有限公司。 | | |
| 技术手段 | 互联网技术、大数据技术、人工智能技术。 | | |
| 适用范围 | 内部使用（网络安全监测）。 | | |
| 实际成效 | 该项目上线以来，有效降低了安全威胁发现和响应时间，安全事件处置效率大幅提升。 | | |

# 案例6

| 机构名称 | 宁夏银行天津分行 | 项目名称 | 零售信用风险内部评级项目 |
|---|---|---|---|
| 项目简介 | 该项目主要用于客户信用风险评估。 | | |
| 项目特点 | 基于大数据技术和该行信用风险评估模型，实现对客户信用风险的合理评估，提高审批效率，识别防范风险。 | | |
| 合作机构 | 独立研发。 | | |
| 技术手段 | 互联网技术、大数据技术、云计算技术。 | | |
| 适用范围 | 内部使用（客户信用审批）。 | | |
| 实际成效 | 该项目已成功应用于该行信用卡审批、贷后预警及催收、信贷初步审批流程，在一定程度上提升了该行零售业务运营效率与风险管控能力。 | | |

# 案例7

| 机构名称 | 威海市商业银行天津分行 | 项目名称 | ATM舱智能防护系统 |
|---|---|---|---|
| 项目简介 | 该项目是安装于该行ATM防护舱上的安全防范智能防护装置，以人脸分析识别技术为核心，由前端设备和控制中心设备经银行的专网链接组成。 | | |
| 项目特点 | 该系统颠覆传统自助取款营业网点的基础防护，主动阻挡有面部伪装的人员进入ATM防护舱，最大限度杜绝犯罪行为。系统为银行提升安全防范等级的同时，为客户的ATM操作环境提供了安全保障，同时也为公安系统破案取证提供强有力的支持。 | | |
| 合作机构 | 某公司。 | | |
| 技术手段 | 生物识别技术、C/S模式、Android Studio、Microsoft Visual Studio 2010、SQL Server 2008。 | | |
| 适用范围 | 在行式、离行式等24小时自助设备使用者。 | | |
| 实际成效 | ATM舱智能防护系统自投入使用以来，获得了客户好评，为客户提供24小时安全不间断的安全防护。该智能防护系统作为新兴智能产品，投入市场便引起了公安机关及媒体的关注，《天津政法报》也对此进行了报道。 | | |

# 案例8

| 机构名称 | 中汇支付 | 项目名称 | 伪卡合谋风险智能监测系统 |
|---|---|---|---|
| 项目简介 | 该项目主要用于伪卡欺诈风险的识别和监测，以及收单业务的伪卡合谋风险防范。 | | |
| 项目特点 | 该项目的功能是识别潜在伪卡欺诈交易风险，降低损失可能性，主要通过模型训练和模型应用两个部分实现。模型训练部分主要通过机器学习的方式，通过对商户和交易现状分析，选择样本和特征进行模型训练，过程中依据评估结果反复调整特征和参数，选取最优结果封装为http服务；模型应用部分主要基于业务逻辑，每笔交易都通过调用模型服务进行预测，根据预测结果对交易或商户进行处置。 | | |
| 合作机构 | 某公司。 | | |
| 技术手段 | 通过引入多项式朴素贝叶斯分类算法、近邻算法、逻辑回归算法、随机森林算法、决策树算法、梯度增强决策树算法等多种算法组合对样本数据进行训练。通过评估选择最优方案，选定模型作为伪卡合谋风险智能监测系统的一个组件。 | | |
| 适用范围 | 用于收单业务的伪卡合谋风险防范。 | | |
| 实际成效 | 该项目上线以来，可达到对伪卡合谋交易97%以上的识别率，进一步消除伪卡合谋欺诈风险。 | | |

# 案例9

| 机构名称 | 中汇支付 | 项目名称 | 大数据商户风险等级监测系统 |
|---|---|---|---|
| 项目简介 | 该项目主要用于客户风险的监测和评估，可实现针对不同的商户实行差异化风控管理，并有效识别潜在高风险商户。 | | |
| 项目特点 | 对商户实行差异化风控管理，有效识别高风险商户。 | | |
| 合作机构 | 合作开发：万商联信。 | | |
| 技术手段 | 根据商户的基本信息、交易、拒付、风险协查等信息，建立商户风险预测模型，建立商户特征库，通过回归分析进行建模。基于2017年抽样数据构建了商户风险预测模型，并达到了较高的AUC。基于大数据平台，通过商户风险预测模型，为商户进行风险预测评分，划分风险等级，针对不同风险等级的商户，采用不同的风控规则，实现差异化风控，同时加强对潜在高风险等级商户的风控监管。 | | |
| 适用范围 | 本机构所有客户。 | | |
| 实际成效 | 该系统于2018年8月与万商联信合作立项，2019年5月至今商户风险预测模型处于测试试运行阶段，并不断调整模型的相关参数。目前，系统基本实现了对选定商户的风险等级划分，尤其对潜在高风险等级商户的监控效果比较显著。 | | |

# 案例10

| 机构名称 | 融宝支付 | 项目名称 | 新版风险交易监控系统 |
|---|---|---|---|
| 项目简介 | 该项目主要用于本机构各类支付交易的风险监测、评估、提示。 | | |
| 项目特点 | 基于复杂事件技术，具备欺诈监测、反洗钱监测、账户安全监测、违规商户发现与监测等功能。 | | |
| 合作机构 | 独立研发。 | | |
| 技术手段 | 采用规则引擎进行规则配置、Hbase+Spark作为大数据分析平台进行数据分析。 | | |
| 适用范围 | 内部使用（交易监测）。 | | |
| 实际成效 | 该系统于2017年立项开发，2018年正式上线运行。目前运行良好，实现了对风险交易的有效监控。 | | |

# 智能服务篇

# 案例1

| 机构名称 | 天津银行 | 项目名称 | 智能网点 |
|---|---|---|---|
| 项目简介 | 该项目为智能化客户服务系统，是天津银行以互联网化视角、前瞻性技术、人性化理念全力打造的"e时代"银行。它本着创新、关怀、智慧、体验的设计理念，以智能设备、数字媒体和人机交互技术为依托，强调以客户服务、用户体验为中心，突出网点的自助、智能、智慧的全新客户体验。 | | |
| 项目特点 | 该项目以全渠道思维整合现有业务渠道，从高频交易入手逐步推动业务流程简约化，实现现有交易由柜内到柜外、线下至线上的最大化迁移，从而压缩操作步骤、减少处理时间，最终达到优化客户体验、提升柜员效率、统一各渠道管理的目的。<br>在已优化业务流程中提炼公共交易模块，以功能模块为单位进行重组，将服务送到柜面渠道无法辐射的范围中，同时持续推进柜面渠道和电子渠道相互融合，最大化实现全业务流程可通过电子渠道或自助设备操作，为客户提供线上线下一体化服务。 | | |
| 合作机构 | 独立研发。 | | |
| 技术手段 | 该项目以互联网为依托，利用身份证扫描识别技术、二代证阅读技术、指纹识别技术、OCR识别技术、人脸识别技术、综合鉴伪技术和电磁签名技术，支持办理90%以上的柜面交易，并可处理存单、支票、卡折、Ukey、现金等多种介质。 | | |
| 适用范围 | 互联网客户。 | | |
| 实际成效 | 该项目自2018年8月正式进入项目实施阶段。截至2018年末，智能柜台设备已基本覆盖该行网点，实现了智能柜台无纸化，取代了传统的纸质填单，使业务办理更加高效，在提升客户体验的同时也缓解了柜面压力。 | | |

# 案例2

| 机构名称 | 天津农商银行 | 项目名称 | 综合客服系统 |
|---|---|---|---|
| 项目简介 | 该项目为智能化综合服务系统，包括智能语音导航、基础平台、智能知识库系统等基础框架，可利用智能机器人机交互系统实现智能化的在线客服，包括网银渠道接入、手机银行接入、吉祥生活APP接入和微信银行接入。 | | |
| 项目特点 | 具备识别客户需求，协助客户办理余额、明细、开户行、信用卡申请进度、信用卡账单查询、利率查询等7种查询类业务，以及72种咨询类业务的功能。 | | |
| 合作机构 | 某公司。 | | |
| 技术手段 | 主要运用大数据、云计算、人工智能、生物识别等技术。如采用基于长短时记忆（LSTM）和时间延迟深度神经网络（TDNN）相融合的声学建模技术，更好地对声学上下文建模，提升针对实网客服语音实时识别的准确性和响应的快速性；采用基于深度神经网络建模的方法有效去除垃圾语音；采用谐波检测技术有效检测语音起始点；通过SIP通信协议，实现传统IVR和智能语音导航之间的来回转接；语音识别通过对现有客服系统的录音进行分析标注和模型优化训练，提高识别率。 | | |
| 适用范围 | 互联网客户。 | | |
| 实际成效 | 系统于2018年9月3日正式上线，目前语音识别准确率已达90%，分流人工话务20%，减少了客户排队等待的时间，提升了客户体验；替代人工客服回答简单、重复的客户问题，减轻了客服的工作压力，提高了客服的工作效率。 | | |

# 案例3

| 机构名称 | 渤海证券 | 项目名称 | 智能化综合APP |
|---|---|---|---|
| 项目简介 | 该项目是渤海证券依托金融科技手段建成的集成化、开放式、多元化综合服务APP平台系统，集成了投资交易、行情查询、金融产品商城、金融资讯等功能，系统可扩展性强、集成化程度高，用户体验丰富。 | | |
| 项目特点 | 整合证券经纪、金融社交、智能投顾、投资者教育、量化投资等业务，为客户提供综合服务。同时，基于综合数据采集分析，为用户进行大数据画像，有针对性地进行渠道推广策略的优化。 | | |
| 合作机构 | 合作开发：中卓、思迪。 | | |
| 技术手段 | 大数据、云计算、生物识别、人工智能等。 | | |
| 适用范围 | 互联网客户。 | | |
| 实际成效 | 综合APP平台的建立，借鉴互联网移动开发模式、开发经验，分析互联网移动发展趋势，创造性地引入了金融社交、智能投顾、投资者教育、量化投资等业务模块，提升了公司产品的创新性和用户体验，也进一步促进了个性化定制业务的发展。 | | |

# 案例4

| 机构名称 | 河北银行天津分行 | 项目名称 | 智能投顾服务项目 |
|---|---|---|---|
| 项目简介 | 该项目主要针对客户资产管理业务提供投资顾问服务，具有高度智能化特征，可针对客户风险偏好提供精准化投资建议。其本质上是资产配置服务，底层资产是信息高度透明的公募基金。 | | |
| 项目特点 | 基于客户画像，通过基金组合对冲风险的技术手段精准地为客户匹配符合其风险承受能力的投资组合，为客户资产保值增值提供更有效的产品和工具。 | | |
| 合作机构 | 独立研发。 | | |
| 技术手段 | 通过大数据、云计算、人工智能等技术手段，利用智能模型算法结合多种量化投资策略，收集海量市场趋势信号并生成多维因子参与模型运算，为客户提供定制化的资产配置组合建议。 | | |
| 适用范围 | 互联网客户。 | | |
| 实际成效 | 该项目上线以来，获得了广大客户的好评。 | | |

# 案例5

| 机构名称 | 邮储银行天津分行 | 项目名称 | ITM智能柜员机操作系统 |
|---|---|---|---|
| 项目简介 | 该项目为一站式、多功能、智能化柜员机系统，可实现包括O2O发卡在内的多项业务办理，可有效减少柜台压力，提高业务办理效率。 | | |
| 项目特点 | 可办理大部分柜面业务，特别是O2O发卡功能（客户从手机银行办理卡申请，至网点ITM柜员机取卡即完成办理）。 | | |
| 合作机构 | 独立研发。 | | |
| 技术手段 | 主要运用大数据、生物识别、人工智能等。 | | |
| 适用范围 | 需办理柜面业务的客户。 | | |
| 实际成效 | 为客户提供更加便捷的服务，提升了客户体验，提高了柜面业务分流率，促进网点智能化转型（经测算，使用O2O发卡比直接在ITM柜员机办理开卡平均每笔业务可以节省1～2分钟，提升网点服务效率）。 | | |

# 案例6

| 机构名称 | 交通银行天津分行 | 项目名称 | "智易通"智能柜员机 |
|---|---|---|---|
| 项目简介 | 该项目为一站式、多功能、智能化柜员机系统，可实现多项业务办理，可有效减少柜台压力，提高业务办理效率。 | | |
| 项目特点 | 柜员机可依托智能化业务平台整合相关业务流程，实现客户一站式业务办理。目前可支持申请借记卡、激活信用卡、开通手机银行、购买理财、领用安全工具、社保卡开卡、电力缴费、联通移动话费充值等100余种非现业务。 | | |
| 合作机构 | 独立研发。 | | |
| 技术手段 | 主要运用大数据、生物识别、人工智能等。 | | |
| 适用范围 | 非现金业务客户。 | | |
| 实际成效 | 该行在天津的各个网点均已配备该设备，共计214台。该设备对到店客户分流已达60%以上，对厅堂整体非现金业务分流已达90%以上。 | | |

## 案例7

| 机构名称 | 中汇支付 | 项目名称 | 大数据高端商户分析系统 |
|---|---|---|---|
| 项目简介 | 该系统依托手机APP对高端客户进行分析，有针对性地开展贷款营销，同时也为贷款产品的组合提供参考。 | | |
| 项目特点 | 通过大数据建模，根据商户的基本信息、交易等信息，建立商户对资金需求的画像，同时预测商户对资金的需求，根据预测结果，为商户推荐相对应的贷款产品，实现贷款产品的精准营销。 | | |
| 合作机构 | 合作开发：万商联信。 | | |
| 技术手段 | 主要通过R语言及Python进行建模，运用大数据手段在平台上进行数据处理，建立商户对资金需求的画像。 | | |
| 适用范围 | 在手机APP端注册的有效商户。 | | |
| 实际成效 | 系统目前正在试运行阶段。通过试运行，该系统有效提高了贷款产品的浏览及最终申请量，同时也为贷款产品的投放提供了有价值参考。 | | |

## 案例8

| 机构名称 | 易生支付 | 项目名称 | 易生支付高铁项目 |
|---|---|---|---|
| 项目简介 | 该项目是针对高铁特殊的运行环境，为高铁流动售货订制的专属智能POS机。 | | |
| 项目特点 | 工作人员可以根据自身需要选择添加APP，充分满足商户无跳转的业务需求。 | | |
| 合作机构 | 独立研发。 | | |
| 技术手段 | 互联网技术、支付技术等。 | | |
| 适用范围 | 高铁上的收款服务，包括但不限于餐食、补票等。 | | |
| 实际成效 | 目前，该项目已覆盖约20%的高铁动车组。根据乘客反馈，通过智能POS机完成餐食的下单及付款，形式新颖，便捷舒适，带来了良好的乘车感受。 | | |

附　录

## 附录1

# 关于促进互联网金融健康发展的指导意见

（中国人民银行　工业和信息化部　公安部　财政部　工商总局
法制办　银监会　证监会　保监会　国家互联网信息办公室）
银发〔2015〕221号

近年来，互联网技术、信息通信技术不断取得突破，推动互联网与金融快速融合，促进了金融创新，提高了金融资源配置效率，但也存在一些问题和风险隐患。为全面贯彻落实党的十八大和十八届二中、三中、四中全会精神，按照党中央、国务院决策部署，遵循"鼓励创新、防范风险、趋利避害、健康发展"的总体要求，从金融业健康发展全局出发，进一步推进金融改革创新和对外开放，促进互联网金融健康发展，经党中央、国务院同意，现提出以下意见。

## 一、鼓励创新，支持互联网金融稳步发展

互联网金融是传统金融机构与互联网企业（以下统称从业机构）利用互联网技术和信息通信技术实现资金融通、支付、投资和信息中介服务的新型金融业务模式。互联网与金融深度融合是大势所趋，将对金融产品、业务、组织和服务等方面产生更加深刻的影响。互联网金融对促进小微企业发展和扩大就业发挥了现有金融机构难以替代的积极作用，为大众创业、万众创新打开了大门。促进互联网金融健康发展，有利于提升金融服务质量和效率，深化金融改革，促进金融创新发展，扩大金融业对内对外开放，构建多层次金融体系。作为新生事物，互联网金融既需要市场驱动，鼓励创

新，也需要政策助力，促进发展。

（一）积极鼓励互联网金融平台、产品和服务创新，激发市场活力。鼓励银行、证券、保险、基金、信托和消费金融等金融机构依托互联网技术，实现传统金融业务与服务转型升级，积极开发基于互联网技术的新产品和新服务。支持有条件的金融机构建设创新型互联网平台开展网络银行、网络证券、网络保险、网络基金销售和网络消费金融等业务。支持互联网企业依法合规设立互联网支付机构、网络借贷平台、股权众筹融资平台、网络金融产品销售平台，建立服务实体经济的多层次金融服务体系，更好地满足中小微企业和个人投融资需求，进一步拓展普惠金融的广度和深度。鼓励电子商务企业在符合金融法律法规规定的条件下自建和完善线上金融服务体系，有效拓展电商供应链业务。鼓励从业机构积极开展产品、服务、技术和管理创新，提升从业机构核心竞争力。

（二）鼓励从业机构相互合作，实现优势互补。支持各类金融机构与互联网企业开展合作，建立良好的互联网金融生态环境和产业链。鼓励银行业金融机构开展业务创新，为第三方支付机构和网络贷款平台等提供资金存管、支付清算等配套服务。支持小微金融服务机构与互联网企业开展业务合作，实现商业模式创新。支持证券、基金、信托、消费金融、期货机构与互联网企业开展合作，拓宽金融产品销售渠道，创新财富管理模式。鼓励保险公司与互联网企业合作，提升互联网金融企业风险抵御能力。

（三）拓宽从业机构融资渠道，改善融资环境。支持社会资本发起设立互联网金融产业投资基金，推动从业机构与创业投资机构、产业投资基金深度合作。鼓励符合条件的优质从业机构在主板、创业板等境内资本市场上市融资。鼓励银行业金融机构按照支持小微企业发展的各项金融政策，对处于初创期的从业机构予以支持。针对互联网企业特点，创新金融产品和服务。

（四）坚持简政放权，提供优质服务。各金融监管部门要积极支持金融机构开展互联网金融业务。按照法律法规规定，对符合条件的互联网企业开展相关金融业务实施高效管理。工商行政管理部门要支持互联网企业依法办理工商注册登记。电信主管部门、国家互联网信息管理部门要积极支持互联网金融业务，电信主管部门对互联网金融业务涉及的电信业务进行监管，国家互联网信息管理部门负责对金融信息服务、互联网信息内容等业务进行监管。积极开展互联网金融领域立法研究，适时出台相关管理规章，营造有利于互联网金融发展的良好制度环境。加大对从业机构专利、商标等知识产权的保护力度。鼓励省级人民政府加大对互联网金融的政策支持。支持设立专业化互联网金融研究机构，鼓励建设互联网金融信息交流平台，积极开展互联网金融研究。

（五）落实和完善有关财税政策。按照税收公平原则，对于业务规模较小、处于初创期的从业机构，符合我国现行对中小企业特别是小微企业税收政策条件的，可按规定享受税收优惠政策。结合金融业营业税改征增值税改革，统筹完善互联网金融税收政策。落实从业机构新技术、新产品研发费用税前加计扣除政策。

（六）推动信用基础设施建设，培育互联网金融配套服务体系。支持大数据存储、网络与信息安全维护等技术领域基础设施建设。鼓励从业机构依法建立信用信息共享平台。推动符合条件的相关从业机构接入金融信用信息基础数据库。允许有条件的从业机构依法申请征信业务许可。支持具备资质的信用中介组织开展互联网企业信用评级，增强市场信息透明度。鼓励会计、审计、法律、咨询等中介服务机构为互联网企业提供相关专业服务。

## 二、分类指导，明确互联网金融监管责任

互联网金融本质仍属于金融，没有改变金融风险隐蔽性、传染性、广泛性和突发性的特点。加强互联网金融监管，是促进互联

网金融健康发展的内在要求。同时，互联网金融是新生事物和新兴业态，要制定适度宽松的监管政策，为互联网金融创新留有余地和空间。通过鼓励创新和加强监管相互支撑，促进互联网金融健康发展，更好地服务实体经济。互联网金融监管应遵循"依法监管、适度监管、分类监管、协同监管、创新监管"的原则，科学合理界定各业态的业务边界及准入条件，落实监管责任，明确风险底线，保护合法经营，坚决打击违法和违规行为。

（七）互联网支付。互联网支付是指通过计算机、手机等设备，依托互联网发起支付指令、转移货币资金的服务。互联网支付应始终坚持服务电子商务发展和为社会提供小额、快捷、便民小微支付服务的宗旨。银行业金融机构和第三方支付机构从事互联网支付，应遵守现行法律法规和监管规定。第三方支付机构与其他机构开展合作的，应清晰界定各方的权利义务关系，建立有效的风险隔离机制和客户权益保障机制。要向客户充分披露服务信息，清晰地提示业务风险，不得夸大支付服务中介的性质和职能。互联网支付业务由人民银行负责监管。

（八）网络借贷。网络借贷包括个体网络借贷（即P2P网络借贷）和网络小额贷款。个体网络借贷是指个体和个体之间通过互联网平台实现的直接借贷。在个体网络借贷平台上发生的直接借贷行为属于民间借贷范畴，受合同法、民法通则等法律法规以及最高人民法院相关司法解释规范。个体网络借贷要坚持平台功能，为投资方和融资方提供信息交互、撮合、资信评估等中介服务。个体网络借贷机构要明确信息中介性质，主要为借贷双方的直接借贷提供信息服务，不得提供增信服务，不得非法集资。网络小额贷款是指互联网企业通过其控制的小额贷款公司，利用互联网向客户提供的小额贷款。网络小额贷款应遵守现有小额贷款公司监管规定，发挥网络贷款优势，努力降低客户融资成本。网络借贷业务由银监会负责监管。

（九）股权众筹融资。股权众筹融资主要是指通过互联网形式进行公开小额股权融资的活动。股权众筹融资必须通过股权众筹融资中介机构平台（互联网网站或其他类似的电子媒介）进行。股权众筹融资中介机构可以在符合法律法规规定前提下，对业务模式进行创新探索，发挥股权众筹融资作为多层次资本市场有机组成部分的作用，更好服务创新创业企业。股权众筹融资方应为小微企业，应通过股权众筹融资中介机构向投资人如实披露企业的商业模式、经营管理、财务、资金使用等关键信息，不得误导或欺诈投资者。投资者应当充分了解股权众筹融资活动风险，具备相应风险承受能力，进行小额投资。股权众筹融资业务由证监会负责监管。

（十）互联网基金销售。基金销售机构与其他机构通过互联网合作销售基金等理财产品的，要切实履行风险披露义务，不得通过违规承诺收益方式吸引客户；基金管理人应当采取有效措施防范资产配置中的期限错配和流动性风险；基金销售机构及其合作机构通过其他活动为投资人提供收益的，应当对收益构成、先决条件、适用情形等进行全面、真实、准确表述和列示，不得与基金产品收益混同。第三方支付机构在开展基金互联网销售支付服务过程中，应当遵守人民银行、证监会关于客户备付金及基金销售结算资金的相关监管要求。第三方支付机构的客户备付金只能用于办理客户委托的支付业务，不得用于垫付基金和其他理财产品的资金赎回。互联网基金销售业务由证监会负责监管。

（十一）互联网保险。保险公司开展互联网保险业务，应遵循安全性、保密性和稳定性原则，加强风险管理，完善内控系统，确保交易安全、信息安全和资金安全。专业互联网保险公司应当坚持服务互联网经济活动的基本定位，提供有针对性的保险服务。保险公司应建立对所属电子商务公司等非保险类子公司的管理制度，建立必要的防火墙。保险公司通过互联网销售保险产品，不得进行不实陈述、片面或夸大宣传过往业绩、违规承诺收益或者承担损失等误导性描述。互联网保险业务由保监会负责监管。

（十二）互联网信托和互联网消费金融。信托公司、消费金融公司通过互联网开展业务的，要严格遵循监管规定，加强风险管理，确保交易合法合规，并保守客户信息。信托公司通过互联网进行产品销售及开展其他信托业务的，要遵守合格投资者等监管规定，审慎甄别客户身份和评估客户风险承受能力，不能将产品销售给与风险承受能力不相匹配的客户。信托公司与消费金融公司要制定完善产品文件签署制度，保证交易过程合法合规，安全规范。互联网信托业务、互联网消费金融业务由银监会负责监管。

## 三、健全制度，规范互联网金融市场秩序

发展互联网金融要以市场为导向，遵循服务实体经济、服从宏观调控和维护金融稳定的总体目标，切实保障消费者合法权益，维护公平竞争的市场秩序。要细化管理制度，为互联网金融健康发展营造良好环境。

（十三）互联网行业管理。任何组织和个人开设网站从事互联网金融业务的，除应按规定履行相关金融监管程序外，还应依法向电信主管部门履行网站备案手续，否则不得开展互联网金融业务。工业和信息化部负责对互联网金融业务涉及的电信业务进行监管，国家互联网信息办公室负责对金融信息服务、互联网信息内容等业务进行监管，两部门按职责制定相关监管细则。

（十四）客户资金第三方存管制度。除另有规定外，从业机构应当选择符合条件的银行业金融机构作为资金存管机构，对客户资金进行管理和监督，实现客户资金与从业机构自身资金分账管理。客户资金存管账户应接受独立审计并向客户公开审计结果。人民银行会同金融监管部门按照职责分工实施监管，并制定相关监管细则。

（十五）信息披露、风险提示和合格投资者制度。从业机构应当对客户进行充分的信息披露，及时向投资者公布其经营活动和财务状况的相关信息，以便投资者充分了解从业机构运作状况，促使从业机构稳健经营和控制风险。从业机构应当向各参与方详细说明交易模式、参与方的权利和义务，并进行充分的风险提示。要研究建立互联网金融的合格投资者制度，提升投资者保护水平。有关部门按照职责分工负责监管。

（十六）消费者权益保护。研究制定互联网金融消费者教育规划，及时发布维权提示。加强互联网金融产品合同内容、免责条款规定等与消费者利益相关的信息披露工作，依法监督处理经营者利用合同格式条款侵害消费者合法权益的违法、违规行为。构建在线争议解决、现场接待受理、监管部门受理投诉、第三方调解以及仲裁、诉讼等多元化纠纷解决机制。细化完善互联网金融个人信息保护的原则、标准和操作流程。严禁网络销售金融产品过程中的不实宣传、强制捆绑销售。人民银行、银监会、证监会、保监会会同有关行政执法部门，根据职责分工依法开展互联网金融领域消费者和投资者权益保护工作。

（十七）网络与信息安全。从业机构应当切实提升技术安全水平，妥善保管客户资料和交易信息，不得非法买卖、泄露客户个人信息。人民银行、银监会、证监会、保监会、工业和信息化部、公安部、国家互联网信息办公室分别负责对相关从业机构的网络与信息安全保障进行监管，并制定相关监管细则和技术安全标准。

（十八）反洗钱和防范金融犯罪。从业机构应当采取有效措施识别客户身份，主动监测并报告可疑交易，妥善保存客户资料和交易记录。从业机构有义务按照有关规定，建立健全有关协助查询、冻结的规章制度，协助公安机关和司法机关依法、及时查询、冻结涉案财产，配合公安机关和司法机关做好取证和执行工作。坚决打击涉及非法集资等互联网金融犯罪，防范金融风险，维护金融秩序。金融机构在和互联网企业开展合作、代理时应根据有关法律和规定签订包括反洗钱和防范金融犯罪要求的合作、代理协议，并确保不因合作、代理关系而降低反洗钱和金融犯罪执行标准。人民银行牵头负责对从业机构履行反洗钱义务进行监管，并制定相关监管细则。打击互联网金融犯罪工作由公安部牵头负责。

（十九）加强互联网金融行业自律。充分发挥行业自律机制在规范从业机构市场行为和保护行业合法权益等方面的积极作用。人民银行会同有关部门，组建中国互联网金融协会。协会要按业务类型，制订经营管理规则和行业标准，推动机构之间的业务交流和信息共享。协会要明确自律惩戒机制，提高行业规则和标准的约束力。强化守法、诚信、自律意识，树立从业机构服务经济社会发展的正面形象，营造诚信规范发展的良好氛围。

（二十）监管协调与数据统计监测。各监管部门要相互协作、形成合力，充分发挥金融监管协调部际联席会议制度的作用。人民银行、银监会、证监会、保监会应当密切关注互联网金融业务发展及相关风险，对监管政策进行跟踪评估，适时提出调整建议，不断总结监管经验。财政部负责互联网金融从业机构财务监管政策。人民银行会同有关部门，负责建立和完善互联网金融数据统计监测体系，相关部门按照监管职责分工负责相关互联网金融数据统计和监测工作，并实现统计数据和信息共享。

## 附录2

# 金融科技（FinTech）发展规划（2019—2021年）

中国人民银行

## 前　言

　　金融是现代经济的核心，是实体经济的血脉。持牌金融机构在依法合规前提下发展金融科技，有利于提升金融服务质量和效率，优化金融发展方式，筑牢金融安全防线，进一步增强金融核心竞争力。为全面贯彻党中央、国务院决策部署，促进我国金融科技健康可持续发展，根据《中共中央办公厅　国务院办公厅关于加强金融服务民营企业的若干意见》、《国务院关于促进云计算创新发展培育信息产业新业态的意见》（国发〔2015〕5 号）、《促进大数据发展行动纲要》（国发〔2015〕50 号文印发）、《新一代人工智能发展规划》（国发〔2017〕35号文印发）、《国务院办公厅关于全面推进金融业综合统计工作的意见》（国办发〔2018〕18号）、《"十三五"现代金融体系规划》（银发〔2018〕114号文印发）、《关于进一步深化小微企业金融服务的意见》（银发〔2018〕162号文）等文件，特编制本规划，明确2019年至2021年我国金融科技发展的指导思想、基本原则、发展目标、重点任务和保障措施。

## 第一章　发展形势

### 第一节　重要意义

　　金融科技是技术驱动的金融创新[①]，旨在运用现代科技成果改

---

① 该定义由金融稳定理事会（FSB）于2016年提出，目前已成为全球共识。

造或创新金融产品、经营模式、业务流程等，推动金融发展提质增效。在新一轮科技革命和产业变革的背景下，金融科技蓬勃发展，人工智能、大数据、云计算、物联网等信息技术与金融业务深度融合，为金融发展提供源源不断的创新活力。坚持创新驱动发展，加快金融科技战略部署与安全应用，已成为深化金融供给侧结构性改革、增强金融服务实体经济能力、打好防范化解金融风险攻坚战的内在需要和重要选择。

金融科技成为推动金融转型升级的新引擎。金融科技的核心是利用现代科技成果优化或创新金融产品、经营模式和业务流程。借助机器学习、数据挖掘、智能合约等技术，金融科技能简化供需双方交易环节，降低资金融通边际成本，开辟触达客户全新途径，推动金融机构在盈利模式、业务形态、资产负债、信贷关系、渠道拓展等方面持续优化，不断增强核心竞争力，为金融业转型升级持续赋能。

金融科技成为金融服务实体经济的新途径。发展金融科技能够快速捕捉数字经济时代市场需求变化，有效增加和完善金融产品供给，助力供给侧结构性改革。运用先进科技手段对企业经营运行数据进行建模分析，实时监测资金流、信息流和物流，为资源合理配置提供科学依据，引导资金从高污染、高能耗的产能过剩产业流向高科技、高附加值的新兴产业，推动实体经济健康可持续发展。

金融科技成为促进普惠金融发展的新机遇。通过金融科技不断缩小数字鸿沟，解决普惠金融发展面临的成本较高、收益不足、效率和安全难以兼顾等问题，助力金融机构降低服务门槛和成本，将金融服务融入民生应用场景。运用金融科技手段实现滴灌式精准扶持，缓解小微企业融资难融资贵、金融支农力度需要加大等问题，为打赢精准脱贫攻坚战、实施乡村振兴战略和区域协调发展战略提供金融支持。

金融科技成为防范化解金融风险的新利器。运用大数据、人工智能等技术建立金融风控模型，有效甄别高风险交易，智能感知异常交易，实现风险早识别、早预警、早处置，提升金融风险技防能力。运用数字化监管协议、智能风控平台等监管科技手段，推动金融监管模式由事后监管向事前、事中监管转变，有效解决信息不对称问题，消除信息壁垒，缓解监管时滞，提升金融监管效率。

### 第二节　发展基础

我国信息技术在金融领域应用起步于20世纪80年代，先后经历了金融业务电子化阶段、金融渠道网络化阶段，目前正迎来金融科技发展浪潮，信息技术逐步由支撑业务向引领业务方向发展，金融与科技深度融合已成为新趋势。近年来，我国先后出台《促进大数据发展行动纲要》《新一代人工智能发展规划》等政策文件，陆续发布云计算、声纹识别等新技术金融应用规范，为金融科技发展创造了良好政策环境。经过多年持续积累，金融科技产业发展取得长足进步，部分领域关键核心技术的研发应用实现重要突破，重点细分领域市场规模成倍增长，用户渗透率快速提升。金融机构利用人工智能、大数据、云计算、物联网等科技手段创新金融产品、改变经营方式、优化业务流程，金融数据价值更加凸显，金融产品服务向着智能化、精细化、多元化、场景化方向大步迈进，金融科技已成为践行普惠金融、发展数字经济的新动力。

虽然我国在金融科技方面已具备一定基础，但也要清醒地看到，金融科技的快速发展促使金融业务边界逐渐模糊，金融风险传导突破时空限制，给货币政策、金融市场、金融稳定、金融监管等方面带来新挑战。我国金融科技发展不平衡不充分的问题依然存在，顶层设计和统筹规划有所缺乏，各类市场主体在科技能力、创新动力、人才队伍、体制机制等方面相对失衡；产业基础比较薄弱，尚未形成具有国际影响力的生态体系，缺乏系统的超前研发布局；适应金融科技发展的基础设施、政策法规、标准体系等亟待健全。

## 第二章    总体要求

### 第一节    指导思想

以习近平新时代中国特色社会主义思想为指导，全面贯彻党的十九大精神，按照全国金融工作会议要求，坚持新发展理念，坚持稳中求进工作总基调，遵循金融发展规律，深化金融供给侧结构性改革，平衡好安全与发展的关系，协同好金融与科技的关系，兼顾好继承与创新的关系，协调好包容与审慎的关系，统筹好监管与服务的关系，趋利避害，充分发挥科技赋能作用，增强金融服务实体经济能力，坚决守住不发生系统性金融风险底线，为服务实体经济、防控金融风险、深化金融改革提供支撑，推动我国金融业高质量发展。

### 第二节    基本原则

——守正创新。正确把握金融科技的核心和本质，忠实履行金融的天职和使命，以服务实体经济为宗旨，在遵照法律法规和监管政策前提下，借助现代科技手段提升金融服务效能和管理水平，将科技应用能力内化为金融竞争力，确保金融科技应用不偏离正确方向，使创新成果更具生命力。

——安全可控。牢固树立安全发展理念，把安全作为金融科技创新不可逾越的红线，以创新促发展，以安全保发展，借助现代科技成果提升金融风险防控和金融监管效能，完善金融安全防线和风险应急处置机制，提高金融体系抵御风险能力，守住不发生系统性金融风险的底线。

——普惠民生。立足广大人民群众美好生活需要，聚焦优化金融服务模式和丰富金融产品供给，充分发挥科技成果在拓展服务渠道、扩大服务覆盖面等方面的作用，推动金融服务"无处不在、无微不至"，为市场主体和人民群众提供更便捷、更普惠、更优质的金融产品与服务。

——开放共赢。以促进金融开放为基调，深化金融科技对外合作，加强跨地区、跨部门、跨层级数据资源融合应用，推动金融与民生服务系统互联互通，将金融服务无缝融入实体经济各领域，打破服务门槛和壁垒，拓宽生态边界，形成特色鲜明、布局合理、包容开放、互利共赢的发展格局。

### 第三节　发展目标

到2021年，建立健全我国金融科技发展的"四梁八柱"，进一步增强金融业科技应用能力，实现金融与科技深度融合、协调发展，明显增强人民群众对数字化、网络化、智能化金融产品和服务的满意度，使我国金融科技发展居于国际领先水平。

——金融科技应用先进可控。金融与行业数据规范融合应用水平大幅提升，金融创新活力不断激发，安全、可控、先进、高效的金融科技应用体系全面建成。

——金融服务能力稳步增强。金融服务覆盖面逐步扩大，优质金融产品供给不断丰富，金融业务质效显著提升，金融服务民营企业、小微企业等实体经济水平取得新突破。

——金融风控水平明显提高。金融安全管理制度基本形成，金融风险技防能力大幅提高，金融风险防范长效机制逐步健全，金融风险管控水平再上新台阶。

——金融监管效能持续提升。金融科技监管基本规则体系逐步完善，金融科技创新产品全生命周期管理机制基本形成，金融监管效能和金融机构合规水平持续提升。

——金融科技支撑不断完善。金融科技法律和标准体系日益健全，消费者金融素养显著提升，与金融科技发展相适应的基础设施逐步健全。

——金融科技产业繁荣发展。培育一批具有国际知名度和影响力的金融科技市场主体，社会组织和专业服务机构对金融科技发展支撑作用不断强化，开放、合作、共赢的金融科技产业生态体系基本形成。

## 第三章　重点任务

### 第一节　加强金融科技战略部署

从长远视角加强顶层设计，把握金融科技发展态势，强化统筹规划、体制机制、人才队伍建设等方面的战略部署，为金融科技发展提供保障。

（一）加强统筹规划。深刻认识发展金融科技的紧迫性、必要性和重要性，深入贯彻新发展理念，明确发展方向、转变发展方式、制定发展战略，结合市场需求及自身禀赋谋求差异化、特色化发展。从战略全局高度谋划，加强顶层设计与总体规划，加快在运营模式、产品服务、风险管控等方面的改革步伐，制定金融科技应用的时间表和路线图，加大科技投入力度，重塑业务价值链，补齐传统金融短板，巩固和扩大竞争优势，打造新的增长点。金融机构要在年报及其他正式渠道中真实、准确、完整地披露用于创新性研究与应用的科技投入情况。

（二）优化体制机制。着力解决利用金融科技实现转型升级过程中的体制机制问题，积极稳妥推进治理结构、管理模式、组织方式的调整优化，理顺职责关系，打破部门间壁垒，突破部门利益固化藩篱，提高跨条线、跨部门协同协作能力，加快制定组织架构重塑计划，依法合规探索设立金融科技子公司等创新模式，切实发挥科技引领驱动作用，构建系统完备、科学规范、运行有效的制度体系。加强管理制度创新，推动内部孵化与外部合作并举，增强组织与管理的灵活性、适应性，提升对市场需求的反应速度和能力，探索优化有利于科技成果应用、产品服务创新的轻型化、敏捷化组织架构，加强金融与科技产业对接，集中内外部优势资源，提升新技术自主掌控能力，更好地促进金融科技转化为现实生产力。

（三）加强人才队伍建设。围绕金融科技发展战略规划与实际需要，研究制定人才需求目录、团队建设规划、人才激励保障政策等，合理增加金融科技人员占比。金融机构要在年报及其他正式渠道中真实、准确、完整地披露科技人员数量与占比。建立健全与金融市场相适应、有利于吸引和留住人才、激励和发展人才的薪酬和考核制度，激发人才创新创造活力。拓宽人才引进渠道，通过社会招聘吸纳成熟人才，通过校园招聘构建后备力量，通过顾问、特聘等形式引进行业尖端智慧。制定金融科技人才培养计划，深化校企合作，注重从业人员科技创新意识与创新能力培养，造就既懂金融又懂科技的专业人才，优化金融业人员结构，为金融科技发展提供智力支持。

## 第二节　强化金融科技合理应用

以重点突破带动全局，规范关键共性技术的选型、能力建设、应用场景和安全管控，探索新兴技术在金融领域安全应用，加快扭转关键核心技术和产品受制于人的局面，全面提升金融科技应用水平，将金融科技打造成为金融高质量发展的"新引擎"。

（四）科学规划运用大数据。加强大数据战略规划和统筹部署，加快完善数据治理机制，推广数据管理能力的国家标准，明确内部数据管理职责，突破部门障碍，促进跨部门信息规范共享，形成统一数据字典，再造数据使用流程，建立健全企业级大数据平台，进一步提升数据洞察能力和基于场景的数据挖掘能力，充分释放大数据作为基础性战略资源的核心价值。打通金融业数据融合应用通道，破除不同金融业态的数据壁垒，化解信息孤岛，制定数据融合应用标准规范，发挥金融大数据的集聚和增值作用，推动形成金融业数据融合应用新格局，助推全国一体化大数据中心体系建设。在切实保障个人隐私、商业秘密与敏感数据前提下，强化金融与司法、社保、工商、税务、海关、电力、电信等行业的数据资源融合应用，加快推进服务系统互联互通，建立健全跨地区、跨部门、跨层级的数据融合应用机制，实现数据资源有效整合与深度利用。

（五）合理布局云计算。统筹规划云计算在金融领域的应用，引导金融机构探索与互联网交易特征相适应、与金融信息安全要求相匹配的云计算解决方案，搭建安全可控的金融行业云服务平台，构建集中式与分布式协调发展的信息基础设施架构，力争云计算服务能力达到国际先进水平。加快云计算金融应用规范落地实施，充分发挥云计算在资源整合、弹性伸缩等方面的优势，探索利用分布式计算、分布式存储等技术实现根据业务需求自动配置资源、快速部署应用，更好地适应互联网渠道交易瞬时高并发、多频次、大流量的新型金融业务特征，提升金融服务质量。强化云计算安全技术研究与应用，加强服务外包风险管控，防范云计算环境下的金融风险，确保金融领域云服务安全可控。

（六）稳步应用人工智能。深入把握新一代人工智能发展的特点，统筹优化数据资源、算法模型、算力支持等人工智能核心资产，稳妥推动人工智能技术与金融业务深度融合。根据不同场景的业务特征创新智能金融产品与服务，探索相对成熟的人工智能技术在资产管理、授信融资、客户服务、精准营销、身份识别、风险防控等领域的应用路径和方法，构建全流程智能金融服务模式，推动金融服务向主动化、个性化、智慧化发展，助力构建数据驱动、人机协同、跨界融合、共创分享的智能经济形态。加强金融领域人工智能应用潜在风险研判和防范，完善人工智能金融应用的政策评估、风险防控、应急处置等配套措施，健全人工智能金融应用安全监测预警机制，研究制定人工智能金融应用监管规则，强化智能化金融工具安全认证，确保把人工智能金融应用规制在安全可控范围内。围绕运用人工智能开展金融业务的复杂性、风险性、不确定性等特点，研究提出基础性、前瞻性管理要求，整合多学科力量加强人工智能金融应用相关法律、伦理、社会问题研究，推动建立人工智能金融应用法律法规、伦理规范和政策体系。

（七）加强分布式数据库研发应用。做好分布式数据库金融应用的长期规划，加大研发与应用投入力度，妥善解决分布式数据库产品在数据一致性、实际场景验证、迁移保障规范、新型运维体系等方面的问题。探索产用联合新模式，发挥科技公司的技术与创新能力，共同研发新产品、发展新产业、凝聚新动能。有计划、分步骤地稳妥推动分布式数据库产品先行先试，形成可借鉴、能推广的典型案例和解决方案，为分布式数据库在金融领域的全面应用探明路径。建立健全产学结合、校企协同的人才培养机制，持续加强分布式数据库领域底层和前沿技术研究，制定分布式数据库金融应用标准规范，从技术架构、安全防护、灾难恢复等方面明确管理要求，确保分布式数据库在金融领域稳妥应用。

（八）健全网络身份认证体系。构建适应互联网时代的移动终端可信环境，充分利用可信计算、安全多方计算、密码算法、生物识别等信息技术，建立健全兼顾安全与便捷的多元化身份认证体系，不断丰富金融交易验证手段，保障移动互联环境下金融交易安全，提升金融服务的可得性、满意度与安全水平。综合运用数字签名技术、共识机制等手段，强化金融交易报文规范管理，保障金融交易过程的可追溯和不可抵赖，提升金融交易信息的真实性、保密性和完整性。积极探索新兴技术在优化金融交易可信环境方面的应用，稳妥推进分布式账本等技术验证试点和研发运用。

## 第三节　赋能金融服务提质增效

合理运用金融科技手段丰富服务渠道、完善产品供给、降低服务成本、优化融资服务，提升金融服务质量与效率，使金融科技创新成果更好地惠及百姓民生，推动实体经济健康可持续发展。

（九）拓宽金融服务渠道。充分运用信息技术与互联网资源做强线上服务，丰富完善金融产品和业务模式，为客户提供全方位、多层次的线上金融服务。进一步发挥线下资源优势，构筑线上线下一体化的经营发展模式，加快制定线上线下渠道布局规划和全渠道服务实施方案，实现电子渠道与实体网点、自助设备等的信息共享和服务整合，增强交叉营销、跨渠道服务水平，解决线上线下发展不平衡不充分的问题。借助应用程序编程接口（API）、软件开发工具包（SDK）等手段深化跨界合作，在依法合规前提下将金融业务整合解构和模块封装，支持合作方在不同应用场景中自行组合与应用，借助各行业优质渠道资源打造新型商业范式，实现资源最大化利用，构建开放、合作、共赢的金融服务生态体系。

（十）完善金融产品供给。强化需求引领作用，主动适应数字经济环境下市场需求的快速变化，在保障客户信息安全的前提下，利用大数据、物联网等技术分析客户金融需求，借助机器学习、生物识别、自然语言处理等新一代人工智能技术，提升金融多媒体数据处理与理解能力，打造"看懂文字""听懂语言"的智能金融产品与服务。结合客户个性化需求和差异化风险偏好，构建以产品为中心的金融科技设计研发体系，探索运用敏捷开发、灰度发布、开发运维一体化等方法提升创新研发质量与效率，打造差异化、场景化、智能化的金融服务产品。加强客户服务持续跟踪，借助互联网等渠道改进营销策略、改善用户体验、提升营销效果，提高产品易用性与获客留客能力。

（十一）提升金融服务效率。积极利用移动互联网、人工智能、大数据、影像识别等技术推动传统实体网点向营销型、体验型智慧网点转变，优化改进网点布局和服务流程，缩减业务办理时间，提升网点营业效率。探索基于跨行业数据资源开展多渠道身份核验，提升金融服务客户识别效率。探索轻型化金融服务模式，打造对内聚合产品与服务、对外连接合作机构与客户的综合性金融与民生服务平台，发挥客户集聚效应，降低金融服务边际成本，提升金融服务与社会公共服务效率。利用云计算等技术实现资源高度复用、灵活调度和有效供给，探索构建跨层级、跨区域的自动化、智能化业务处理中心，提升金融服务运营效率。

（十二）增强金融惠民服务能力。强化金融服务意识，下沉经营重心，加大对零售客户的服务力度，使金融科技发展成果更多地惠及民生。依托电信基础设施，发挥移动互联网泛在优势，面向"三农"和偏远地区尤其是深度贫困地区提供安全、便捷、高效的特色化金融科技服务，延伸金融服务辐射半径，突破金融服务"最后一公里"制约，推动数字普惠金融发展。积极探索金融惠民创新服务模式，借助移动金融、情景感知等手段将金融服务深度融入民生领域，进一步拓展金融服务在衣食住行、医疗教育、电子商务等方面的应用场景，实现主要民生领域的金融便捷服务广覆盖，提升社会保障、诊疗、公用事业缴费等公共服务便利化水平。

（十三）优化企业信贷融资服务。加大金融科技产品服务创新力度，加强人工智能、移动互联网、大数据、云计算等科技成果运用，加快完善小微企业、民营企业、科创企业等重点领域的信贷流程和信用评价模型，引导企业征信机构利用替代数据评估企业信用状况，降低运营管理成本，提高贷款发放效率和服务便利度，纾解企业融资难融资贵的困局，促进经济转型升级和新旧动能转换。基于海量数据处理和智能审计等技术，综合分析企业类型、财务状况、偿债能力等，降低信息不对称，加强风险侦测和预警，及时调整融资主体信用评级，防止资金流向经营状况差、清偿难度大的高风险企业，为解决脱实向虚、资金空转等问题提供决策支持。加强供应链大数据分析应用，确保借贷资金基于真实交易，通过跨界融合、搭建供应链金融服务平台、建立产业链生态等，为供应链上下游企业提供高效便捷的融资渠道，解决供应链资金配置失衡等问题，合理引导金融资源配置到经济社会发展的关键领域和薄弱环节。

（十四）加大科技赋能支付服务力度。利用人工智能、支付标记化、云计算、大数据等技术优化移动支付技术架构体系，实现账户统一标记、手机客户端软件（APP）规范接口、交易集中路由。推动条码支付互联互通，研究制定条码支付互联互通技术标准，统一条码支付编码规则、构建条码支付互联互通技术体系，打通条码支付服务壁垒，实现不同APP和商户条码标识互认互扫。探索人脸识别线下支付安全应用，借助密码识别、隐私计算、数据标签、模式识别等技术，利用专用口令、"无感"活体检测等实现交易验证，突破1:N人脸辨识支付应用性能瓶颈，由持牌金融机构构建以人脸特征为路由标识的转接清算模式，实现支付工具安全与便捷的统一。

### 第四节　增强金融风险技防能力

正确处理安全与发展的关系，运用金融科技提升跨市场、跨业态、跨区域金融风险的识别、预警和处置能力，加强网络安全风险管控和金融信息保护，做好新技术应用风险防范，坚决守住不发生系统性金融风险的底线。

（十五）提升金融业务风险防范能力。完善金融业务风险防控体系，运用数据挖掘、机器学习等技术优化风险防控数据指标、分析模型，精准刻画客户风险特征，有效甄别高风险交易，提高金融业务风险识别和处置的准确性。健全风险监测预警和早期干预机制，合理构建动态风险计量评分体系、制定分级分类风控规则，将智能风控嵌入业务流程，实现可疑交易自动化拦截与风险应急处置，提升风险防控的及时性。组织建设统一的金融风险监控平台，引导金融机构加强金融领域APP与门户网站实名制和安全管理，增强网上银行、手机银行、直销银行等业务系统的安全监测防护水平，提升对仿冒APP、钓鱼网站的识别处置能力。构建跨行业、跨部门的风险联防联控机制，加强风险信息披露和共享，加大联合惩戒力度，防止风险交叉传染，实现风险早识别、早预警、早处置，提升金融风险整体防控水平。

（十六）加强金融网络安全风险管控。严格落实《中华人民共和国网络安全法》等国家网络安全法律法规及相关制度标准，持续加大网络安全管理力度，健全全流程、全链条的网络安全技术防护体系，加快制定并组织实施金融业关键软硬信息基础设施安全规划，增强与网信、公安、工信等部门的协调联动，切实提高金融业关键软硬信息基础设施安全保障能力。完善网络安全技术体系建设，健全金融网络安全应急管理体系，优化金融业灾难备份系统布局，提升金融业信息系统业务连续性。加强网络安全态势感知，动态监测分析网络流量和网络实体行为，绘制金融网络安全整体态势图，准确把握网络威胁的规律和趋势，实现风险全局感知和预判预警，提升重大网络威胁、重大灾害和突发事件的应对能力。加强顶层设计和统筹协调，建设跨业态、统一的金融网络安全态势感知平台，支撑金融业网络攻击溯源和精确应对，提升重大网络攻击的全面掌控和联合处置能力。

（十七）加大金融信息保护力度。建立金融信息安全风险防控长效机制，研究制定金融信息全生命周期管理制度和标准规范，定期组织对易发生金融信息泄露的环节进行排查，保障身份、财产、账户、信用、交易等数据资产安全。加强金融信息安全防护，遵循合法、合理原则，选择符合国家及金融行业标准的安全控件、终端设备、APP等产品进行金融信息采集和处理，利用通道加密、双向认证等技术保障金融信息传输的安全性，运用加密存储、信息摘要等手段保证重要金融信息机密性与完整性，通过身份认证、日志完整性保护等措施确保金融信息使用过程有授权、有记录，防范金融信息集中泄露风险。强化金融信息保护内部控制管理，健全金融信息安全管理制度，明确相关岗位和人员的管理责任，定期开展金融信息安全内部审计与外部安全评估，防止金融信息泄露和滥用。

（十八）做好新技术金融应用风险防范。正确把握金融科技创新与安全的关系，加强新技术基础性、前瞻性研究，在安全合规的前提下，合理应用新技术赋能金融产品与服务创新。综合实际业务场景、交易规模等深入研判新技术的适用性、安全性和供应链稳定性，科学选择应用相对成熟可控、稳定高效的技术。充分评估新技术与业务融合的潜在风险，建立健全试错容错机制，完善风险拨备资金、保险计划、应急处置等风险补偿措施，在风险可控范围内开展新技术试点验证，做好用户反馈与舆情信息收集，不断提升金融产品安全与质量水平。强化新技术应用保障机制，明确新技术应用的运行监控和风险应急处置策略，防范新技术自身风险与应用风险。

### 第五节　加大金融审慎监管力度

加强金融科技审慎监管，建立健全监管基本规则体系，加大监管基本规则拟订、监测分析和评估工作力度，运用现代科技手段适时动态监管线上线下、国际国内的资金流向流量，探索金融科技创新管理机制，服务金融业综合统计，增强金融监管的专业性、统一性和穿透性。

（十九）建立金融科技监管基本规则体系。充分借鉴国际先进经验，系统梳理现行监管规则，结合我国金融科技发展现状和趋势，加强金融科技监管顶层设计，围绕基础通用、技术应用、安全风控等方面，逐步建成纲目并举、完整严密、互为支撑的金融科技监管基本规则体系。针对不同业务、不同技术、不同机构的共性特点，明确金融科技创新应用应遵循的基础性、通用性、普适性监管要求，划定金融科技产品和服务的门槛和底线。针对专项技术的本质特征和风险特性，提出专业性、针对性的监管要求，制定差异化的金融监管措施，提升监管精细度和匹配度。针对金融科技创新应用在信息保护、交易安全、业务连续性等方面的共性风险，从敏感信息全生命周期管理、安全可控身份认证、金融交易智能风控等通用安全要求入手，明确不可逾越的安全红线。

（二十）加强监管协调性。建立健全金融协调性监管框架，充分发挥金融业综合统计对货币政策和宏观审慎政策双支柱调控框架的支撑作用，在国家金融基础数据库框架内搭建金融机构资产管理产品报告平台，将金融科技新产品纳入金融业综合统计体系，通过统计信息标准化、数据挖掘算法嵌入、数据多维提取、核心指标可视化呈现等手段，助力"统一、全面、共享"的金融业综合统计体系建设，覆盖所有金融机构、金融基础设施和金融活动，确保统计信息的完整性和权威性。

（二十一）提升穿透式监管能力。加强监管科技应用，建立健全数字化监管规则库，研究制定风险管理模型，完善监管数据采集机制，通过系统嵌入、API 等手段，实时获取风险信息、自动抓取业务特征数据，保证监管信息的真实性和时效性。综合全流程监管信息建立监测分析模型，把资金来源、中间环节与最终投向穿透联接起来，透过金融创新表象全方位、自动化分析金融业务本质和法律关系，精准识别、防范和化解金融风险，强化监管渗透的深度和广度。引导金融机构积极配合实施穿透式监管，通过系统接口准确上送经营数据，合理应用信息技术加强合规风险监测，提升智能化、自动化合规能力和水平，持续有效满足金融监管要求。

（二十二）建立健全创新管理机制。加强金融科技创新产品规范管理，出台基础性、通用性监管要求，明确不可逾越的监管红线和底线，运用信息公开、产品公示、公众参与、共同监督的柔性监管方式，划定金融科技守正创新边界，使金融科技创新有章可循、有规可依，确保金融科技产品业务合规、技术安全、风险可控。事前抓好源头管控，落实主体责任，强化内部管控和外部评估，严把金融科技创新产品入口关。事中加强协同共治，以金融科技创新产品声明管理为抓手，充分调动社会各方积极性，扩大参与度，构建行业监管、社会监督、协会自律、机构自治的多位一体治理体系，共同打造全社会协同共治的治理格局，及时发现金融科技创新产品风险隐患，杜绝存在安全隐患的产品"带病上线"，筑牢金融科技创新安全防火墙。事后强化监督惩戒，畅通投诉举报渠道，建立联合惩戒机制，加强违规惩戒，确保创新产品不突破监管要求和法律法规，不引发系统性金融风险。

### 第六节 夯实金融科技基础支撑

持续完善金融科技产业生态，优化产业治理体系，从技术攻关、法规建设、信用服务、标准规范、消费者保护等方面有力支撑金融科技健康有序发展。

（二十三）加强金融科技联合攻关。合理布局金融科技产业生态，促进产学研用协同联动、形成合力。聚焦重大科学前沿问题和基础理论瓶颈，开展前瞻性、基础性研究，支持高校和科研院所研究建立金融科技相关学科体系，推动经济金融、计算机科学、数理科学等多学科交叉融合，把握金融科技发展深层规律，夯实金融科技应用理论基础。针对金融科技发展面临的共性技术难题，推动产业部门加大支持力度，鼓励科技企业加强研究攻关，为金融科技发展与应用提供技术支撑。通过孵化平台、专项合作、试点推广等手段，促进技术成果及时转化和共享，提升我国金融科技产业链整体竞争力。

（二十四）推动强化法律法规建设。针对现代科技成果金融应用新特点，推动健全符合我国国情的金融法治体系，研究调整完善不适应金融科技发展要求的现行法律法规及政策规定，推动出台金融业新技术应用的相关法律法规，在条件成熟时将原有立法层次较低的部门规章等及时上升为法律法规。厘清法律边界，明确金融监管部门的职能和金融机构的权利、义务，破除信息共享等方面的政策壁垒，营造公平规范市场环境，为金融与科技融合发展提供法治保障。

（二十五）增强信用服务支撑作用。完善金融信用信息基础数据库，引导市场化征信机构依法合规开展征信业务，扩大征信覆盖范围，打造具有较高公信力和较大影响力的信用评级机构，满足社会多层次、全方位和专业化的征信需求，促进信用信息共享与应用。加强信用信息主体权益保护，防范信用信息泄露风险，完善信用信息主体的异议、投诉及责任处理机制，切实保障个人信用信息安全，提升征信市场有效供给和征信服务水平。

（二十六）推进标准化工作。针对金融科技发展新情况、新趋势，完善金融科技标准体系，培育满足市场和创新需要的国家及金融行业标准，加强标准间协调，从基础通用、产品服务、运营管理、信息技术和行业管理等方面规范引导金融创新。加快制定完善人工智能、大数据、云计算等在金融业应用的技术与安全规范。针对金融业信息技术应用建立健全国家统一推行的认证机制，进一步加强金融科技创新产品的安全管理，促进金融标准的实施落地，有效提升金融服务质量与安全水平。持续推进金融业信息技术创新应用标准的国际化，积极参与国际标准制定，推动国内优秀标准转换为国际标准，促进我国金融科技创新全球化发展。

（二十七）强化金融消费者权益保护。建立健全适应金融科技发展的消费者权益保护机制，规范和引导金融机构提供金融科技产品与服务，依法加强监督检查，及时查处侵害金融消费者合法权益的行为，维护金融科技市场有序运行。引导金融机构将保护金融消费者合法权益纳入公司治理、企业文化建设和经营发展战略中统筹规划，建立完善重大突发事件应急处置机制，认真落实投资者适当性制度，制定先行赔付、保险补偿等保护金融消费者合法权益的具体措施。督促和指导金融机构切实履行金融消费者投诉处理主体责任，完善投诉处理程序，提升投诉处理质量与效率，接受社会监督，切实保护金融消费者合法权益。

## 第四章　保障措施

### 第一节　加强组织统筹

金融科技发展规划是关系我国金融业高质量发展的前瞻谋划，必须高度重视，加强组织领导，结合实际、科学谋划、统筹协调，以钉钉子的精神切实抓好落实，一张蓝图干到底。根据职能定位和任务分工研究制定具体实施办法、完善配套政策措施、健全正向激励机制，提高相关单位推进金融科技发展的积极性，形成金融管理部门、金融机构、产业部门、社会团体等密切配合、协同推进的工作格局，确保各项措施和要求落实到位。

### 第二节　加大政策支持

加大中央、地方预算内资金投入力度，发挥国家科技计划（专项、基金等）作用，重点支持金融科技领域基础、共性和关键技术研发以及重大应用试点示范、公共服务平台建设等。探索引导性资金支持方式，对需求明确的金融科技创新活动，发挥好市场配置资源的决定性作用、金融机构的创新主体作用和财政资金的杠杆作用。落实国家支持科技创新与应用的税收政策，降低金融科技创新的税收负担。

### 第三节　完善配套服务

充分发挥各地区资源、技术、人才、环境等优势，加大金融科技相关配套服务支持力度，全面做好软硬件方面的统筹布局。加大金融科技载体建设力度，科学设立产业园区、孵化器、加速器、特色小镇、众创空间等金融科技示范区，集中承载金融科技业态，激发金融机构、科技公司等的内生发展动力。探索金融资源与科技资源对接的新机制，发展法律咨询、知识产权、风险投资、股权融资、创业孵化、市场推广等专业服务，构建全链条、全方位的金融科技产业生态。

## 第四节　强化国际交流

坚持金融业改革开放，进一步深化与其他国家、地区、国际组织的紧密联系与沟通，在人才、技术、标准、知识产权等方面加强多形式、多层次、多领域的平等磋商与务实合作，完善金融科技全球治理体系，推动建立有利于金融科技发展的国际新规则，实现互惠共赢、共同发展。结合共建"一带一路"倡议，积极对外输出我国金融科技发展催生的技术、标准、产品和服务等，探索双边、多边的示范性项目合作，不断提升我国金融业利用信息技术的能力和水平。

## 第五节　做好宣传贯彻

主动做好政策解读，推进相关政策措施公开透明，正面引导社会舆情，确保政策准确传导并有效实施。金融机构、行业自律组织等要积极运用多种形式广泛开展宣传工作，普及金融科技应用与发展相关知识，提升消费者金融素养，培养消费者现代金融理念，增强消费者风险防范能力，为发展规划的实施创造良好的社会环境和舆论氛围。

附录3

# 金融科技产品认证目录（第一批）及
# 金融科技产品认证规则

为贯彻国务院《关于加强质量认证体系建设　促进全面质量管理的意见》（国发〔2018〕3号）精神，落实国家认证认可监督管理委员会、中国人民银行《关于开展支付技术产品认证工作的实施意见》（国认证联〔2017〕91号）和《关于加强支付技术产品标准实施与安全管理的通知》（银发〔2017〕208号）要求，更好满足金融行业发展与监管需要，市场监管总局、人民银行决定将支付技术产品认证扩展为金融科技产品认证，并于2019年10月25日发布了《金融科技产品认证目录（第一批）》及《金融科技产品认证规则》。

## 一、金融科技产品认证目录（第一批）

| 序号 | 产品种类 | 产品范围描述 |
| --- | --- | --- |
| 1 | 客户端软件 | 支持支付业务（包括处理订单）的移动终端客户端软件，包括：移动终端客户端程序、支付控件、软件开发工具包（SDK）等。 |
| 2 | 安全芯片 | 支持移动支付业务开展的安全芯片，是指构成金融行业安全载体的具有中央处理器的集成电路芯片。 |
| 3 | 安全载体 | 支持移动支付业务开展的基于安全芯片运行的安全单元以及承载安全单元的介质，例如SIM卡、SD卡、eSE、inSE等。 |
| 4 | 嵌入式应用软件 | 支持移动支付业务开展的，运行于安全单元（SE）内嵌入式系统软件之上的嵌入式应用软件。 |
| 5 | 银行卡自动柜员机（ATM）终端 | 一种组合了多种不同金融业务功能的自助服务设备，持卡人可利用该设备所提供的功能完成存款、取款等金融服务。 |
| 6 | 支付销售点（POS）终端 | 基于图像识别、近场通信、集成电路卡、磁条等技术，支持支付交易数据读取与处理，具备信息加密保护功能的商户端专用机具。 |

续表

| 序号 | 产品种类 | 产品范围描述 |
|---|---|---|
| 7 | 移动终端可信执行环境（TEE） | 基于硬件和软件结合的移动终端可信执行环境（TEE），包括与TEE安全功能应用相关的硬件（SoC平台及相关硬件资源）、固件及相关软件（可信执行环境操作系统、可信虚拟化层等）和安全使用指引，不包括可信应用（TA）、客户端应用（CA）和富执行环境（REE）。 |
| 8 | 可信应用程序（TA） | 基于TEE的实现特定金融应用的可信应用程序。 |
| 9 | 条码支付受理终端（含显码设备、扫码设备） | 具有条码展示或识读等功能，参与条码支付的商户端专用机具，包括显码设备和扫码设备。其中，显码设备是指具有条码展示功能的专用设备；扫码设备是指识读条码并且向后台系统发起支付指令的专用设备，包括但不限于带扫码装置的收银机、POS终端、自助终端等。 |
| 10 | 声纹识别系统 | 提供声纹识别服务的服务器端系统（可包含移动终端客户端可执行文件或组件等）。 |
| 11 | 云计算平台 | 云计算平台包括金融业各机构自建、自用、自运行的私有云和供金融业各机构共享使用的团体云。 |

## 二、金融科技产品认证规则

### 1. 适用范围

本规则适用于金融科技产品，包括以下产品种类：客户端软件、安全芯片、安全载体、嵌入式应用软件、银行卡自动柜员机（ATM）终端、支付销售点（POS）终端、移动终端可信执行环境（TEE）、可信应用程序（TA）、条码支付受理终端（含显码设备、扫码设备）、声纹识别系统和云计算平台。

### 2. 认证依据

金融科技产品认证依据的标准见下表。

| 序号 | 产品种类 | 认证依据 |
|---|---|---|
| 1 | 客户端软件 | JR/T 0092；<br>JR/T 0098.3；<br>T/PCAC 0006（适用时） |

续表

| 序号 | 产品种类 | 认证依据 |
|---|---|---|
| 2 | 安全芯片 | JR/T 0089.1；<br>JR/T 0089.2；<br>JR/T 0098.2 |
| 3 | 安全载体 | JR/T 0089.1；<br>JR/T 0089.2；<br>JR/T 0098.5 |
| 4 | 嵌入式应用软件 | JR/T 0095；<br>JR/T 0098.5 |
| 5 | 银行卡自动柜员机（ATM）终端 | JR/T 0002；<br>JR/T 0120.3；<br>JR/T 0120.5；<br>T/PCAC 0004 |
| 6 | 支付销售点（POS）终端 | JR/T 0001；<br>JR/T 0120.1；<br>JR/T 0120.5；<br>T/PCAC 0003 |
| 7 | 移动终端可信执行环境（TEE） | JR/T 0156 |
| 8 | 可信应用程序（TA） | JR/T 0156 |
| 9 | 条码支付受理终端（含显码设备、扫码设备） | 《条码支付安全技术规范（试行）》（银办发〔2017〕242号）；<br>《条码支付受理终端技术规范（试行）》（银办发〔2017〕242号）；<br>T/PCAC 0005 |
| 10 | 声纹识别系统 | JR/T 0164 |
| 11 | 云计算平台 | JR/T 0166；<br>JR/T 0167；<br>JR/T 0168 |

上述标准原则上应执行最新版本，当需要使用标准的其他版本时，按认监委发布的有关文件要求执行。

### 3. 认证模式

金融科技产品认证的基本认证模式为：型式试验+获证后监督；上述获证后监督是指获证后的跟踪检查、生产现场抽取样品检测、市场抽样检测三种方式之一或组合。认证机构可根据实际情况确定认证委托方所能适用的认证模式。

**4. 认证单元划分**

原则上应按产品型号、规格、版本的不同划分认证单元，当以多个型号、规格、版本的产品作为一个认证单元时，认证委托方应提交各型号、规格、版本产品间的差异说明。

**5. 认证委托**

5.1　申请与受理

认证委托方向认证机构提出金融科技产品认证委托，认证机构对认证委托进行处理，并按照认证细则中的时限要求反馈受理或不予受理的信息。不符合国家法律法规及相关产业政策要求时，认证机构不得受理相关认证委托。

5.2　申请资料

认证机构应根据法律法规、标准及认证实施的需要在认证细则中明确申请资料清单（应至少包括认证申请书、合同或认证委托方/生产者/生产企业的注册证明等）。

认证委托方应按认证细则中申请资料清单的要求提供所需资料。认证机构负责审核、管理、保存、保密有关资料，并将资料审核结果告知认证委托方。

5.3　实施安排

认证机构与认证委托方签署认证合同或协议，约定双方在认证实施各环节中的相关责任和安排。按照本规则及认证细则的要求，确定认证实施的具体方案并告知认证委托方。

**6. 认证实施**

6.1　型式试验

6.1.1　制定型式试验方案

认证机构在进行资料审核后受理认证委托，制定型式试验方案并告知认证委托方。型式试验方案包括型式试验的全部样品要求和数量、检测标准项目、可选择的检测机构等。

### 6.1.2　型式试验样品要求

认证机构应在认证细则中明确认证产品抽样/送样的相关要求。通常，型式试验的样品由认证委托方按认证机构的要求选送代表性样品；必要时，认证机构也可采取现场抽样/封样方式获得样品。认证委托方应保证其所提供的样品与实际生产产品一致。检测机构对样品真实性有疑义时，应向认证机构说明，认证机构应做出相应处理。

### 6.1.3　型式试验实施

型式试验应在签约的检测机构完成。检测机构对样品进行型式试验，对检测全过程作出完整记录并归档留存，检测机构应在认证周期内留存样品或关键件，保证检测结果可追溯和可复现。

### 6.1.4　型式试验报告

认证机构应规定统一的型式试验报告格式。型式试验结束后，检测机构应及时向认证机构和认证委托方出具型式试验报告。认证委托方应确保在获证后监督时能够向认证机构提供完整有效的型式试验报告。

### 6.2　文件审查

认证机构依照认证规则及认证细则，对申请材料及型式试验报告的符合性进行审查，获取样品是否符合认证依据的证据。

### 6.3　现场检查

根据申请认证产品的具体情况，认证机构确定是否需要进行现场检查。认证机构进行现场检查的内容包括认证委托方/生产企业的安全保证能力、质量保证能力、产品一致性检查和文件审查问题的核查。

### 6.4　认证结果评价与决定

认证机构对文件审查、现场检查和型式试验结果进行综合评价，作出认证决定，对符合认证要求的，颁发认证证书。认证决定过程中如发现不符合认证要求项，允许认证委托方限期（通常情况下不超过3个月）整改，如期完成整改后，认证机构采取适当方式对整改结果进行确认，对符合认证要求的，颁发认证证书；对仍然不符合认证要求的，认证机构不予批准认证委托，认证终止。

### 6.5　认证时限

认证机构应对认证各环节的时限作出明确规定，并确保相关工作按时限完成。检测机构、认证委托方均应对认证活动予以积极配合。

### 6.6　获证后监督

#### 6.6.1　获证后监督频次和方式

为保证产品持续符合标准要求，在认证有效期内，认证机构持续进行获证后监督审查。获证后监督可采用现场审查或文件审查的方式。认证机构可采取事先不通知的方式对获证方实施监督。

获证方如出现以下情形之一，认证机构可视情况增加获证后监督审查的频次：

（1）获证产品出现严重质量问题，或者用户提出投诉并经查实为获证方责任时；

（2）认证机构有足够理由，对获证产品与本规则中规定的标准要求的符合性提出质疑时；

（3）有足够信息表明获证方因组织机构、生产条件、质量管理体系等发生变更，从而可能影响产品质量时。

#### 6.6.2　获证后监督审查的内容

获证后监督可采用现场审查或文件审查的方式，必要时可委托检测机构对产品进行抽样检测。需要进行抽样检测时，抽样检测的样品应在获证方的产品中（包括生产线、仓库、市场）随机抽取。型式试验的检测项均可以作为监督时的检测项，认证机构可根据具体情况进行部分或全部的检测。

#### 6.6.3　获证后监督结果评价

对于获证后监督审查合格的获证方，认证机构应做出保持其认证资格的决定；

对于获证后监督审查不合格的获证方，允许其限期（通常情况下不超过3个月）采取措施进行纠正，如逾期仍未纠正，应撤销其认证资格。

**7. 认证证书**

7.1  认证证书的保持

认证证书有效期为3年。在有效期内，通过认证机构的获证后监督确保认证证书的有效性。期满后进行监督审查，合格即可续期。

7.2  认证证书覆盖产品的变更

产品获证后，如果在认证细则中定义的产品关键件或其他事项发生变更时，认证委托方应向认证机构提出变更申请，认证机构根据具体情况开展相应的变更审查活动。

7.2.1  变更申请和要求

认证机构应在认证细则中明确认证变更的具体要求，包括认证变更的范围和程序。

7.2.2  变更评价与批准

认证机构根据变更的内容，对委托方提供的资料进行评价，确定是否可以批准变更，如需进行样品测试或现场检查，应在测试或检查合格后，方可批准变更，换发认证证书。

7.3  认证证书覆盖产品的扩展

认证委托方需要扩展已经获得的认证证书覆盖的产品范围时，应向认证机构提出扩展产品的认证委托。

认证机构根据认证委托方提供的扩展产品有关技术资料，核查扩展产品与原认证产品的差异，确认原认证结果对扩展产品的有效性，并针对差异做补充试验或对生产现场产品进行检查。核查通过的，由认证机构根据认证委托方的要求单独颁发或换发认证证书。

原则上，应以最初进行全项型式试验的代表性型号样品作为扩展评价的基础。

7.4 认证证书的注销、暂停和撤销

认证证书的注销、暂停和撤销依据认证机构的有关规定执行。认证机构应确定不符合认证要求的产品类别和范围，并采取适当方式对外公告被注销、暂停、撤销的产品认证证书。

7.5 认证证书的使用

认证证书可以展示在文件、网站、通过认证的工作场所、销售场所、广告和宣传资料或广告宣传等商业活动中，但不得利用认证证书和相关文字、符号，误导公众认为认证证书覆盖范围外的产品、服务、管理体系获得认证，宣传认证结果时不应损害认证机构的声誉。

认证证书不准伪造、涂改、出借、出租、转让、倒卖、部分出示、部分复印。获证方应妥善保管证书，以免丢失、损坏。如发生证书丢失、损坏的，获证方可申请补发。

获证方应建立认证证书使用和管理制度，对认证证书的使用情况如实记录存档。

### 8. 认证标志

金融科技产品认证实行统一的认证标志管理，标志的图案见下图。

标志的样式和使用应符合《金融科技产品认证标志管理要求》（见附件）。

### 9. 认证责任

认证机构对其作出的认证结论负责。

检测机构对检测结果和检测报告负责。认证机构及其所委派的现场检查员对现场检查结论负责。认证委托方对其所提交的委托资料及样品的真实性、合法性负责。

### 10. 认证细则

认证机构应依据本规则的原则和要求，制定科学、合理、可操作的认证细则。认证细则应向认监委备案后，对外公布实施。认证细则应至少包括以下内容：

（1）认证流程及时限要求；

（2）认证单元划分的细则及相关要求；

（3）认证委托申请资料及相关要求；

（4）现场审查内容；

（5）样品备案要求；

（6）认证变更的要求；

（7）产品关键件。

### 11. 附件

#### 金融科技产品认证标志管理要求

一、标志样式

（一）金融科技产品认证标志的式样由基本图案和认证机构名称缩写组成，见下图。

金融科技产品认证英文名称是Certification of FinTech Product，基本图案为CFP变化构成的图形。基本图案正下方的文字信息为认证机构名称缩写，可为中文或英文，位置相对上方基本图案居中对齐。

（二）认证标志的颜色为白色底版，基本图案为红色（CMYK 0/100/100/0，Pantone 1795C/U），认证机构名称缩写颜色与基本图案相同或为黑色（CMYK 0/60/0/100，Pantone Process Black）。

（三）认证标志的尺寸应成线性比例放大或缩小，放大或缩小后的标志应清晰可辨，标志必须完整，不得将其变形使用。

二、标志使用要求

（一）标志的制作

认证标志的制作、发放由签发证书的认证机构（以下简称发证机构）承担；或由获证企业或其代理人制定设计、制作方案，向发证机构提出申请，按发证机构要求提交相关文件资料，经发证机构审核后自行制作。

（二）标志的使用

1. 认证标志应加施在铭牌或产品外体的明显位置上；获证产品本体上不能加施认证标志的，其认证标志必须加施在最小的产品外包装上及随附文件中。

2. 获证产品的外包装上可以加施认证标志。

3. 获证企业应建立认证标志使用管理制度，对认证标志的使用情况如实记录和存档。

4. 应符合认证标志有关法规和规定的相关要求。

（三）监督管理与罚则

按认证标志有关法规和规定执行。